Grimms MÄRCHEN auf Kölsch

Rolly Brings

Grimms MÄRCHEN auf Kölsch

2. Auflage

Niedergeschrieben
in der Tradition
der Familie Brings

J.P. BACHEM VERLAG

Mit den Illustrationen von Otto Ubbelohde.

Die Illustrationen sowie die Märchen auf Hochdeutsch wurden den von Otto Ubbelohde illustrierten Ausgaben der Grimmschen Märchen, N. G. Elwert Verlag, Marburg 1922, entnommen.

Bibliografische Information der Deutschen Bibliothek
Die Deutsche Bibliothek verzeichnet diese Publikation in der Deutschen Nationalbibliografie; detaillierte bibliografische Daten sind im Internet über http://dnb.d-nb.de abrufbar.

2. Auflage 2013

Lektorat: Anne Kathrin Schulz, Köln
Layout: Heike Unger, Berlin
Einbandgestaltung: Petra Drumm, Köln
Reproduktionen: Reprowerkstatt Wargalla GmbH, Köln
ISBN 978-3-7616-2628-3 Buchausgabe
ISBN 978-3-7616-2657-3 EPUB

Es war einmal ...

– der Soundtrack meiner Kindheit

Wann ich Hänsel und Gretel, Rapunzel, Aschenputtel, Dornröschen, Schneewittchen, Rumpelstilzchen & Co. zum ersten Mal begegnet bin, weiß ich nicht mehr. Da muss ich noch sehr klein gewesen sein. Ich weiß nur, dass, seit ich mich erinnern kann, dieses Völkchen in meinem Kopf wohnt, mit den Stimmen meiner Großeltern, Eltern, Onkel und Tanten zu mir spricht, immer zweisprachig Kölsch und Hochdeutsch, und dass ich damals diese Märchenfiguren für Kinder der Brüder Grimm hielt. Seitdem lebt das Märchenpersonal lustig in meinen Träumen, Gedanken und Vorstellungen, stiehlt sich klammheimlich in meine Liedtexte und macht so ziemlich, was es will. Regeln werden nicht akzeptiert, denn Märchen sind anarchistisch, scheren sich keinen Deut um die sogenannte Wirklichkeit und deren Gesetze und Konventionen. Dieses Märchenvolk, das schon so lange von mir Besitz ergriffen hat, ist sehr selbstbewusst und zeigt keine Lust, sich zu integrieren: Es will sich nicht anpassen. Stolz verweist es auf seine lange Reise zu mir aus uralten Zeiten, fernen Ländern und Kulturen, zeigt ohne falsche Bescheidenheit seinen reichhaltigen Fundus an Kostümen, Masken und Kulissen, in denen es auftritt – und ist doch immer dasselbe Volk, wenn auch mit vielen Verwandten überall in der Welt. Egal in welcher Sprache, egal in welcher Verkleidung – es lebt sein Eigenleben, selbst wenn Hollywood sich seiner annimmt.

Und so geschah es im vergangenen Jahr, dass sich die Bewohner der Grimmschen Märchenwelt frech auf meinem Schreibtisch versammelten, Hans im Glück (ausgerechnet!) zum Sprecher wählten und mir diese Forderung übermittelten: Wenn ich schon Karl Marx, Heinrich Böll, Guillaume Apollinaire, Heinrich Heine und Charles Bukowski auf Kölsch übersetzt hätte, dann – bitte schön – wären sie jetzt auch mal an der Reihe: Man sei ja nun schließlich nicht irgendwer!

Was sollte ich machen? Irgendwie muss ich ja mit den Hausbesetzern in meinem Kopf auskommen und möglichst in Frieden leben. Also fing ich an, meine Lieblingsmärchen auf Kölsch zu schreiben. Nach drei Märchen hatte ich wieder den Sprachklang, die Erzählmelodie meiner Familie im Ohr; und dann ging es leicht und einfach – märchenhaft einfach. Da war er wieder: der Soundtrack meiner Kindheit. (Die ersten drei Märchen habe ich in den Papierkorb geworfen und neu geschrieben. Sie waren holprig, hatten keinen Rhythmus und keine Melodie.) Als ich meiner Familie und meinen Freunden die ersten Grimms Märchen auf Kölsch zeigte und vorlas, merkte ich schnell, dass nicht nur in meinem Kopf dieses Völkchen Wohnrecht auf Lebenszeit erworben hat. Unter den lieben Menschen, denen ich (ziemlich nervös und sehr gespannt, wie sie wohl reagieren würden) die ersten Märchen auf Kölsch in die Hand gab, waren auch Redakteure der Kölnischen Rundschau, des Kölner Stadt-Anzeigers und vom Express. Sie schrieben wunderbare Artikel und forderten ihre Leserschaft auf, mir die Märchen zu nennen, die sie gerne auf Kölsch lesen, vorlesen oder hören möchte. Fast 1000 Brieftauben kamen mir zugeflogen (mit modernen Namen wie E-Mail, SMS, Telefon- und Handyanruf oder Homepage-Gästebucheintrag, aber auch ganz altmodisch als Brief oder Postkarte). Wie im Märchen! Aber es wurde noch märchenhafter. Der Bachem Verlag erfüllte mir jeden Wunsch: ein schön gemachtes Buch mit den Zeichnungen meines Lieblingsgrafikers Otto Ubbelohde, 25 Märchen auf Kölsch und Hochdeutsch, Register und ein Hörbuch dazu. Das hatte ich als Autor noch nie erlebt. Aber es kam noch besser: Von den Damen und Herren, die ich bat, den Märchen auf Kölsch ihre Stimme im Hörbuch zu leihen, bekam ich nur einige – nachvollziehbare, akzeptable – Absagen. Alle, die lesen, sagten mir, dass sie es gerne tun – und das kann man auch hören. Jetzt klingen und singen die Grimms Märchen auf Kölsch in einem Chor mit vielerlei unterschiedlichen Klangfarben, Temperamenten und Rhythmen – eine wahre Kölsch-Symphonie – und ein unschätzbares Dokument unserer wunderbaren Mundart! Und das auch noch im 200. Grimms-Märchen-Jubiläumsjahr 2012: Manchmal sind selbst wir Kölschen für märchenhafte Überraschungen gut!

So wandert nun diese Vorhut des Grimmschen Märchenvolkes im Buch und Hörbuch, angetan mit kölschem Mundart-Gewand, zu (hoffentlich) vielen Menschen, um altes Wohnrecht zu bekräftigen – oder neues zu erwerben.

Ich wünsche diesen liebenswerten Nomaden viel Glück, wenn ich auch weiß, dass ich sie in meinem Leben nie wieder loswerde – und das auch gar nicht will.

Köln, im Sommer 2012

Rolly Brings

Mein Wunsch hat sich erfüllt: Viele Tausend Menschen haben dem kölsch-Grimmschen Märchenvolk Wohnrecht gewährt. Nun wünsche ich dem zweiten Auszug der märchenhaften Nomaden ebenso viele offene Herzen, Augen, Ohren und Türen.

Köln, im Frühjahr 2013

Rolly Brings

DIE MÄRCHEN AUF KÖLSCH

Katz un Muus en Jesellschaff

En Katz hatt Bekanntschaff met ner Muus jemaat un ehr su vill vun d'r jroße Leevde un Fründschaff vörjesaat, die sei ehr brenge wöllt, dat die Muus zoletz enwellichte, met ehr zesamme en nem Huus ze wonne un jemeinschafflich de Weetschaff ze föhre.

„Ävver för dä Winter müsse mer Vörsorch drage, söns ligge mer Hunger", sat die Katz, „du, Müsje, kanns dich nit üvverall hinwage un jeröts meer am Engk en en Fall."

Dä jode Rot wood also befolch un e Pöttche met Fett anjekauf. Se wosste ävver nit, wo se et hinstelle sollte; schleeßlich noh langem Üvverläje sproch die Katz: „Ich weiß keine Oot, wo et besser opjehovve wör, wie de Kirch, do jetraut sich nümmes jet fottzenemme: Mer stelle et unger d'r Altar un röhre et nit ihter an, wie bes mer et nüdich han."

Dat Pöttche wood also en Secherheit jebraat; ävver et dorte nit lang, do kräch die Katz Jelöss donoh un sproch för die Muus: „Wat ich dir sage wollt, Müsje, ich ben vun minger Bas zom Jevatter bestallt; sei hät e Sönche zor Welt jebraat, wieß met brung Flecke, dat soll ich üvver de Däuf halde. Loss mich hück usjon un besorch du et Huus allein."

„Jo, jo", antwoodte die Muus, „jangk en Joddes Name; wann du jet Jods esse deis, su denk an mich: Vun dem söße rude Kindsbettwing dät ich och jän e Dröppche drinke."

Et wor ävver alles nit wohr; die Katz hatt jar kein Bas un wor och nit zom Jevatter bestallt. Sei jing tireck noh d'r Kirch, schlech noh dem Fettpöttche, fing an ze lecke un leckte die fette Huck af. Dann maat sei ne Spazeerjang op dä Dächer vun d'r Stadt, soch sich alles an, streckte sich donoh en d'r Sonn us un putzte sich d'r Baat, su off sei an dat Fettpöttche daach. Eesch wie et Ovend wor, kom sei widder noh Huus.

„No, do bes du jo widder", sat die Muus, „du häs jewess ne löstije Dach jehat."

„Et jing esu", antwoodte die Katz. „Wat hät dann dat Kind för ne Name kräje", frochte die Muus.

„Huckaf", sat die Katz janz drüch.

„Huckaf", reef die Muus, „dat es ävver ne wunderlije un komische Name, es dat su Aat en ör Familich?"

„Wat es dodran komisch?", sat die Katz, „hä es nit schlächter wie Jrümmeldeev, wie ding Patte heiße."

Nit lang donoh üvverkom die Katz widder e Jelöss. Sei sproch för die Muus: „Du muss meer ne Jefalle dun un noch ens d'r Huushalt besorje, ich ben et zweite Mol zom Jevatter bestallt, un weil dat Kind ne wieße Ring öm d'r Hals hät, kann ich nit afsage."

Die jode Muus wellichte en, die Katz ävver schlech hinger d'r Stadtmor noh d'r Kirch un froß dä Fettpott halv us.

„Et schmeck nix besser, wie wat mer selver esse deit", sat sei un wor met ehrem Dagewerk janz zefridde.

Wie sei heimkom, frochte die Muus: „Wie es dann dat Kind jedäuf woode?"

„Halvus", antwoodte die Katz.

„Halvus! Wat du nit säs! Su ne Name han ich mi Läbdachs noch nit jehot; ich wedde, dä steit nit em Kalender."

Allt bahl leef dä Katz wäje dä Leckerei widder et Wasser en d'r Muul zesamme.

„All' jod' Dinger sin ehr drei", sproch sei för die Muus, „do soll ich widder Jevatter ston, dat Kind es janz schwatz un hät bloß wieße Pütcher, söns kei wieß Hoor am janze Liev, dat triff sich alle paar Johr nor eimol: Du ließ mich doch usjon?"

„Huckaf! Halvus!", antwoodte die Muus, „dat sin su kurjos' Name, die brenge mich an et Nohdenke."

„Do sitz du d'r janze Dach doheim en dingem dunkeljraue Fluuschrock un dingem lange Hoorzopp", sproch die Katz, „un häs dröv' Jedanke: Dat kütt dovun, wann mer am Dach nit usjeit."

En dä Zick, wo die Katz nit doheim wor, rüümpte die Muus op un braat et Huus en Oodenung. Die schnuppije Katz ävver froß dä Pott blank.

„Eesch wann alles opjefresse es, hät mer sing Rauh“, sat se sich un kom deck un satt spät en d’r Naach noh Huus. Die Muus wollt sujlich dä Name wesse, dä dat dritte Kind kräje hätt.

„Hä weed dir wal och nit noh d’r Mötz sin“, sat die Katz, „hä heiß Janzus.“

„Janzus!“ reef die Muus, „dat es ne Name, dä mer jründlich bedenke muss; schwatz op wieß es dä meer noch nit vörjekumme. Janzus! Wat soll dat bedügge?“

Sei schöddelte ehr Köppche, rollte sich zesamme un laat sich schlofe.

Vun dä Zick an wollt nümmes mih die Katz zom Jevatter bestelle; wie ävver dä Winter eranjekumme un drusse nix mih ze finge wor, daach die Muus an ehre Vörrot un sproch: „Kumm, Katz, mer welle noh uns Fettpöttche jon, dat mer opjespart han, dat weed uns schmecke.“

„Jawolja“, antwoodte die Katz, „dat weed dir schmecke, wie wann du di fing Züngelche us dem Finster strecke däts.“

Se maate sich op d’r Wäch, un wie se ankome, stund dat Fettpöttche zwor noch an singem Platz, ävver et wor leer.

„Och“, sat die Muus, „jetz merk ich, wat passeet es; jetz kütt et an d’r Dach. Du bes meer en wohre Fründin! Opjefresse häs du alles, wie du zo Jevatter jestande häs: eesch Huck af, dann halv us, dann ...“

„Wells du wal de Schnüss halde“, reef die Katz, „noch ei Woot, un ich fress dich op.“

„... janz us“, hatt die ärme Muus allt op d’r Zung. Kaum wor et erus, do dät die Katz ne Satz noh ehr, packte sei un schleckte sei eraf.

Sühs du, su jeit et en d’r Welt.

Dann schnett sei dem Undeer dä Buch op, un kaum hatt sei ne Schnett jedon, su streckte allt ei Jeißerche d'r Kopp erus, un wie sei wiggerschnett, su sprunge nohenein alle sechs erus un wore noch all am Levve un hatte nit ens Schade jeledde; denn dat Undeer hatt se en d'r Jeer janz erafjeschleck.

Dat wor en Freud! Do hätzte se ehr leev Moder un höppte wie die Schnieder, die Huhzick halde.

Die Ahl ävver saat: „No joht un sökt Wackerstein, dermet welle mer dem jottluse Deer d'r Buch fölle, sulang et noch em Schlof litt."

Do schleppte die sibbe Jeißercher en aller Iel die Stein erbei un stoche se im en d'r Buch, suvill se nor erenbrenge kunnte. Dann nihte in die Ahl em Rubbedidupp widder zo, dat hä nix merke un sich nit ens räje dät.

Wie dä Wolf usjeschlofe hatt, maat hä sich op sing Bein, un weil im die Stein em Mage su jroße Doosch maate, su wollt hä noh nem Pütz jon un drinke.

Wie hä ävver anfing ze jon un sich hin un her bewäje dät, su stosse die Stein en singem Buch anenander un rappelte. Do reef hä:

„Wat rumpelt un pumpelt
en mingem Buch eröm?
Ich meinte, et wöre sechs Jeißercher,
su sin et luuter Wackerstein."

Un wie hä an dä Pütz kom un sich üvver et Wasser böckte un drinke wollt, do troke die schwer' Stein in eren, un hä moot jömerlich versuffe.

Wie die sibbe Jeißercher dat soche, do kome se erbeijelaufe, reefe laut: „Dä Wolf es dut! Dä Wolf es dut!", un danzte met ehr Mamm vör Freud öm dä Pütz eröm.

Die Bremer Stadtmusikante

Et hatt ne Mann ne Esel, dä allt lange Johre ohne ze jömere die Säck noh d'r Müll jedrage hatt. Ävver no wore sing Kräfte am Engk, su dat hä för die Arbeit nit mih dauchte.

Do daach singe Här deran, in usem Foder ze schaffe, ävver dä Esel kräch met, dat d'r Wind nit jot stund, leef fott un maat sich op d'r Wäch noh Bremen.

Do, su meinte hä, künnt hä jo Stadtmusikant wäde.

Wie hä e Wielche fottjejange wor, fung hä ne Jaachhungk om Wäch lijje, dä jappte wie einer, dä sich möd jelaufe hät.

„Saach, wat japps du su, Packaan?“, frochte dä Esel.

„Och“, saat dä Hungk, „weil ich alt ben un jeden Dach schwächer wäde, och bei d'r Jaach nit mih su flöck kann, wollt minge Här mich dutschlage. Do han ich de Flitz jemaat. Ävver womet soll ich meer jetz mi Brut verdeene?“

„Weiß du wat“, sproch dä Esel, „ich jon noh Bremen un wäde do Stadtmusikant. Jangk met un loss dich och bei d'r Musik annemme. Ich spill de Jittar, un du schleis de Tromm.“

Dä Hungk wor et zefridde un se jinge zesamme wigger.

Et dorte och jar nit lang, su soß do en Katz am Wäch un maat e Jeseech wie sibbe Dag‘ Rän.

„Saach, wat es dir dann en de Quer jekumme, ahle Baatputzer?“, frochte dä Esel.

„Wä kann do löstich sin, wann et einem an d’r Krage jeit?“, antwoodte die Katz.

„Weil ich en de Johre kumme, ming Zäng stump wäde un ich leever hingerm Ovve setze un spenne statt Müs ze jage, wollt die Huusfrau mich versäufe. Ich han mich zwor fottjemaat, ävver jetz es jode Rot dör: Wo soll ich hin?“

„Jangk met uns noh Bremen, du versteis doch jet vun d’r Naachmusik, do kanns du ne Stadtmusikant wäde.“

Die Katz heelt dat för en jode Idee un jing met.

Dernoh kome die drei Landesflüchlinge an nem Hoff vörbei; do soß op d’r Pooz dä Huushahn un krihte su laut hä nor kunnt.

„Du schreis jo, dat et einem durch Mark un Bein jeit“, sproch dä Esel, „wat häs du vör?“

„Do han ich jot Wedder prophezeet“, sproch dä Hahn, „weil et dä Dach vun uns Leev Frau es, wo sei dem Kresskingche de Himbcher jewäsche hät un se drüjje well. Weil ävver morje Sonndach es un Jäss kumme, su hät die Huusfrau doch kein Barmhätzichkeit un hät d‘r Köchemamsell jesaat, dat sei mich morje en d’r Zupp esse well, un do soll ich meer hück ovend d’r Kopp afschnigge loße. Dröm schrei ich us vollem Hals, sulang ich et noch kann.“

„Och wat, du fusse Kopp“, saat dä Esel, „treck leever met uns fott, mer jon noh Bremen. Jet Besseres wie d’r Dud fings du üvverall. Du häs en jode Stemm, un wammer zesamme musizeere, su weed et sing Aat han.“ Dä Hahn leet sich d’r Vörschlach jefalle, un alle veer jinge zesamme fott.

Se kunnte ävver die Stadt Bremen an einem Dach nit erreiche un kome ovends en ne Wald, wo se üvvernaachte wollte.

Dä Esel un dä Hungk laate sich unger ne jroße Baum; die Katz un dä Hahn maate sich erop en die Äss.

Dä Hahn ävver floch noh bovve bes en de Baumspetz, wo et am secherste för in wor. Bevör hä enschleef, soch hä sich noch ens noh alle veer Winde öm.

Do meinte hä, hä söch en d'r Fände e Fünkche brenne. För sing Jeselle reef hä eraf, dat nit allzewick e Huus sin mööt, weil do e Leech schinge dät.

Sproch dä Esel: „Su müsse mer uns opmaache un hinjon, denn die Herberch he es schläch."

Dä Hungk meinte, e paar Knoche met jet Fleisch dran wööte im och jot dun. Alsu maate se sich op d'r Wäch noh d'r Jäjend, wo dat Leech wor, un allt bahl soche se et heller schemmere, un et wood jrößer un jrößer, bes se vör e hell beleuch Räuberhuus kome.

Weil dä Esel vun dä veer am jrößte wor, jing hä op dat Finster an un loorte vun drusse eren.

„Jrauschimmel, wat sühs du?", frochte dä Hahn.

„Wat ich sin?", antwoodte dä Esel, „ne jedeckte Desch met lecker Esse un Drinke, un Räuber setze deran un loße et sich schmecke."

„Dat wör jet för uns", sproch dä Hahn.

„Jo, jo, och wöre mer doch nor derbenne!", saat dä Esel.

Do heelte die Deere Rot, wie se et anfange mööte, die Räuber us dem Huus ze jage, un funge schleeßlich e Meddel.

Dä Esel moot sich met de Vödderföß op die Finsterbank stelle, dä Hungk dem Esel op d'r Rögge springe, die Katz op dä Hungk klimme, un schleeßlich floch dä Hahn noh bovve un satz sich d'r Katz op d'r Kopp.

Wie dat jedon wor, finge se op e Zeiche an, zesamme ehr Musik ze maache: Dä Esel schreite, dä Hungk bellte, die Katz maute un dä Hahn krihte. Dann broche se durch et Finster en die Stuvv eren, dat de Schieve en Schirve jinge.

Bei dä schräje Musik schloche dä Räuber de Plagge en; se fohre en de Hüh un meinte, e Jespens köm eren, nohme ehr Bein en de Hand un rannte erus en d'r Bösch.

Die veer Jeselle satze sich an d'r Desch, nohme sich, wat die Räuber üvverich jeloße hatte un oße, wie wann se veer Woche hungere sollte.

Wie die veer Spillück fädich wore, maate se et Leech us un sökte sich ne Schlofplatz, jeder noh singer Aat un Fazung.

Dä Esel laat sich op d'r Mess, dä Hungk hinger de Dör, die Katz op d'r Häd bei die wärm Äsch, un dä Hahn satz sich op d'r Hahnebalk. Un weil se möd wore vun ehrem lange Wäch, schleefe se och bahl en.

Wie Meddernaach vörbei wor, un die Räuber vun wiggem soche, dat em Huus kei Leech mih brannt, och alles räuhich sching, sproch dä Haupmann:

„Mer hädden uns nit en et Bockshoon jage loße solle“, un heesch eine hinjon un et Huus ungersöke.

Dä Räuber fung alles stell, jing en de Köch, öm Leech anzemaache, un weil hä die glöhelije, förije Auge vun d'r Katz för lebendije Kolle ansoch, heelt hä e Schwäfelhölzje deran, dermet et För fange sollt.

Ävver die Katz verstund keine Spaß, sprung im en et Jeseech un speite un kratzte.

Dä Räuber verschreckte jewaltich, leef un wollt durch de Hingerdör noh drusse; ävver dä Hungk, dä do loch, sprung op un bess im en et Bein. Un wie hä üvver d'r Hoff an dem Mess vörbei rannt, jov im dä Esel noch en Juv met dem Hingerfoß, die sich jewäsche hatt.

Dä Hahn ävver, dä vun dem Krawall us dem Schlof jeweck un kreel jewode wor, reef vum Balke eraf: „Kikeriki!“

Do leef dä Räuber, su flöck wie hä nor kunnt, noh singem Haupmann zoröck un verzallt:

„Och, en dem Huus setz en jreulije Hex, die hät mich anjehauch un meer met ehr lang Finger et Jeseech verkratz. Vör d'r Dör steit ne Mann met nem Metz, dä hät mich en et Bein jestoche. Un om Hoff litt e schwatz Unjedüm, dat hät mich met nem hölze Frängel jeschlage. Un bovve op dem Daach, do setz d’r Reechter, dä reef:

'Brengt meer dä Jaljevugel her!'

Da han ich jemaat, dat ich fottkom.“

Vun do an traute sich die Räuber nit mih en et Huus. Dä veer Bremer Stadtmusikante jefeel et ävver su jot derdren, dat se nit widder rus wollte.

Dä Wolf un die sibbe jung' Jeißercher

Et wor ens en ahl Jeiß, die hatt sibbe jung' Jeißercher un hatt se all jän, su wie en Mamm ehr Kinder jän hät.

Eines Dags wollt sei en d'r Wald jon un Foder holle, do reef sei alle sibbe erbei un sproch: „Leev Kinder, ich well erus en d'r Wald, sid om Kiwif wäje dem Wolf; wann hä he ren kütt, su friss hä üch met Huck un Hoor. Dä ritschije Wolf deit sich off verstelle, ävver an singer rauh' Stemm un sing' schwatze Föß wäd ehr in jlich erkenne."

Die Jeißercher saate: „Leev Moder, mer welle uns wal en aach nemme, Ehr künnt ohne Sorje fottjon."

Do dät die Ahl meckere un maat sich jetrus op d'r Wäch.

Et dorte nit lang, su kloppte jümmes an de Huusdör un reef: „Maat op, ehr leev Kinder, ör Moder es do un hät jedem vun üch jet metjebraat."

Ävver die Jeißercher hoote an dä rauh' Stemm, dat et dä Wolf wor: „Mer maache nit op", reefe se, „du bes uns Moder nit, die hät en finge un zaate Stemm, ävver ding Stemm es rauh, du bes d'r Wolf."

Do jing dä Wolf fott noh nem Kriemer un kaufte sich e jroß Stöck Krick: Die dät hä esse un maat dermet sing Stemm fing. Dann kom hä zoröck, kloppte an de Huusdör un reef: „Maat op, ehr leev Kinder, ör Moder es do un hät jedem vun üch jet metjebraat."

Ävver dä Wolf hatt sing schwatze Put en et Finster jelaat, dat soche die Kinder un reefe: „Mer maache nit op, uns Moder hät keine schwatze Foß wie du: Du bes dä Wolf."

Do leef dä Wolf noh nem Bäcker un sproch: „Ich han meer d'r Foß jestosse, strich meer Deich derüvver."

Un wie dä Bäcker im die Put bestriche hatt, su leef hä noh dem Müllenhär un sproch: „Streu meer wieß Mähl op ming Put!"

Dä Müllenhär daach: „Dä Wolf well eine bedreje", un wollt et nit dun, ävver dä Wolf sproch: „Wann du et nit deis, su fress ich dich!"

Do kräch dä Müllenhär Angs un maat im die Put wieß. Jo, su sin de Minsche.

No jing dä kodde Wolf et dritte Mol noh dä Huusdör, kloppte an un sproch: „Maat meer op, Kinder, ör leev Möderche es heimjekumme un hät jedem vun üch us dem Wald jet metjebraat."

Die Jeißercher reefe: „Zeich uns eesch ding Put, dermet mer wesse, dat du uns leev Möderche bes."

Do laat hä die Put en et Finster, un wie se soche, dat se wieß wor, su jläuvte se, et wör alles wohr, wat hä saat, un maate de Dör op. Wä ävver erenkom, dat wor dä Wolf. Se verschreckte un wollte sich versteche.

Et Eeschte sprung unger d'r Desch, et Zweite en et Bett, et Dritte en d'r Ovve, et Veete en de Köch, et Fünfte en et Schaaf, et Sechste unger de Wäschkump, et Sibbente en d'r Kaste vun dä Wanduhr.

Ävver dä Wolf fung se all un maat kei lang Fedderlese: Eins noh dem andere schleckte hä en singe Rache; nor et Jüngste en dem Uhrkaste, dat fung hä nit.

Wie dä Wolf sing Loss jeböß hatt, maat hä sich fott, laat sich drusse op de jröne Wis unger ne Baum un fing an ze schlofe.

Nit lang dernoh kom die ahl Jeiß us dem Wald widder heim. Och, wat moot sei do erblecke! De Huusdör stund sperrewick op: Desch, Stöhl un Bänk wore ömjeworfe, die Wäschkump loch en Scherve, Decke un Kesse wore us dem Bett jetrocke.

Sei sook ehr Kinder, ävver nirjends wore se ze finge. Sei reef se nohenein beim Name, ävver nümmes dät antwoode.

Schleeßlich, wie sei an et jüngste kom, do reef e fing Stemmche: „Leev Moder, ich stechen em Uhrkaste."

Sei hollte et erus, un et verzallte ehr, dat dä Wolf jekumme wör un die andere all jefresse hätt. Do künnt ehr denke, wie die Jeiß üvver ehr ärm' Kinder jekresche hät.

Am Engk jing sei en ehrem Jomer erus, un et jüngste Jeißerche leef met. Wie sei op die Wis kom, su loch do dä Wolf an dem Baum un schnorkte, dat die Äss am Ziddere wore.

Sei beloorte in vun alle Sigge un soch, dat en singem anjeföllte Buch sich jet räje un zabbele dät.

„Och Jott", daach sei, „sollte ming ärm' Kinder, die hä zom Ovendbrut erafjewürch hät, noch am Levve sin?"

Do moot dat Jeißerche noh Huus laufe un Schier, Nol un Zween holle.

Dä Has un dä Ijel

Die Jeschichte he hört sich zemlich verloge an, leev Lück, ävver wohr es sei doch, weil minge Besteva, vun dem ich sei han, dät allemolde, wann hä sei jenöchlich verzallt, derbei sage: „Wohr muss sei doch sin, Sönche, anders künnt mer sei och jar nit verzälle."

Un su hät sich die Jeschichte zojedrage:

Et wor an nem Sonndachmorje em Hervs, jrad wie d'r Bochweize am Blöhe wor. De Sonn wor hell am Himmel opjejange, dä Morjewind jing wärm üvver die Stoppele, die Livverlinge sunge en d'r Looch, die Beie summte em Bochweize, die Lück jinge em Sonndachsstaat en de Kirch, alle Weechter wore verjnöch, un dä Ijel och.

Dä Ijel ävver stund vör singer Dör, hatt die Ärm üvverenander jeschlage, loorte derbei en d'r Morjewind erus un summte e klein Leedche vör sich hin, su jot un su schläch, wie ne Ijel an nem leeve Sonndachmorje singe deit.

Wie hä no vör sich hinsung, feel im op eimol en, hä künnt doch, alldiewiel sing Frau die Kinder wäsche un antrecke dät, e bessje en et Feld spazeere un noh sing Steckröbe loore.

Die Steckröbe wore ävver janz en d'r Nöh vun singem Huus, un hä un sing Familich wore jewennt, dervun ze esse, un deröm soch hä die Steckröbe wie si Eije an.

Jesaat, jedon. Dä Ijel maat de Huusdör hinger sich zo un jing d'r Wäch op et Feld an.

Hä wor noch nit wick fott vum Huus un wollt jrad öm d'r Schlihdoon, dä do vör dem Feld steit, noh dem Steckröbeacker afbeeje, wie im dä Has bejänte, dä en jliche Jeschäfte ungerwächs wor, nämblich öm singe Kappes ze beloore.

Wie dä Ijel dä Has soch, saat hä im fründlich jode Morje.

Dä Has ävver, dä op sing Aat un Wies ne vörnehme Här wor, un huhmödich un jreulich derbei, jrößte nit widder, sondern saat för dä Ijel, wobei hä en bannich huhnäsije Mien opsatz: „Wie kütt et, dat du allt su fröh am Morje em Feld erömläufs?"

„Ich jon spazeere", saat dä Ijel.

„Spazeere?", laachte dä Has, „ich jläuve, dat du ding Bein och för bessere Dinger jebruche künnts."

Die Antwoot dät uns Ijel jewaltich verdreeße.

Alles kunnt hä verdrage, ävver op sing Bein leet hä nix kumme, evvendröm weil se vun Natur us kromm un scheif wore.

„Du bilds dir wal en", saat jetz dä Ijel för dä Has, „dat du met ding Bein mih usreechte kanns?"

„Jo, dat denk' ich", saat dä Has.

„Dat köm op ne Versök an", meinte dä Ijel, „ich wedde, dat, wann mer ne Wettlauf maache, ich an dir vörbeilaufe!"

„Ich laach mich kapott, du met ding scheife Bein", saat dä Has, „ävver vun meer us soll et su sin, wann du su en jroße Loss derop häs. Wat jilt die Wett?"

„Ne jolde Louisdor un en Fläsch Schabau", saat dä Ijel.

„Anjenomme", sproch dä Has, „schlaach en! Et kann stantepee lossjon!"

„Nä, nä, nit esu flöck", meinte dä Ijel, „ich ben noch janz nöchter. Eesch well ich noh Huus jon un e Häppche fröhstöcke. En ner halve Stund ben ich widder he om Platz."

Dermet jing dä Ijel, un dä Has wor enverstande.

Ungerwächs daach dä Ijel för sich: „Dä Has deit sich op sing lange Bein verloße, ävver ich well in wal krijje. Hä es zwor ne vörnehme Här, ävver doch nor ne domme Käl, un bezahle soll hä och!"

Wie dä Ijel no zo Huus ankom, saat hä för sing Frau: „Frau, treck dich flöck an, du muss met meer erus op et Feld!"

„Wat es dann loss?" frochte sing Frau.

„Ich han met dem Has öm ne jolde Louisdor un en Fläsch Schabau jewett. Ich well met im öm de Wett laufe, un du solls met derbei sin!"

„Du leeve Jott, Mann", fing dem Ijel sing Frau do an ze jömere, „häs du se noch all? Häs du d'r Verstand verlore? Wie kanns du met dem Has öm de Wett laufe welle?"

„Halt de Schnüss, Wiev!" saat dä Ijel, „dat es ming Saach! Misch dich nit en Mannsjeschäfte! Maach vöran, treck dich an un kumm met!"

Wat sollt Frau Ijel maache? Sei moot pareere, ov sei wollt udder nit.

Wie se no zesamme ungerwächs wore, sproch dä Ijel för sing Frau:

„Pass op, wat ich dir sage well. Süch ens, op dem lange Acker do welle mer unsere Wettlauf maache. Dä Has läuf en dä eine Furch un ich en dä andere, un vun derbovven fange mer an ze laufe.

Du häs wigger nix ze dun, wie dich he ungen en die Furch ze stelle, un wann dä Has op dä andere Sick anküttt, su röfs du im entjäje: 'Ich ben allt he!'"

Dermet wore se beim Acker anjekumme.

Dä Ijel wes singer Frau dä Platz an un jing dä Acker erop.

Wie hä bovven ankom, wor dä Has allt do.

„Kann et lossjon?" frochte dä Has.

„Jawoll", saat dä Ijel.

„Dann alsu loss!" Un dermet stallt sich jeder en sing Furch.

Dä Has zallt: „Eins, zwei, drei!" un loss jing et wie ne Stormwind dä Acker eraf.

Dä Ijel leef ävver nor drei Schrettcher, dann duckte hä sich en die Furch un blev räuhich setze.

Wie no dä Has met einem Rupp ungen am Acker ankom, reef im Frau Ijel entjäje: „Ich ben allt he!"

Dä Has wor janz verdaddert un meinte nit anders, et wör dä Ijel selvs, dä im do zoreef.

Mer weiß jo, dat Frau Ijel jenau su ussüht wie ehre Mann.

Dä Has ävver daach: „Do es jet fuul an dä Saach!"

Hä reef: „Noch ens jelaufe! Widder zoröck!"

Un hä jing widder af wie ne Stormwind, dat im sing lange Löffele öm d'r Kopp floche.

Frau Ijel ävver blev räuhich op ehrem Platz ston.

Wie no dä Has bovven ankom, reef im dä Ijelmann entjäje: „Ich ben allt he!"

Dä Has ävver, dä vör luuter Ärjer janz usem Hüsje wor, schreite: „Noch ens jelaufe! Widder zoröck!"

„An meer soll et nit lijje", antwoodte dä Ijel, „vun meer us, su off du Loss häs."

Su leef dä Has noch dreiunsibbzichmol, un dä Ijel heelt allemolde met.

Jedesmol, wann dä Has ungen udder bovven ankom, saat dä Ijel udder sing Frau: „Ich ben allt he!"

Beim veerunsibbzichste Mol ävver kom dä Has nit mih bes an et Engk.

Medden om Acker feel hä platschtich op de Äd.

Et Blot schoss im us d'r Nas, un hä blev dut om Platz lijje.

Dä Ijel ävver nohm dä jolde Louisdor, dä hä jewonne hatt, un die Fläsch Schabau, reef sing Frau, die us ehrer Furch kom, un beids jinge se verjnöch noh Huus.

Un wann se nit jestorve sin, su levve se noch hück.

So bejov et sich, dat op d'r Wahner Heid dä Ijel dä Has dutleef, un zick domols hät et sich keine Has widder enfalle loße, met nem Ijel öm de Wett ze laufe.

Die Moral vun dä Jeschichte es eeschtens, dat keiner, un wann hä sich noch esu vörnehm vörkütt, üvver ne einfache Mann löstich maache soll, och wann dä kleine Mann nor ne Ijel es.

Un zweitens, dat, wann mer freie well, mer jot berode es, sich en Frau usem selve Miljö ze nemme, die su ussüht wie mer selvs.

Wä ne Ijel es, dä muss zosin, dat sing Frau och ne Ijel es, weil söns weed dat nix met Jold un Schabau.

Dä Froschkünning

udder dä ieser Drickes

En dä ahl Zigge, wo et Wünsche noch jeholfe hät, lävte ne Künning, dem sing Döchter wore all schön, ävver die jüngste wor su schön, dat selvs de Sonn, die doch su vill allt jesin hät, vun de Söck wor, wann immer sei ehr en et Jeseech schinge dät.

Noh bei dem Schloss vun dem Künning loch ne jroße dunkle Bösch, un en dem Bösch unger nem ahle Lindebaum war ne Pötz; un wann d'r Dach su richtich heiß wor, dann jing dat Künningskind en d'r Bösch un satz sich op dä Rand vun dem köhle Pötz; un wann et Langewiel hatt, dann nohm et en jolde Kugel, worf se en de Hüh un fing se widder; un dat wor si leevs Spillzeuch.

No droch et sich ens zo, dat die jolde Kugel dä Künningsdochter nit en et Hängche feel, dat sei en de Hüh jehalde hatt: Nä, die Kugel feel vörbei, titschte op de Äd un platschte en et Wasser vun dem Pötz.

Die Künningsdochter loorte ehr met jroße Auge noh, ävver die Kugel wor fott, un dä Pötz wor deef, su deef, dat mer keine Jrund mih soch. Do fing sei an ze kriesche un kresch immer lauter un kunnt sich jar nit trüste.

Un wie sei su am kühme wor, reef jümmes ehr zo: „Wat häs du vör, Künningsdochter? Du schreis jo, dat ne Stein sich erbarme möch."

Sei soch sich öm, woher die Stemm köm. Do erbleckte sei ne Frosch, dä singe decke fliedije Kopp us dem Wasser reckte.

„Och, du bes dat, du ahle Wasserpatscher", saat sei, „ich kriesche wäje minger jolde Kugel, die meer en d'r Pötz erafjefalle es."

„Bes stell un dun nit kriesche", dät dä Frosch antwoode, „ich kann wal Rot schaffe, ävver wat jivs du meer, wann ich di Spillzeuch widder ropholle?"

„Wat du han wells, leeve Frosch" saat sei, „ming Kleider, ming Päle un Edelstein, och noch die jolde Krun, die ich drage."

Dä Frosch antwoodte: „Ding Kleider, ding Päle un Edelstein un ding jolde Krun, die maach ich nit: Ävver wann du mich jän han wells, un ich soll dinge Jesell un Spillkamerad sin, an dingem Deschje nevve dir sitze, vun dingem jolde Tellerche esse, us dingem Becherche drinke un en dingem Bettche schlofe: Wann du meer dat versprichs, su well ich erafsteije un dir die jolde Kugel widder ropholle."

„Och jo", saat sei, „ich versprech dir alles, wat du wells, wann du meer nor die Kugel widderbrengs."

Sei daach ävver: „Wat dä domme Frosch för ne Stuss schwaat: Dä sitz em Wasser bei singesjliche un quaak un kann keinem Minsch ne Jesell sin."

Wie hä dat Verspreche jekräch hatt, däufte dä Frosch singe Kopp en et Wasser, sunk eraf, un üvver e Wielche kom hä widder erop jeschwomme, hatt die Kugel en d'r Muul un worf se en et Jras.

Die Künningsdochter wor vör Freud janz jeck, wie sei ehr schön Spillzeuch widder soch, nohm et huh un sprung domet fott.

„Waat, waat", reef dä Frosch, „nemm mich met, ich kann nit su laufe wie du."

Ävver wat dät et im helfe, dat hä ehr, su laut hä nor kunnt, si quaak quaak nohreef? Sei hoot nit drop, ielte noh Huus un hatt allt bahl dä ärme Frosch verjesse, dä widder en singe Pütz erafsteije moot.

Am nöchste Dach, wie sei met dem Künning un all dä Hofflück an d'r Tafel soß un vun ehrem jolde Tellerche oß, do kom, plitsch platsch, plitsch platsch, jet de Marmeltrapp eropjekroffe, un wie et bovven anjekumme wor, dät et an de Dör kloppe un reef:

„Künningsdochter, jüngste, maach meer op."

Sei leef un wollt sin, wä drusse wör. Wie sei ävver opmaat, su soß dä Frosch dovör. Flöck knallte sei de Dör zo, satz sich widder an d'r Desch un wor janz bang.

Dä Künning soch wal, dat ehr Hätz jewaltich kloppe dät, un sproch: „Mi Kind, woröm bes du su bang? Steit ne Ries vör d'r Dör un well dich holle?"

„Och enä", antwoodte sei, „do es keine Ries, ävver ne widderlije Frosch."

„Wat well dä Frosch vun dir?"

„Och, leeve Vatter, wie ich jestere em Bösch beim Pötz soß un spillte, do feel ming jolde Kugel en et Wasser. Un weil ich su jekresche han, hät se dä Frosch widder eropjehollt, un weil hä et rack verlangk hät, han ich im versproche, hä sollt minge Jesell wäde. Ich han ävver niemols jedaach, dat hä us singem Wasser eruskumme künnt. No es hä drusse un well eren zo meer."

Do kloppte et et zweite Mol un reef:

„Künningsdochter, jüngste,
maach meer op,
weiß du nit, wat jestere
du för mich jesaat
bei dem köhle Pötzewasser?
Künningsdochter, jüngste,
maach meer op."

Do saat dä Künning: „Wat du versproche häs, dat muss du och halde. Jangk nor un maach im op!"

Sei jing un maat de Dör op. Do höppte dä Frosch eren, immer ehr Föß noh, bes noh ehrem Stohl.

Do soß hä un reef: „Hev mich erop! Ich well bei dich bei!"

Sei tüddelte, bes et dä Künning schleeßlich befelle dät. Wie dä Frosch eesch op dem Stohl wor, wollt hä op dä Desch, un wie hä do soß, sproch hä: „No schieb meer di jolde Tellerche nöher, domet mer zesamme esse."

Zwor dät sei dat, ävver mer soch, dat sei dat nit jän dät. Dä Frosch leet et sich jot schmecke, ävver ehr blevv jedes Bessje em Hals steche.

Endlich sproch hä: „Ich han mich satt jejesse un ben möd. No drag mich en di Kämmerche, un maach meer di sigge Bettche parat, do welle mer uns schlofe läje."

Die Künningsdochter fing an ze kriesche un hatt Angs vör dem kale Frosch, dä anzepacke sei sich nit traue dät, un dä jetz och noch en ehrem schöne reine Bettche schlofe sollt.

Dä Künning ävver wood bletzich un sproch: „Wä dir jeholfe hät, wie du en d'r Nut wors, dä solls du nohher nit veraachte!"

Do packte sei in met zwei Fingere, droch in erop un satz in en en Hött. Wie sei ävver em Bett loch, kom hä jekroffe un sproch: „Ich ben möd. Ich well schlofe su jot wie du. Hev mich erop, udder ich sag et dingem Vatter!"

Do wood sei janz biestich, hollte in erop un schmess in an de Wand – ävver met Schmackes!

„No wees du ding Rauh han, du widderlije Frosch!"

Wie hä ävver eraffeel, wor hä keine Frosch mih: Us dem Frosch wor ne Künningsson met schöne un fründlije Auge jewoode, un dä wood no met d'r Enwellijung vun ehrem Vatter ehre leeve Jesell un Mann.

Do verzallte hä ehr, hä wör vun ner kodde Hex verwünsch woode, un nümmes hätt in us dem Pötz erlöse künne wie sei allein, un morje wollte se zesamme en si Künningsrich jon.

Dann schleefe se en, un am andere Morje, wie die Sonn se opjeweck hatt, kom ne Wage jefahre met aach wieße Päder bespannt, die hatte wieße Struußefeddere om Kopp un jinge en jolde Kette, un hinge stund dä Deener vun dem junge Künning, dat wor dä treue Drickes.

Dä treue Drickes hatt sich su bedröv, wie singe Här en ne Frosch verwandelt woode wor, dat hä sich drei ieser Reife öm si Hätz hatt läje looße, domet et nit vör luuter Wih un Troor zersprüng.

Dä Wage ävver sollt dä junge Künning en si Rich afholle. Dä treue Drickes hovv alle beids eren, stallt sich widder hinge drop un wor voll Freud üvver die Erlösung.

Un wie se e Stöck Wächs jefahre wore, hoot dä Künningsson et hinge kraache, su wie ov jet jebasch wör. Do drihte hä sich öm un reef:

„Drickes, dä Wage brich!"
„Nä, Här, dä Wage nit:
Et es ne Reife vun mingem Hätze,
dat do loch en jroßer Ping,
wie ehr en dem Pötz jesesse
un ne Frosch jewäse sid!"

Noch ens un noch ens dät et ungerwächs kraache, un immer meinte dä Künningsson, dat dä Wage breche wööd, un et wore doch nor die Reife, die dem treue Drickes vum Hätz afsprunge, weil singe Här erlös un jlöcklich wor.

Vun dem Fescher un singer Frau

Do wor ens ne Fescher un sing Frau, die wonnte zesamme en nem Pisspott deech bei d'r See – un dä Fescher jing alle Dage hin un angelt un angelt un angelt.

Su soß hä ens bei d'r See an d'r Angel un soch en et blanke Wasser, un hä soch un hä soch noh d'r Angel – do jing die Angel op Jrund an, deef eraf, un wie hä sei erustrick, su hollt hä ne jroße Butt erus.

Dä Butt sät för in: „Ich bedde dich, loss mich levve, ich ben keine richtije Butt, ich ben ne verwunsche Prinz, setz mich widder en et Wasser un loss mich schwemme."

„No", sät dä Mann, „du bruchs nit su vill Wöd ze maache, ne Butt, dä spreche kann, hädden ich doch wal schwemme loße."

Do satz hä in widder en et Wasser, un dä Butt schwomm flöck fott noh'm Jrund un leet ne lange Striefe Blot hinger sich.

Dä Mann ävver jing bei sing Frau en dä Pisspott un verzällt ehr, dat hä ne Butt jefange hädden, dä hädden för in jesaat, hä wör ne verwunsche Prinz, derop hädden hä in widder schwemme loße.

„Häs du dir dann jar nix jewünsch?", sät die Frau.

„Nä!", sät dä Mann, „wat soll ich meer wünsche?"

„Och!", sät die Frau, „dat es doch vun Üvvel, allzick en nem Pisspott ze wonne, dat es esu stinkich un dreckelich he, jangk doch noch ens hin un wünsch uns en kleine Hött!"

Dem Mann wor dat nit noh d'r Mötz, doch jing hä hin noh d'r See, un wie hä hinkom, do wor die See janz jäl un jrön, do stallt hä sich an et Wasser un sät:

„Männche! Männche! Timpe Te!
Buttche! Buttche en d'r See!
Och, ming Frau, et Elsebell,
Well nit su, wie ich wal well."

Do kom dä Butt anjeschwomme un sät: „No, wat well sei dann?"

„Och!", sät dä Mann, „ich han dich doch jefange jehat, no sät ming Frau, ich hädden mir och jet wünsche solle, sei well nit mih em Pisspott wonne, sei mööch jän en kleine Hött han."

„Jangk räuhich hin", sät dä Butt, „sei es allt dren."

Do jing dä Mann hin, un sing Frau stund en ner Hött en d'r Dör un sät för in: „Kumm eren; süch ens, no es dat doch vill besser!"

Un do wor en Stuvv un en Kammer un en Köch derdren, un derhinger wor ne kleine Jade met allerhands Jrönzeuch un ene Hoff, do wore Höhner un Ente.

„Och", sät dä Mann, „no welle mer verjnöch levve."

„Jo", sät die Frau, „mer welle et versöke."

Su jing dat wal aach udder veezehn Dage, do sät die Frau: „Mann! Die Hött weed meer ze eng, dä Hoff und dä Jade sin ze klein, ich well en nem jroße steine' Schloss wonne; jangk hin bei dä Butt, hä soll uns e Schloss schaffe."

„Och! Frau", sät dä Mann, „dä Butt hät uns jrad eesch die Hött jejovve, ich maach nit allt widder kumme, et mööch dä Butt verleech verdreeße."

„Och wat", sät die Frau, „hä kann dat ärch jot un deit dat jän, jangk räuhich ens hin!"

Do jing dä Mann hin, un si Hätz wor im su schwer. Wie hä ävver an die See kom, wor et Wasser janz vijelett un jrau un dunkelblau, doch et wor noch stell; do stallt hä sich hin un sät:

„Männche! Männche! Timpe Te!
Buttche! Buttche en d'r See!
Och, ming Frau, et Elsebell,
Well nit su wie ich wal well."

„No! Wat well sei dann?" sät dä Butt.

„Och", sät dä Mann janz bedröppelt, „ming Frau well en nem steine' Schloss wonne."

„Jangk allt hin, sei steit vör d'r Dör", sät dä Butt.

Do jing dä Mann hin, un sing Frau stund vör nem jroße Palass.

„Süch ens, Mann", sät sei, „wie schön dat no es!"

Dermet jinge se zesamme eren, do wore su vill Lakaie, un die Wäng wore all blank, un jolde Stöhl un Desche wore en d'r Stuvv, un hinger dem Schloss wor ne Jade un ne Wald, wal an en halve Miel lang, derdren wore Heeze, Rihe un Hase, un op dem Hoff Koh- un Pädsställ.

„Och", sät dä Mann, „no welle mer och en dem schöne Schloss blieve un zefridde sin!"

„Dat welle mer bedenke", sät die Frau, „un welle et beschlofe."

Dermet jinge se en et Bett.

Am nöchste Morje waach die Frau op, do wor et allt Dach. Do stüss sei ehre Mann mem Ellebogen en de Sick un sät: „Mann, stand op, mer müsse Künning wäde üvver all dat Land!"

„Och! Frau", sät dä Mann, „woröm welle mer Künning wäde? Ich well nit Künning sin!"

„No, dann well ich Künnijin sin!“

„Och! Frau“, sät da Mann, „wie kanns du Künnijin sin? Dä Butt weed dat nit dun.“

„Mann“, sät die Frau, „jangk strack hin, ich muss Künnijin sin!“

Do jing dä Mann un wor janz bedröv, dat sing Frau Künnijin wäde well.

Un wie hä an die See kom, wor sei allt janz schwatzjrau, un et Wasser dät vun ungen erop pröttele. Do stallt hä sich hin un saat:

„Männche! Männche! Timpe Te!
Buttche! Buttche en d'r See!
Och, ming Frau, et Elsebell,
Well nit su wie ich wal well.“

„No, wat well sei dann?“, sät dä Butt.

„Och!“, sät dä Mann, „ming Frau well Künnijin wäde.“

„Jangk räuhich hin, sei es et allt“, sät dä Butt.

Do jing dä Mann hin, un wie hä noh dem Palass kom, do wore do su vill Zaldate un Pauke un Trumpette, un sing Frau soß op nem huhe Thrun us Jold un Demante un hatt en jroße jolde Krun op, un op beidse Sigge bei ehr do stunde sechs Juffere, un ein wor ne Kopp kleiner wie die andere.

„Och“, sät dä Mann, „bes du no Künnijin?“

„Jo“, sät sei, „ich ben Künnijin.“

Un wie hä sei su e Wielche anjeloort hät, su sät hä: „Och, Frau! Wat es dat schön, dat du Künnijin bes, no welle mer uns och nix mih wünsche.“

„Nä, Mann“, sät sei, „dat doort meer ze lang, ich kann dat nit mih ushalde, Künnijin ben ich, no muss ich och Kaisersch wäde!“

„Och, Frau“, sät dä Mann, „wat wells du Kaisersch wäde?“

„Mann“, sät sei, „jangk bei dä Butt, ich well Kaisersch sin!“

„Och, Frau“, sät dä Mann, „Kaisersch kann hä bestemmp nit maache, ich well dat dem Butt nit sage.“

„Ich ben die Künnijin", sät die Frau, „un du bes bloß minge Mann, jangk jlich hin!"

Do jing dä Mann fott, un wie hä su jing, daach hä: „Dat jeit nit jot, dat jeit nit jot, Kaisersch es ze unverschammp, do weed dä Butt am Engk möd."

Dermet kom hä an die See, et Wasser wor janz schwatz un deck, un et jing su ne Windstuß derüvver, dat et Wasser sich krüsele dät. Do stallt hä sich hin un sät:

„Männche! Männche! Timpe Te!
Buttche! Buttche en d'r See!
Och, ming Frau, et Elsebell,
Well nit su wie ich wal well.“

„No, wat well sei dann?“, sät dä Butt.

„Och“, sät dä Mann, „ming Frau well Kaisersch wäde.“

„Jangk räuhich hin“, sät dä Butt, „sei es et allt.“

Do jing dä Mann hin, un wie hä derhin kom, su soß sing Frau op nem ärch huhe Thrun, dä wor us einem Stöck Jold, un sei hatt en jroße Krun op, die wor wal zwei Elle huh, bei ehr op beidse Sigge stunde die Trabante, einer kleiner wie dä andere, vum allerjrößte Ries bes zom kleinste Zwerch, dä wor su lang wie minge kleine Finger. Vör ehr do stunde su vill Fööschte un Jrafe, do stallt dä Mann sich medsen all die huhe Häre un sät: „Frau! Bes du no Kaisersch?“

„Jo“, sät sei, „ich ben Kaisersch.“

„Och!“, sät dä Mann un loort sei sich su richtich an, „wat es dat schön, dat du Kaisersch bes.“

„Mann“, sät sei, „wat steis do he eröm, ben ich no Kaisersch, no well ich och Paps wäde!“

„Och! Frau“, sät dä Mann, „wat wells du Paps wäde? Paps jitt et nor eimol en d'r Kresteheit.“

„Mann“, sät sei, „ich muss hück noch Paps wäde!“

„Nä, Frau“, sät hä, „Paps kann dä Butt nit maache, dat jeit nit jot.“

„Mann, wat för ne Stuss, kann hä Kaisersch maache, su kann hä och Paps maache, jangk stantepee hin!“

Do jing dä Mann hin, un im wor janz plümerant, sing Knee wore am Schloddere, un drusse jing d'r Wind, un et Wasser wor wie am Koche, die Scheffe schosse en d'r Nut un danzte un höppte op dä

Welle. Doch d'r Himmel wor en d'r Medde noch e bessje blau, an dä Sigge ävver, do trok et su räch rut op wie vör nem schwere Jewedder. Do stallt hä sich ärch bang hin un sät:

„Männche! Männche! Timpe Te!
Buttche, Buttche en d'r See!
Och, ming Frau, et Elsebell,
Well nit su wie ich wal well!"

„No, wat well sei dann?"sät dä Butt.

„Och!", sät dä Mann, „ming Frau well Paps wäde!"

„Jangk räuhich hin", sät dä Butt, „sei es et allt."

Do jing dä Mann hin, un wie hä derhin kom, soß sing Frau op nem Thrun, dä wor zwei Miele huh, un sei hatt drei jroße Krune op, un öm sei eröm wore su vill vum jeisliche Staat. Un op beidse Sigge vun ehr, do stunde zwei Reihe Leechter, et jrößte su deck un su jroß wie dä allerhühkste Toon bes hin zom allerkleinste Jravleech.

„Frau", sät dä Mann un loort sei sich su räch an, „bes du no Paps?"

„Jo", sät sei, „ich ben Paps!"

„Och! Frau", sät dä Mann, „wat es dat schön, dat du Paps bes; Frau, no bes zefridde; jetz wo du Paps bes, kanns du nix mih Hühteres wäde!"

„Dat well ich meer bedenke", sät die Frau.

Do jinge se beids en et Bett, ävver die Frau wor nit zefridde, un die Jeer leet sei nit schlofe. Sei daach de janze Zick, wat sei wal noch wäde wöllt. Ungerdes jing de Sonn op:

„Ha", denk sei, wie sei de Sonn em Finster su eropkumme süht, „kann ich nit och de Sonn opjon loße?" Do wood sei su räch bletzich un stüß ehre Mann an: „Mann, jangk hin bei dä Butt, ich well wäde wie d'r leeve Jott!"

Dä Mann wor noch half am Schlofe, ävver hä verschreckte sich su, dat hä us dem Bett feel.

„Och! Frau", sät hä, „jangk en dich un bliev Paps!"

„Nä“, sät die Frau un rieß sich et Naakshemb op, „ich ben nit räuhich un kann dat nit ushalde, wann ich de Sonn un d'r Mond opjon sin un kann se nit opjon loße, ich muss wäde wie d'r leeve Jott!“

„Och, Frau“, sät dä Mann, „dat kann dä Butt nit, Kaisersch un Paps kann hä maache, ävver dat kann hä nit!“

„Mann“, sät sei un süht su richtich widderlich us, „ich well su wäde wie d'r leeve Jott! Jangk om Stüpp hin bei dä Butt!“

Dat fohr dem Mann su en de Jlidder, dat hä vör luuter Angs zidderte. Drusse ävver jing d'r Storm, dat alle Bäum un Felse ömfeele, un d'r Himmel wor janz schwatz, un et donnerte un bletzte. Do soch mer en d'r See su schwatze huhe Welle wie Birje un die hatte all bovven en wieße Krun us Schuum op. Do sät dä Mann:

„Männche! Männche! Timpe Te!
Buttche, Buttche en d'r See!
Och, ming Frau, et Elsebell,
Well nit su wie ich wal well!“

„No, wat well sei dann?“, sät dä Butt.

„Och!“, sät dä Mann, „sei well wäde wie d'r Leeve Jott!“

„Jangk räuhich hin, sei setz allt widder em Pisspott.“

Do setze se noch hück am Dach.

Et brave Schniederche

An nem Sommermorje soß e Schniederche op singem Desch am Finster, wor jot drop un nihte met all dä Kraff, die hä em Liev hatt.

Do kom en Boorefrau die Stroß eraf un reef: „Jot Mos ze kaufe! Jot Mos ze kaufe!“

Dat klung dem Schniederche söß en de Ohre, hä stoch si zaat Häuv usem Finster un reef: „He erop, leev' Frau, he weed Sei ehr War quitt.“

Die Frau steech die drei Trappe met ehrem schwere Korv bei dä Schnieder erop un moot sämplije Pött vör im uspacke. Hä beloorte se all, hov se en de Hüh, heelt sing Nas dran un saat schleeßlich: „Dat Mos schingk meer jot ze sin, weech Sei meer doch veer Lut af, leev' Frau, un wann et e Veedelpund es, kütt et meer och nit drop an.“

Die Frau, die jehoff hatt, ne jode Afsatz ze finge, jov im, wat hä verlange dät, jing ävver janz ärjerlich un brummelich fott.

„No, dat Mos soll meer Jott säne", reef et Schniederche, „un soll meer Kraff jevve un mich stark maache", hollte et Brut us dem Schaaf, schnett sich en Schiev üvver dä janze Liev un strech et Mos derüvver. „Dat weed nit better schmecke", sproch hä, „ävver eesch well ich dat Wammes fädich maache, bevör ich anbieße." Hä laat dat Brut nevve sich, nihte wigger un maat vör luuter Freud Steche, die jrößer un jrößer woote.

En dä Zick steech dä Jeroch vun dem söße Mos erop an de Wäng, wo knubbelewies die Fleje soße, su dat se eranjelöck woote un sich zohauf op et Brut satze.

„Ei, wä hät üch enjelade?", sproch et Schniederche un jachte die unjebedde Jäss fott. Die Fleje ävver, die kei Kölsch verstunde, leete sich nit afwiese, sondern kome en jroßer Jesellschaff widder. Do leef dem Schniederche, wie mer su sät, en Luus üvver de Levver; et schnappte sich ne Dochlappe un: „Waadt, üch well ich et zeije!" schloch et unbarmhätzich drop.

Wie et dä Lappe fottrok un zallt, su loche nit winnijer wie sibbe Fleje dut vör im un streckte de Beincher.

„Bes du su ne Käl?", sproch hä un moot selvs singe Mot un sing Bravheit bewundere, „dat soll die janze Stadt wesse!"

Un flöck schnett sich et Schniederche ne Jödel, nihte in un steckte met jroße Bochstave derop: „Sibbe op eine Strich!"

„Ei, wat heiß he Stadt?" sproch et wigger, „die janze Welt soll et wesse!" Un si Hätz dät im vör Freud waggele wie e Lämmerstätzje.

Dä Schnieder bung sich dä Jödel öm d'r Liev un wollt en de Welt erus, weil hä meinte, die Werkelstatt wör ze klein för sing Bravheit.

Bevör hä ustrok, sökte hä em Huus eröm, ov nit jet do wör, wat hä metnemme künnt, hä fung ävver nix wie ne ahle Kies, dä hä enste-che dät. Vör d'r Stadtpooz soch hä ne Vugel, dä sich em Struch jefange hatt; dä moot bei d'r Kies en de Täsch. No nohm et Schniederche brav d'r Wäch zwesche sing Bein, un weil et leich un wiselich wor, wood et och nit möd. Dä Wäch foht et op ne Berch, un wie et am hühkste Jivvel ankom, su soß do ne jewaltije Ries un loorte sich en aller Rauh öm.

Et Schniederche jov singem Hätz ne Däu, jing op dä Ries an un saat för in: „Joden Dach, Kamerad, nit wohr, du setz do un beloors dir de wigge Welt? Ich ben jrad op dem Wäch derhin un well mich bewiese. Häs du Loss metzejon?“

Dä Ries soch dä Schnieder verächlich an un sproch: „Du Lump! Du miserabel Kälche!“

„Dat wöss ich ävver!“, antwoodte et Schniederche, knöppte dä Rock op un zeichte dem Ries singe Jödel: „He kanns du lese, wat ich för ne Mann ben!“

Dä Ries los: „Sibbe op eine Strich!“, meinte, dat wöre Minsche jewäs', die dä Schnieder erschlage hädden, un kräch e bessje Respek vör dem kleine Käl. Doch eesch wollt hä in pröfe, nohm ne Stein en de Hand un dröckte in zesamme, dat et Wasser erusdröppele dät.

„Dat maach meer noh“, sproch dä Ries, „wann du stark bes!“

„Wann et söns nix es“, saat et Schniederche, „dat es för unserein e Kinderspill!“, jreff en sing Täsch, hollte dä weiche Kies erus un dröckte in su, dat d'r Saff erafleef. „Nit wohr“, sproch hä, „dat wor e bessje besser!“

Dä Ries woss nit, wat hä sage sollt, un kunnt et vun dem Männche jar nit jläuve. Do hov dä Ries ne Stein op un worf in su huh, dat mer in met de Auge kaum mih sin kunnt: „No, du Zebingemännche, maach et meer noh!“

„Jot jeworfe“, saat dä Schnieder, „ävver dä Stein hät doch widder op de Äd eraffalle müsse; ich well dir eine werfe, dä soll jar nit widderkumme!“, jreff en sing Täsch, nohm dä Vugel un worf in en de Luff. Dä Vugel, fruh üvver sing Freiheit, steech op, floch fott un kom nit widder.

„Wie jefällt dir dat Stöck, Kamerad?“ frochte dä Schnieder.

„Werfe kanns du wal“, saat dä Ries, „ävver jetz welle mer sin, ov du och jet Öntliches drage kanns.“

Hä foht et Schniederche noh nem mächtije Eichebaum, dä do jefällt op dem Boddem loch, un saat: „Wann du stark jenoch bes, su helf meer dä Baum us dem Wald eruszedrage.“

„Jän“, antwoodte dä kleine Mann, „nemm du nor dä Stamm op ding Scholder, ich well die Äss met dem Jezweichs ophevve un drage, dat es doch et Schwers'.“

Dä Ries nohm dä Stamm op de Scholder, dä Schnieder ävver satz sich op ne Ass, un dä Ries, dä sich jo nit ömsin kunnt, moot dä janze Baum un et Schniederche noch derzo fottdrage. Et Schniederche wor dohinge janz löstich un krejel, peff dat Leedche: „Et rette drei Schnieder us der Pooz erus“, wie wann et Baumdrage e Kinderspill wör.

Dä Ries, nohdem hä e Stöck Wächs die schwere Lass fottjeschlepp hatt, kunnt nit wigger un reef: „Hör ens, ich muss dä Baum falle loße!“

Dä Schnieder sprung wiselich eraf, packte die Äss met beids Ärm', wie wann hä se jedrage hädden, un sproch för dä Ries: „Du bes su ne jroße Käl un kanns nit ens dä Baum drage!“

Se jinge zesamme wigger, un wie se lans ne Keeschbaum kome, packte dä Ries die Krun vun dem Baum, wo die riefste Keesche hinge, boch sei eraf, jov sei dem Schnieder en de Hand un heesch in esse.

Et Schniederche wor ävver vill ze leich un ze schwach för dä Baum ze halde, un wie dä Ries lossleet, fohr dä Baum en de Hühde, un dä Schnieder wood met en de Luff jewipp.

Wie hä ohne Schade widder erafjefalle wor, sproch dä Ries: „Wat es dat dann? Häs du nit Kraff jenoch, die schwache Jät ze halde?"

„An d'r Kraff fählt et meer nit", antwoodte et Schniederche, „meins du, dat wör jet för eine, dä Sibbe met einem Strich jetroffe hät? Ich ben üvver dä Baum jesprunge, weil die Jäjer do ungen en et Jebösch scheeße. Spring och ens, wann du kanns."

Dä Ries dät et versöke, kunnt ävver nit üvver dä Baum kumme, sondern blev en de Äss hange, su dat et Schniederche och he ne Stech maat.

Dä Ries sproch: „Wann du su ne brave Käl bes, dann kumm met en uns Höll un bliev üvver Naach bei uns." Dat Schniederche hatt nix derjäje un jing met.

Wie se en d'r Höll ankome, soße do noch andere Riese beim För, un jederein hatt e jebrode Schof en d'r Hand un oß dervun.

Et Schniederche soch sich öm un daach: „He es mih Platz wie en minger Werkelstatt."

Dä Ries zeichte im e Bett un saat, et sollt sich erenläje un usschlofe. Dem Schniederche ävver wor dat Bett ze jroß; et laat sich nit eren, sondern kroch en en Eck. Wie Meddernaach wor un dä Ries meinte, et Schniederche löch em deefe Schlof, do stund hä op, nohm en jroße Ieserstang un schloch dat Bett met einem Schlaach durch un meinte, hä hädden dem Höpperling d'r Ress jejovve.

Am fröhe Morje jinge die Riese en d'r Wald un hatte et Schniederche janz verjesse; do kom et op eimol janz löstich derher stolzeet.

Die Riese verschreckte sich un hatte Angs, et wööd se all dutschlage, un leefe met einem Rupp fott.

Et Schniederche trok wigger, allemol' singer spetze Nas noh. Nohdem et lang jewandert wor, kom et en d'r Hoff vun nem Künningspalass, un weil et su möd wor, laat et sich en et Jras un schleef en.

Wie et su do loch, kome die Lück un beloorte et vun alle Sigge un lose op dem Födel: „Sibbe op eine Strich!"

„Och", sproche se, „wat well dä jroße Kreechsheld he medden em Fridde? Dat muss ne mächtije Här sin!"

Se jinge un däte et dem Künning melde un meinte, wann Kreech usbreche sollt, wör dat ne wichtije un nötzlije Mann, dä mer öm keine Pries fottloße dürf. Dem Künning jefeel dä Rot, un hä scheckte eine vun dä Hofflück an et Schniederche af, dä sollt im, wann et opjewaach wör, Kreechsdeens anbedde. Dä Hoffmann blev bei dem Schlöfer ston un dät wade, bes hä sing Jlidder streckte un de Auge opschloch, un braat dann singe Andraach vör.

„Jenau derför ben ich he herjekumme", antwoodte et Schniederche, „ich ben jewellt, dem Künning ze deene." Alsu wood et en Ihre bejröß un en en praachvolle Wonnung jefoht.

Ävver die andere Kreechslück wore dem Schniederche nit jrön un wünschte, et wör dausend Miele wick fott.

„Wat soll derus wäde?" sproche se ungerenein, „wann mer Zänk met im krijje, un hä haut zo, su falle op jede Strich sibbe vun uns. Do kann unserein nit beston." Nohdem se sich berode hatte, jinge se allbeienein bei d'r Künning un däte öm ehre Afscheed bedde.

„Mer sin nit derzo jemaat", sproche se, „nevve nem Mann uszehalde, dä sibbe op eine Strich schleit."

Dä Künning wor trorich, dat hä wäje einem all sing treue Deener verleere sollt un dät sich wünsche, dat sing Auge et Schniederche nie jesin hädden, un och hä wör et jän widder loss jewäs'. Ävver hä traute sich nit, dem Schniederche d'r Afscheed ze jevve, weil hä Angs hatt, et mööch in samp singem Volk dutschlage un sich op d'r Künningsthrun setze.

Hä dät lang hin un her senne; schleeßlich fung hä ne Rot. Hä scheckte noh dem Schniederche un leet im sage, hä wöllt im en Anjebott maache, weil et su ne jroße Kreechsheld wör.

En nem Wald vun singem Rich wööte zwei Riese huuse, die met Raube, Mööde, Senge un Brenne jroße Schade anreechte däte; nümmes dürf ohne Jefahr för Liev un Levve en dere Nöh kumme. Wann et die zwei Riese üvverwinge un dutschlage künnt, su wöllt hä im sing einzije Dochter zor Frau un et halve Künningsrich zor Ihstör jevve; och sollte hundert Reuter mettrecke un im beiston.

„Dat wör jet för ne Mann, wie du bes", daach sich et Schniederche, „en schöne Künningsdochter un e half Künningsrich weed einem nit alledags anjebodde."

„O jo", wor sing Antwoot. „die Riese well ich wal bändije, un die hundert Reuter han ich derzo nit nüdich: Wä sibbe op eine Strich triff, bruch vör zwei nit bang ze sin."

Et Schniederche trok us, un die hundert Reuter rette met im. Wie se bei der Wald kome, saat et för die Reuter: „Blievt he ston, ich well wal allein met dä Riese fädich wäde!"

Dann sprung et en d'r Wald eren un soch sich links un rächs öm. Üvver e Wielche erbleckte et beidse Riese: Se loche unger nem Baum un schleefe un schnorkste derbei, dat die Äss sich erop un eraf beeje däte.

Et Schniederche – nit fuul – stoppte sich beidse Täsche voll met Stein un steech dermet op dä Baum. Wie et en d'r Medde wor, rötschte et op nem Ass su wick noh vöre, bes et tireck üvver dä Schlöfer ze setze kom, un leet einem vun dä Riese eine Stein noh dem andere op de Bruss falle.

Lang dät dä Ries nix spöre, doch schleeßlich waachte hä op, stuppte singe Jesell an un frochte: „Wat schleis du mich?"

„Du dräums", saat dä andere, „ich schlage dich nit." Se laate sich widder hin för ze schlofe, do worf dä Schnieder ne Stein op dä zweite.

„Wat soll dat?", reef dä, „woröm wirfs du mich?"

„Ich werfe dich nit", antwoodte d'r eeschte un dät brumme. Se zänkte sich e Wielche röm, doch weil se möd wore, leete se et jot sin, un de Auge feele inne widder zo.

Et Schniederche fing si Spill vun neuem an, sökte d'r deckste Stein un worf in dem eeschte Ries met Schmackes op de Bruss.

„Dat es ze ärch!", schreite dä, sprung op wie ne Rösije un stoss singe Jesell jäje d'r Baum, dat dä zidderte. Dä andere jov et im met jlicher Münz zoröck, un se jereete su en Wot, dat se Bäum usresse un su lang openein losschloche, bes se am Engk beids zojlich dut op de Äd feele. No sprung et Schniederche vun singem Baum eraf.

„Wat e Jlöck", saat et sich, „dat se dä Baum, op dem ich soß, nit usjeresse han, söns hädden ich wie en Eichhönche op ne andere Baum springe müsse; doch unserein kütt allemol' dervun!"

Et trok si Schwäät un versatz jedem vun inne e paar öntlije Tatsche en de Bruss; dann jing et us dem Wald erus bei die Reuter un sproch: „Die Arbeit es jedon, ich han beidse Riese ömjebraat. Ävver et es hatt zojejange, en ehrer Nut han se Bäum usjeresse un sich jewäht, doch et hilf alles nix, wann einer kütt wie ich, dä sibbe op eine Strich schleit."

„Sid Ehr dann nit blesseet?“ frochte die Reuter.

„Su wick kütt et noch!“ antwoodte dä Schnieder, „kei Hoor han se meer jekrömmp!“

Die Reuter wollte im nit jläuve un rette en d'r Wald: Do funge se die Riese, die en ehrem Blot schwomme, un dröm eröm loche die usjeresse Bäum.

Et Schniederche fodderte vum Künning dä versprochene Luhn; ävver dä beraut si Verspreche, un hä sennte vun neuem, wie hä sich dä Held vum Hals schaffe künnt.

„Eh du ming Dochter un et halve Rich kriss“, sproch hä, „muss du noch e Bravorstöckche vollbrenge. En dem Wald läuf och en Einhoon, dat jroße Schade anreechte deit; dat muss du eesch enfange.“

„Vör nem Einhoon ben ich noch winnijer bang wie vör zwei Riese. Sibbe op eine Strich, dat es ming Saach.“ Et Schniederche nohm sich ne Streck un en Ax met, jing erus en d'r Wald un heesch die Reuter, die met im jekumme wore, widder am Waldrand waade.

Et brooch nit lang ze söke, dat Einhoon kom bahl derher un sprung tirektemang op dä Schnieder loss, wie wann et in ohne Ömständ opspeeße wöllt.

„Höösch, höösch“, sproch hä, „su flöck jeit dat nit“, blev ston un waate, bes dat Deer janz noh wor; dann sprung hä wiselich hinger ne Baum.

Dat Einhoon rannt met Schmackes jäje dä Baum un speeßte si Hoon su deef en dä Stamm, dat et nit Kraff jenoch hatt, et widder ruszetrecke, un su wor et jefange.

„Vüjjelche, jetz han ich dich!“ saat dä Schnieder, kom hinger dem Baum hervör, laat dem Einhoon dä Streck öm d'r Hals, haute met singer Ax dat Hoon us dem Baum erus, un wie alles en Odenung wor, foht hä dat Deer af un braat et dem Künning.

Dä Künning wollt im dä Luhn, dä im versproche wor, noch nit jevve un fodderte en dritte Arbeit. Vör d'r Huhzick sollt dä Schnieder

eesch en welde Sau fange, die en dem Wald jroße Schade dät; die Jäjer sollte im beiston un helfe.

„Jän", saat dä Schnieder, „dat es e Kinderspill." Die Jäjer nohm hä nit met en d'r Wald, un die woren et zefridde, denn die Weldsau hatt se allt e paar mol su bejröß, dat se kein Loss mih hatte, ehr nohzestelle.

Wie die Weldsau dä Schnieder soch, leef sei met Schuum vör d'r Muul un jewetzte Zäng op in loss un wollt in op de Äd werfe; dä flöchtije Held ävver sprung en e Kapellche, dat en d'r Nöh stund, un wor stantepee met einem Sprung us dem Finster widder drusse.

Die Weldsau wor hinger im herjelaufe, hä ävver höppte drusse öm dat Kapellche un schloch de Dör zo. Do wor dat Deer, dat vill ze schwer un unbeholfe wor för us dem Finster ze springe, jefange.

Et Schniederche reef die Jäjer her, die moote die jefange Weldsau met eijene Auge sin.

Dä Held ävver jing bei dä Künning; dä moot jetz, ov hä no wollt udder nit, si Verspreche halde un dem Schniederche sing Dochter un et halve Künningsrich jevve. Hädden hä jewoss, dat keine Kreechsheld, sondern ne Schnieder vör im stund, su wör et im noch mih ze Hätze jejange.

Die Huhzick wood met jroßer Praach, ävver met kleiner Freud jehalde, un us nem Schnieder ne Künning jemaat.

Noh ner Zick hoot die junge Künnijin en d'r Naach, wie ehre Mann em Draum sproch: „Jung, maach meer et Wammes un fleck meer de Botze, udder ich well dir die Ell üvver de Ohre schlage!"

Do merkte sei, en wat för ner Jass dä junge Här jebore wor, klachte am andere Morje ehrem Vatter ehr Leid un dät in bedde, hä mööch sei vun dem Mann befreie, dä nix anderes wie ne Schnieder wör.

Dä Künning dät sei trüste un saat: „Loss en d'r nöchste Naach ding Schlofkammer op; ming Deener solle drusse ston un, wann hä enjeschlofe es, erenjon, in binge un op e Scheff drage, dat soll in en de wigge Welt föhre."

Die Frau wor et zefridde, ävver dem Künning singe Waffedräjer, dä alles metanjehoot hatt, wor dem junge Här vun Hätze jot un hingerbraat im dä janze Anschlaach.

„Do wäd ehr ävver fies op et Föttche falle", saat dä Schnieder sich.

Des Ovends laat hä sich wie jewöhnlich met singer Frau en et Bett. Wie sei jläuvte, dat hä enjeschlofe wör, stund sei op, maat de Dör op un laat sich widder en et Bett.

Et Schniederche, dat nor su dät wie wann et am Schlofe wör, fing an met heller Stemm ze rofe: „Jung, maach meer et Wammes un fleck meer de Botze, udder ich well dir die Ell üvver de Ohre schlage! Ich han sibbe met einem Strich jetroffe, zwei Riese dutjemaat, et Einhoon fottjefoht un en Weldsau jefange. Meins du, ich hädden Angs vör denne, die drusse vör d'r Kammerdör ston?!"

Wie die Deener et Schniederche su spreche hoote, woote se janz bang un leefe fott wie wann d'r Düvel hinger inne her wör, un kei Minsch dät sich mih an et rantraue. Alsu wor un blev et Schniederche si Levdach ne Künning.

Hans em Jlöck

Uns Hans hatt sibbe Johre bei singem Här jedeent. Do saat hä för in: „Här, ming Zick es röm, jetz wöllt ich jän widder heim bei ming Mamm. Jevt meer minge Luhn."

Dä Här antwoodte: „Du häs meer treu un ihrlich jedeent. Wie dä Deens wor, su soll dä Luhn sin", un jov im e Stöck Jold, dat su jroß wor wie dem Hans singe Kopp.

Uns Hans trok e Döjelche us d'r Täsch, weckelte dä Klumpe ren, satz in op sing Scholder un maat sich op d'r Wäch noh Huus.

Wie hä su derhin jing un allemolde ei Bein vör et andere satz, kom im ne Reuter vör de Auge, dä fresch un jot jelaunt op singem kreele Päd – trapptrapp – vörbeirett.

„Jo, jo“, sproch uns Hans janz laut, „wat es dat Rigge doch för e schön Dinge! Do setz einer wie op nem Stohl, stüss sich an keine Stein, spart die Schohn un kütt wigger, hä weiß nit wie!“

Dä Reuter, dä dat jehot hatt, heelt an un reef: „He, Hans, woröm läufs du och ze Foß?“

„Dat muss ich jo och“, antwoodte uns Hans, „ich han do ne Klumpe heim ze drage. Hä es zwor us Jold, ävver ich kann minge Kopp derbei nit jrad halde, un op ming Scholder dröck hä och.“

„Weiß du wat“, saat dä Reutersmann, „mer welle tuusche: Ich jevv' dir mi Päd, un du jivs meer dinge Klumpe.“

„Vun Hätze jän“, sproch uns Hans, „ävver ich sage Üch, Ehr mööt Üch dermet afschleppe.“

Dä Reuter steech af, nohm dat Jold un holf dem Hans op et Päd erop, jov im die Züjele fass en de Häng un sproch: „Wann et su richtich flöck jon soll, su muss du met d'r Zung schmacke un ‘hopp hopp’ rofe!“

Uns Hans wor heilfruh, wie hä op dem Päd soß un su frank un frei derhinrett. Noh nem Wielche feel im en, dat et och jet flöcker jon künnt, un hä fing an, met d'r Zung ze schmacke un „hopp hopp“ ze rofe.

Dat Päd satz sich en ne starke Trapp, un eh uns Hans sich ömjesin hatt, wor hä afjeworfe un loch enem Jrave, dä die Äcker vun d'r Landstroß trenne dät. Dat Päd wör beinoh durchjejange, wann ne Boor, dä lans d'r Wäch kom un en Koh vör sich her drev, et nit opjehalde hädden.

Uns Hans sökte sing Jlidder zesamme un stallt sich widder op de Bein. Hä wor ävver muuzich un saat för dä Boor: „Et Rigge es ne schlächte Spaß, zemol, wammer op su en Schindsmähr jeröt wie die he, die eine stüsse un afwerfe deit, dat mer sich d'r Hals breche kann. Mi Levve setz ich mich nit mih drop. Do lovve ich meer doch Ör Koh. Do kann einer jemächlich hingerdren jon un hät bovvendrop noch jeden Dach Milch, Botter un Kies secher. Wat jöv ich dröm, wann ich su en Koh hädden!"

„Jo", sproch dä Boor, „wann ich Üch ne Jefalle dermet dun kann, su well ich ming Koh jäje Ör Päd tuusche."

Uns Hans wellichte met dausend Freude en. Dä Boor schwung sich op dat Päd un rett ielich fott.

Uns Hans drev sing Koh räuhich vör sich her un daach üvver dä jlöcklije Tuusch noh.

„Wann ich nor e Stöckelche Brut han, un deran weed et meer doch nit fähle, su kann ich, suoff ich well, Botter un Kies derzo esse. Han ich Doosch, su melk ich ming Koh un drink Milch. Hätz, wat wells du mih?"

Wie hä vör e Weetshuus kom, maat hä en Rass, oß met jroßer Freud alles, wat hä met sich hatt, si Meddach- un Ovendesse, ratzekal op un leet sich för sing letzte paar Penninge e halv Jlas Bier enschenke.

Dann drev hä sing Koh wigger, allemolde op dat Dörp vun singer Mamm an. Die Hetz dät mih un mih dröcke, je nöher d'r Meddach kom, un uns Hans jing üvver en Heid, die wal noch en Stund dorte.

Do wood et im janz heiß, su dat im vör luuter Doosch de Zung em Mungk fassklävte.

„Dem Doosch es ze helfe", daach uns Hans, „jetz well ich ming Koh melke un ehr Milch drinke."

Hä bung sei an ne drüjje, storkije Baum, un do hä keine Emmer hatt, stallt hä sing Leddermötz unger die Koh. Ävver ejal, wie hä sich afmöhte: et kom kei Dröppche Milch erus. Un weil hä sich su duselich derbei anstallt, jov im dat unjedöldije Deer schleeßlich met nem Hingerfoß su ne Trett vör dä Kopp, dat hä platschtich op d'r Boddem feel un sich en Zick lang jar nit besenne kunnt, wo hä wor.

Zom Jlöck kom jrad ne Metzjer vörbei, dä e Firke op ner Schürreskar lijje hatt.

„Wat sin dat för Saache!“ reef hä un holf dem jode Hans widder op de Bein. Uns Hans verzallt im, wat passeet wor.

Dä Metzjer jov im sing Fläsch un sproch: „Dot ens eine drinke un kritt Üch widder en. Die Koh well kein Milch mih jevve. Dat es e ahl Deer, dat nor noch zom Trecke udder zom Schlaachte dauch.“

„Nä, nä“, sproch uns Hans un kratzte sich d'r Kopp, „wä hädden dat jedaach! Eijentlich es et jo jot, wammer su e Deer em Huus schlaachte kann, dat jitt Fleisch! Ävver ich maache meer nit su vill us Kohfleisch; et es meer nit saftich jenoch. Jo, wä su e Firke hädden! Dat schmeck anders – un dann noch die Wöösch!“

„Hör ens, Hans“, sproch dä Metzjer, „Üch ze Jefalle well ich tuusche un well Üch die jung Sau för die Koh loße.“

„Jott weed Üch Ör Fründschaff luhne“, saat uns Hans, jov im die Koh, leet sich dat Firke vun d'r Schürreskar lossmaache un dä Streck, woran dat Firke jebunge wor, en de Hand jevve.

Uns Hans trok wigger un daach, wie im doch alles jlöcke dät: bejänte im Moleste un Verdroß, su wööte se doch jlich widder jot jemaat.

Dernoh kräch uns Hans Jesellschaff vun nem junge Poosch, dä en schöne wieße Jans ungerm Ärm droch. Se saate enander de Dagszick, un uns Hans fing an, vun singem Jlöck ze verzälle, un wie hä allemolde zo singe Junste jetuusch hädden.

Dä Poosch verzallt im, dat hä die Jans noh nem Kinddaufschmus brenge wööd.

„Doot sei en hevve“, verzallt hä wigger un packte die Jans bei de Flüjele, „wie schwer sei es. Sei es ävver och aach Woche lang jenudelt un jestopp woode. Wä en dä Brode bieß, muss sich et Fett an d'r Muul vun beidse Sigge afputze!“

„Jo, jo“, saat uns Hans un dät die Jans met einer Hand weje, „die hät ehr Jeweech. Ävver mi klein Firke es jo noch kein jroße Sau.“

Wie se su am Klaafe wore, soch sich dä Poosch vörsichtich noh alle Sigge öm un schöddelte singe Kopp.

„Hört ens“, fing hä widder an, „met Örem Firke stemmp jet nit. En dem Dörp, durch dat ich jekumme ben, es dem Bürjermeister vör kootem e Firke usem Stall jestolle woode. Ich muß annemme, Ehr hat et do en d'r Hand. Se han Lück usjescheck, un et wör en schlemme Saach, wann se Üch met dem Firke do erwitsche däte. Et Winnichste, wat Üch blöht, es dat se Üch en et Kaschöttche steche.“

Dem jode Hans wood et angs un bang.

„Öm Joddes Welle“, sproch hä, „helft meer en d'r Nut! Ehr kennt Üch doch he besser us. Nemmt mi Firke un loot meer Ör Jans!“

„Do muß ich zwor jet op et Spill setze“, antwoodte dä Poosch, „ävver ich well nit schold sin, dat Ehr en et Unjlöck jerode doot!“

Hä nohm dä Streck en sing Hand un drev dat Firke op nem Siggewäch flöck fott.

Dä jode Hans ävver wor sing Sorje loß un jing met dä Jans ungerm Ärm op sing Heimat an.

„Wann ich et meer su räch üvverläje, „sproch hä met sich selvs, „han ich noch ne Jewenn bei dem Tuusch jemaat: Eesch ens ne jode Brode, dann ne Haufe Fett, dat us dem Brode rusdröppele weed; dat jitt Jänsefettbrut för e Veedeljohr. Un nit ze verjesse die schön' wieße Feddere. Die loße ich meer en mi Koppkesse stoppe, un derop well ich wal unjewech enschlofe. Wat weed ming Mamm för en Freud han!“

Wie hä durch et letzte Dörp jekumme wor, stund do ne Schiereschliefer met singem Kärche. Si Rad drihte un drihte sich, un hä sung derzo:

„Ich schliefe de Schiere un drih' jot jesennt
un hänge mi Mäntelche allzick noh'm Wind.“

Uns Hans blev ston un soch im zo; schleeßlich sproch hä in an un saat:

„Üch jeit et jot, weil Ehr su löstich beim Schliefe sid.“

„Jo“, antwoodte dä Schiereschliefer, „mi Handwerk hät ne jolde

Boddem. Ne rächte Schliefer es ne Mann, dä, su off hä en sing Täsch jrief, och Jeld dren fingk. Ävver wo hat Ehr die schöne Jans jekauf?"

„Die han ich nit jekauf, sondern för mi Firke enjetuusch."

„Un dat Firke?"

„Dat han ich för en Koh jekräch."

„Un die Koh?"

„Die han ich för e Päd kräje."

„Un dat Päd?"

„För dat Päd han ich ne Klumpe Jold, su jroß wie minge Kopp, jejovve."

„Un dat Jold?"

„Jo, dat wor minge Luhn för sibbe Johre Deens."

„Ehr hat Üch jederzick ze helfe jewoß", sproch dä Schliefer, „wann Ehr et jetz noch su wick brenge künnt, dat Ehr et Jeld en Ör Täsche klimpere hört, wann Ehr opstoht, su hat Ehr Ör Jlöck jemaat!"

„Wie soll ich dat anfange?" frochte uns Hans.

„Ehr mööt ne Schiereschliefer wäde wie ich; derzo jehört eijentlich nix wie ne Wetzstein, dat andere fingk sich allt vun selvs. Ich han he su ne Wetzstein, dä es e bessje rampuneet, ävver derför sollt Ehr meer och wigger nix wie Ör Jans jevve. Wollt Ehr dat dun?"

„Wie künnt Ehr do noch froge", antwoodte uns Hans, „ich wäde jo dä jlöcklichste Minsch op Äden. Wann ich Jeld han, suoff ich en de Täsch jriefe, wat bruch ich mich do noch länger ze sorje?"

Hä jov dem Schiereschliefer sing Jans un nohm dä rampuneete Wetzstein.

„Wie Ehr wellt", sproch dä Schiereschliefer un hov ne jewöhnliche Feldstein, dä nevve im loch, op: „Do hat Ehr noch ne düchtije Stein derzo, op dem et sich jot schlage liet, su dat Ehr Ör ahl' Näl jrad kloppe künnt. Doot in nemme un jevvt öntlich drop aach!"

Uns Hans nohm dä Wetzstein un dä Feldstein op sing Scholdere un jing met verjnöchtem Hätz wigger. Sing Auge däte vör Freud leuchte:

„Ich muß en ner Jlöckshuck jebore sin", reef hä us, „alles, wat ich meer wünsche, triff meer en wie bei nem Sonndachskind."

Ävver weil hä zick Dagsanbroch op de Bein jewäs' wor, fing hä an, möd ze wäde. Och dät in d'r Hunger ploge, do hä singe Pruviant vör Freud üvver die enjetuuschte Koh op eine Schlaach opjejesse hatt. Schleeßlich kunnt hä nor noch met Möh wiggerjon un moot alle naslang haltmaache; un die Stein däte in derzo och noch janz schudderich dröcke.

Do kom im en d'r Senn, wie jot et doch wör, wann hä se jrad jetz nit drage mööt.

Wie en Schneck kom hä an ne Feldpötz jeschleche, wollt sich do räste un ne fresche Drunk zo sich nemme. Hä wollt ävver beim Hinsetze die zwei Stein nit kapott maache; dröm laat hä se vörsichtich nevve sich op dä Pötzerand. Wie hä dat jedon hatt, satz hä sich nidder un wollt sich böcke, öm ze drinke.

Do passeete im, dat hä die zwei Stein e bessje anschubste – un beidse Stein plumpschte eraf. Uns Hans, wie hä se met eije Auge en de Deefde versinke soch, sprung vör Freud op, kneete dann nidder un dankte Jott met Trone en de Auge, dat Hä im och die Jnad noch jeschenk un in op su en jode Aat un Wies un, ohne dat hä sich jet vörwerfe mööt, vun dä schwere Stein befreit, die im am Engk doch nor Moleste jemaat hädden.

„Su jlöcklich wie ich", reef hä us, „jitt et keine Minsch unger d'r Sonn!"

Met leichtem Hätz un frei vun aller Lass sprung hä jetz fott, bes hä derheim bei singer Mamm wor.

Märche vun einem, dä ustrok, et Förchte ze lihre

Ne Vatter hatt zwei Sön, vun denne wor d'r ältste kloch un hell em Kopp un woss sich en alles wal ze schecke, d'r jüngste ävver wor domm, kunnt nix bejrieve un lihre. Un wann die Lück in soche, sproche se: „Met dem weed d'r Vatter noch sing Lass han!"

Wann no jet ze dun wor, su moot et d'r Ältste allzick usreechte. Ävver heesch d'r Vatter in noch spät udder sujar en d'r Naach jet holle, un d'r Wäch föhrte derbei üvver d'r Kirchhoff udder söns ne schorijen Oot, su antwoodte hä wal: „Och nä, Vatter, ich jon nit dohin, et jruselt mich!" denn hä wor ne Bangendresser.

Udder, wann ovends beim För Märcher verzallt woote, bei denne einem de Huck schuddere dät, su sproche die Zohörer mänchmol: „Och, et jruselt mich!" Dä Jüngste soß en ner Eck un hoot dat met an un kunnt nit bejrieve, wat dat heiße sollt.

„Immer sage se, et jruselt mich! Et jruselt mich! Mich deit et nit jrusele: Dat weed wal en Kuns sin, vun dä ich och nix verston."

No jeschoch et ens, dat d'r Vatter för in sproch: „Hör ens, du do en d'r Eck, du wees jroß un stark , du muss och jet lihre, womet du di Brut verdeene kanns. Süch ens, wie dinge Broder sich Möh jitt, ävver an dir es Hoppe un Malz verlore."

„Ei, Vatter", antwoodte hä, „ich well jän jet lihre; jo, wann et möchlich wör, su möch ich jän et Jrusele lihre, dovun verston ich noch jar nix."

Dä Ältste laachte, wie hä dat hoot, un daach bei sich: „Du leeve Jott, wat es minge Broder doch för ne Dommbaat, us dem weed si Läbdachs nix wäde. Wat e Hökche wäde well, muss sich beizigge krömme."

Dä Vatter dät de Auge verdrihe un antwoodte im: „Et Jrusele wees du wal lihre, ävver di Brut wees du nit domet verdeene."

Bahl dernoh kom d'r Köster zo Besök en et Huus, do klachte d'r Vatter im sing Nut un verzallt, wie singe jüngste Son en alle Dinger su schläch beschlage wör, hä wöss nix un dät och nix lihre.

„Denkt Üch, wie ich in frochte, womet hä si Brut verdeene wöllt, hät hä verhaftich verlangk, et Jrusele ze lihre."

„Wann et wigger nix es", antwoodte dä Köster, „dat kann hä bei meer lihre; doot in nor zo meer, ich well in wal afhubbele."

D'r Vatter wor et zefridde, weil hä daach: „Dä Jung weed doch noch e bessje zerächjestümp."

Dä Köster nohm in alsu en et Huus, un hä moot de Klocke lügge. Noh e paar Dag' weckte hä in öm Meddernaach, heesch in opston, en d'r Kirchtoon steije un lügge.

„Du solls wal lihre, wat Jrusele es", daach hä, jing steekum vörus, un wie dä Jung bovven wor un sich ömdriehte un die Klockeling packe wollt, su soch hä op dä Trapp, dem Schallloch jäjenüvver, en wieße Jestalt ston.

„Wä do?", reef hä, ävver die Jestalt jov kein Antwood, rebbte un bewächte sich nit.

„Jev Antwood", reef dä Jung, „udder maach, dat du fottküss, du häs he en d'r Naach nix ze schaffe."

Dä Köster ävver blev ston, ohne sich ze bewäje, domet dä Jung jläuve sollt, et wör e Jespens.

Dä Jung reef et zweite Mol: „Wat wells du he? Sprech, wann du ne ihrliche Käl bes, udder ich werf dich de Trapp eraf."

Dä Köster daach: „Dat weed su schlemm nit jemeint sin", jov keine Laut vun sich un stund, wie wann hä vun Stein wör.

Do reef in dä Jung et dritte Mol an, un wie dat och verjevvens wor, nohm hä ne Anlauf un stoss dat Jespens de Trapp eraf, dat et zehn Stufe eraffeel un en ner Eck lijje blev.

Derop dät dä Jung de Klocke lügge, jing heim, laat sich, ohne e Woot ze sage, en et Bett un schleef wigger.

Die Köstersfrau waate noch en lang' Zick op ehre Mann, ävver hä wollt nit widderkumme. Do wood ehr schleeßlich bang, sei weckte dä Jung un frochte: „Weiß du nit, wo minge Mann afjeblevve es? Hä es vör dir op dä Toon jesteeje."

„Nä", antwoodte dä Jung, „ävver do hät einer dem Schallloch jäjenüvver op d'r Trapp jestande, un weil hä kein Antwood jevve un och nit fottjon wollt, su han ich in för ne Spetzbov jehalde un erafjestosse. Joht nor hin, su wäd Ehr sin, ov hä et jewäs' es, et sollt meer leid dun."

Die Frau sprung fott un fung ehre Mann, dä en ner Eck loch un jömerte un ei Bein jebroche hatt. Sei droch in eraf un ielte met lautem Krakeel noh dem Vatter vun dem Jung.

„Öre Jung", reef sei, „hät e jroß Unjlöck anjereech, minge Mann hät hä de Trapp erafjeworfe, dat hä e Bein jebroche hät. Schafft dä Daugenix us unserem Huus."

Dä Vatter verschreckte, kom herjelaufe un schant dä Jung us: „Wat sin dat för jottlus' Streiche, die muss dir d'r Düvel enjeblose han."

„Vatter", antwoodte hä, „hört mich nor an, ich ben janz unschöldich. Hä stund do en d'r Naach wie einer, dä Schlächtes em Senn hät. Ich woss nit, wä et wor, un han in dreimol ermahnt, ze redde udder fottzejon."

„Och", sproch dä Vatter, „met dir erläv ich nor Unjlöck, jangk meer us de Auge, ich well dich nit mih ansin."

„Jo, Vatter, räch jän, doot nor wade, bes et Dach es, do well ich usjon un et Jrusele lihre, su verston ich doch en Kuns, die mich sattmaache kann."

„Lihr, wat du wells", sproch dä Vatter, „meer es alles eins. Do häs du fuffzich Daler, jangk domet en de wigge Welt un saach keinem

Minsch, wo du her küss, un wä dinge Vatter es; denn ich muss mich för dich schamme."

„Jo, Vatter, wie Ehr et han wellt, wann Ehr nit mih verlange doot, dat kann ich leich en aach behalde."

Wie no d'r Dach anbroch, stoch dä Jung sing fuffzich Daler en de Täsch, jing rus op die jroße Landstroß un sproch immer vör sich hin: „Wann et mich nor jrusele dät! Wann et mich nor jrusele dät!"

Do kom ne Mann eran, dä hoot dä Klaaf, dä dä Jung met sich selver foht, un wie se e Stöck wigger wore, dat mer d'r Jalje sin kunnt, sat dä Mann för in: „Sühs du, do es dä Baum, wo sibbe met Seilers

Dochter Huhzick jehalde han un jetz et Fleje lihre: Setz dich drunger un waat, bes de Naach kütt, su wees du wal et Jrusele lihre."

„Wann wigger nix derzo jehöt", antwoodte dä Jung, „dat es leich jedon; lihr ich ävver su flöck et Jrusele, su solls du ming fuffzich Daler han. Kumm nor morje fröh widder her."

Do jing dä Jung noh dem Jalje, satz sich drunger un wate, bes d'r Ovend kom. Un weil et in freere dät, maat hä sich e För an. Ävver öm Meddernaach jing d'r Wind su kalt, dat hä trotz För nit wärm wäde wollt. Un wie d'r Wind die Jehenkte jäjenander stoss, dat se sich hin un her bewäje däte, daach hä:

„Du freers unge bei dem För, wat wäde die do bovven eesch freere un zabbele."

Un weil hä metliggich wor, laat hä de Leider an, steech erop, knöppte eine noh dem andere loss un hollte se alle sibbe eraf. Derop schörte hä et För, blees et an un satz se rund öm et För, domet se sich wärme sollte. Ävver se soße do un rebbte sich nit, un et För erjreff ehr Kleider.

Do sproch hä: „Nemmt üch en aach, söns häng ich üch widder op." Die Dude ävver hoote nit, heelte de Muul un leete ehr Lumpe wigger brenne.

Do wood hä wödich un sproch: „Wann ehr nit aach jevve wellt, su kann ich üch nit helfe, ich well nit met üch verbrenne", un hing se de Reih noh widder op.

No satz hä sich an si För un schleef en, un am andere Morje, do kom dä Mann bei in, wollt die fuffzich Daler han un sproch: „No, weiß du, wat Jrusele es?"

„Nä", antwoodte dä Jung, „wie sollt ich et wesse? Die do bovven han de Muul nit opjedon un wore su domm, dat se die paar ahl' Lappe, die se am Liev han, brenne leete."

Do soch dä Mann, dat hä die fuffzich Daler hück nit dervundrage wöd, jing fott un sproch: „Su eine es meer noch nit vörjekumme."

Dä Jung jing och singes Wäjes un fing widder an vör sich hin ze redde: „Och, wann et mich nor jrusele dät! Och, wann et mich nor jrusele dät!“

Dat hoot ne Fohrmann, dä hinger im herschrett, un frochte: „Wä bes du?“

„Ich weiß nit“, antwoodte dä Jung.

Dä Fohrmann frochte wigger: „Wo bes du her?“

„Ich weiß nit.“

„Wä es dinge Vatter?“

„Dat darf ich nit sage.“

„Wat brumms du luuter en dinge Baat?“

„Ei“, antwoodte dä Jung, „ich wöllt, dat et mich jrusele dät, ävver nümmes kann et mich lihre.“

„Loss di domm Jebätsch“, sproch dä Fohrmann, „kumm, jangk met meer met, ich well sin, dat ich dich ungerbrenge.“

Dä Jung jing met dem Fohrmann met, un ovends kome se noh nem Weetshuus, wo se üvvernaachte wollte.

Do sproch dä Jung beim Entredde en de Stuvv widder janz laut: „Wann et mich nor jrusele dät! Wann et mich nor jrusele dät!“

Dä Weet, dä dat hoot, laachte un sproch: „Wann dich donoh jelöss, wees du he wal Jeläjeheit derzo finge.“

„Och, schwich stell", sproch die Weetsfrau, „su mänch en Vörwetznas hät allt si Levve enjeböß, et wör doch jomerschad öm die schön' Auge, wann se et Dagsleech ni mih sin sollte."

Dä Jung ävver sat: „Un wann et noch su schwer wör, ich well et no ens lihre, dervör ben ich jo usjetrocke."

Hä leet dem Weet och kein Rauh, bes dä verzallte, nit wick vum Weetshuus stünd e verwunsche Schloss, wo einer wal lihre künnt, wat Jrusele wör, wann hä nor drei Nächte derbenne waache wöllt. Dä Künning hädden dem, dä et wage wöllt, sing Dochter zor Frau versproche, un die wör die schönste Jungfrau, die de Sonn beschinge dät. En dem Schloss wöre jroße Schätz', bewaach vun kodde Jeister, die wöte dann frei un künnte ne Ärme rich jenoch maache. Allt vill wöre wal eren, ävver noch keiner widder erusjekumme.

Do jing dä Jung am andere Morje vör dä Künning un sproch: „Wann et erlaub wör, su wöllt ich wal drei Nächte en dem verwunsche Schloss waache."

Dä Künning loorte in an, un weil hä im jefeel, sproch hä: „Du darfs dir noch dreierlei usbedde, ävver et müsse Dinger ohne Levve sin, un die darfs du met en et Schloss nemme."

Do antwoodte hä: „Su bedd' ich öm e För, en Drihbank un en Schnetzbank met dem Metz." Dä Künning leet im dat all' am Dach en et Schloss drage.

Wie et Naach wäde wollt, maat hä sich en ner Kammer e hell För an, stallt die Schnetzbank met dem Metz donevven un satz sich op die Drihbank. „Och, wann et mich nor jrusele dät!" sproch hä, „ävver he wäd' ich et och nit lihre."

Jäje Meddernaach wollt hä sich si För ens opschöre. Wie hä su erenblose dät, do schreite et rack us ner Eck: „Au, miau! Wie et uns freet!"

„Ehr Jecke", reef hä, „wat doot ehr schreie? Wann et üch freet, dann kutt, setzt üch an et För un wärmt üch."

Un wie hä dat jesaat hatt, kome zwei jroße schwatze Katze met nem riesije Sprung eran, satze sich im zo beidse Sigge un loorte in met förije Auge janz weld an.

Üvver e Wielche, wie se sich jewärmp hatte, sproche se: „Kamerad, welle mer jet Kaate spille?“

„Woröm nit?“ antwoodte hä, „ävver zeicht ens ör Pute her.“ Do streckte se de Kralle us.

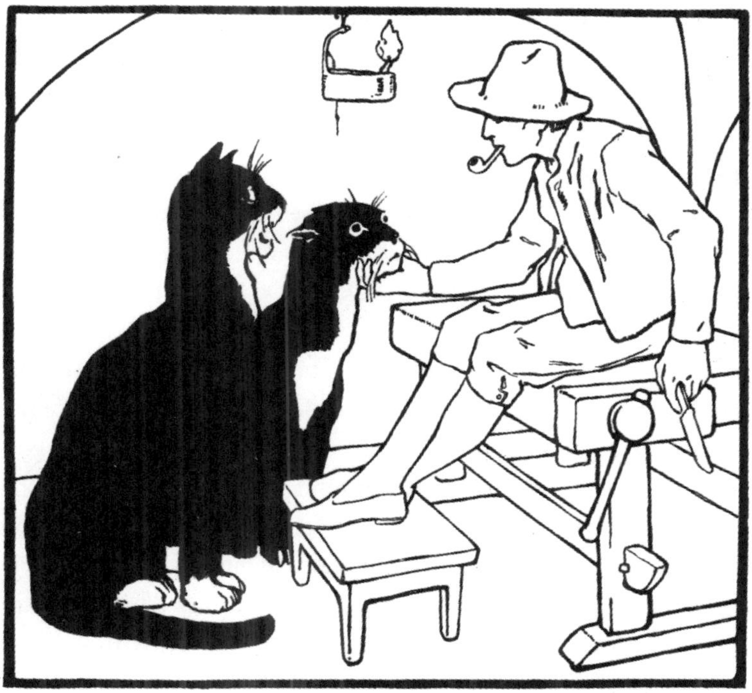

„Ei“, sat hä, „wat hat ehr lang Näl’! Waat, die muss ich üch eesch afschnigge.“

Dermet packte hä se beim Krage, hov se op die Schnetzbank un schruvte inne de Pute fass.

„Üch han ich op de Finger' jeloort", sproch hä, „do verjeit mer de Loss zom Kaatespill", schloch se dut un worf se erus en d'r Wasserjrave.

Wie hä ävver die zwei zor Rauh jebraat hatt un sich widder an si För setze wollt, do komen us alle Ecke un Engde schwatze Katze un schwatze Hüng an jlöndije Kette, immer mih un mih, dat hä nit mih woss, wohin. Die schreite jreulich, trote im op si För, resse et usenander un wollte et usmaache.

Dat soch hä sich e Wielche räuhich met an, wie et im ävver ze ärch wood, packte hä si Schnetzmetz un reef: „Fott met üch, ehr Jesocks", un haute op se loss.

E Deil sprung fott, die andere schloch hä dut un worf se erus en d'r Schlossdeich.

Wie hä widderjekumme wor, blees hä us dä Funke si För fresch an un wärmte sich. Un wie hä su do soß, wollte im sing Auge nit länger op blieve, un hä kräch Loss ze schlofe. Do bleckte hä öm sich un soch en d'r Eck e jroß Bett.

„Dat kütt meer jrad räch", sproch hä un laat sich eren. Wie hä ävver de Auge zodun wollt, su fing dat Bett vun selvs an ze fahre un fohr em janze Schloss eröm.

„Räch su", sproch hä, „maach nor flöcker!"

Do rollte dat Bett wigger, wie wann sechs Päder vörjespannt wöre, üvver Dürpele un Trappe erop un eraf. Op eimol – hopp hopp! – kippte et öm, et Ungersch zo bovven, dat et wie ne Berch op im loch. Ävver hä schmess Decke un Kesse en de Hüh, steech erus un sat: „No maach fahre, wä Loss hät", laat sich an si För un schleef, bes et Dach wor.

Am Morje kom dä Künning, un wie hä in do om Boddem lijje soch, meinte hä, die Jespenster hädden in ömjebraat, un hä wör dut.

Do sproch hä: „Et es doch schad öm dä schöne Minsch."

Dat hoot dä Jung, stund op un sproch: „Su wick es et noch nit!"

Do verwunderte sich dä Künning, freute sich ävver un frochte, wie et im erjange wör.

„Räch jot“, antwoodte hä, „ein Naach es eröm, die zwei andere wäde och erömjon.“ Wie hä noh dem Weet kom, do maat dä jroße Auge.

„Ich daach nit“, sproch hä, „dat ich dich ens lebendich widdersin wöd; häs du no jelihrt, wat Jrusele es?“

„Nä“, sat dä Jung, „et es alles verjevvens: Wann et meer nor einer sage künnt!“

Die zweite Naach jing hä noch ens erop en dat ahle Schloss, satz sich an et För un fing si ahl Leed widder an: „Wann et mich nor jrusele dät!“

Wie Meddernaach erankom, leet sich ne Lärm un e Jerummels höre, eesch hösch, dann immer stärker, dann wor et e bessje stell, schleeßlich kom met lautem Jebälks ne halve Minsch dä Kamin eraf un feel platschtich vör in hin.

„He do!“, reef dä Jung, „noch ne halve jehört derzo, dat es zewinnich.“

Do jing dä Lärm vun vörren an, et rölzte un hülte, un die andere Hälf feel och eraf.

„Waat“, sproch dä Jung, „ich well dir eesch et För e bessje anblose.“

Wie hä dat jedon hatt un sich widder ömsoch, do wore die beidse Stöcker zesammejefahre, un ne jreulije Mann soß do op singem Platz.

„Su han mer nit jewett“, sproch dä Jung, „dat es ming Bank.“

Dä Mann wollt in fottdränge, ävver dä Jung leet sich dat nit jefalle, daut in met Jewalt fott un satz sich widder op singe Platz. Do feele noch mih Männer dä Kamin eraf, eine noh dem andere, die hollte nüng Dudebein’ un zwei Dudeköpp, satze op un spillte Käjel.

Dä Jung kräch och Loss un frochte: „Hört ens, kann ich met käjele?“

„Jo, wann du Jeld häs."

„Jeld jenoch", antwoodte hä, „ävver ör Kugele sin nit richtich rund." Do nohm hä die Dudeköpp, satz se en die Drihbank un drihte se rund.

„Su, jetz wäde se besser schibbele", sproch hä, „heido! No jeit et löstich zo!"

Hä spillte met un verlor jet vun singem Jeld, wie et ävver zwölf Uhr schloch, wor alles vör sing' Auge racktemang fott. Hä laat sich nidder un schleef räuhich en.

Am andere Morje kom dä Künning un wollt sich erkundije.

„Wie es dir dis Mol erjange?" frochte hä.

„Ich han jekäjelt", antwoodte dä Jung, „un e paar Heller verlore."

„Hät et dich dann nit jejruselt?"

„Ei wat", sproch hä, „löstich han ich mich jemaat. Wann ich nor wöss, wat Jrusele wör!"

En d'r dritte Naach satz hä sich widder op sing Bank un sproch janz verdreeßlich: „Wann et mich nor jrusele dät!"

Wie et spät wood, kome sechs jroße Männer un braate en Dudelad erenjedrage.

Do sproch hä: „Ha, ha, dat es jewess mi Kusängche, dat eesch vör e paar Dag' jestorve es", winkte met dem Finger un reef: „Kumm, Kusängche, kumm!" Se stallte dä Särk op de Äd, hä ävver jing hin un nohm dä Deckel af. Do loch ne dude Mann derbenne. Dä Jung föhlte im an et Jeseech, ävver dat wor kalt wie Ies.

„Waat", sproch hä, „ich well dich e bessje wärme", jing an et För, wärmte sing Hand un laat se im op et Jeseech, ävver dä Dude blev kalt. No nohm hä in us dem Särk erus, satz sich an et För un laat in op singe Schuß un rubbelte im de Ärm', dermet et Blot widder en Bewäjung kumme sollt.

Wie och dat nix helfe wollt, feel im en: „Wann zwei zesamme em Bett lijje, su wärme se sich", braat in en et Bett, deckte in zo un laat sich nevven in. Üvver e Wielche wood och dä Dude wärm un fing an, sich ze räje.

Do sproch dä Jung: „Sühs du, Kusängche, hädden ich dich nit jewärmp!“

Dä Dude ävver hov an un reef: „Jetz well ich dich erwürje.“

„Wat“, saat dä Jung, „es dat minge Dank? Sujlich solls du widder en dinge Särk“, hov in op, worf in eren un maat d'r Deckel zo; do kome die sechs Männer un droche in widder fott.

„Et well mich nit jrusele“, saat hä, „he lihr ich et mi Läbdachs nit.“

Do trot ne Mann eren, dä wor jrößer wie all die andere un soch furchbar us; hä wor ävver alt un hatt ne lange wieße Baat.

„O du Zebingemann, no solls du bahl lihre, wat Jrusele es; denn du solls sterve.“

„Nit ze flöck“, antwoodte dä Jung, „soll ich sterve, su muss ich och derbei sin.“

„Dich well ich wal packe“, sproch dä Ries.

„Hösch, hösch, maach dich nit esu breit; su stark wie du ben ich allt lang un wal noch stärker.“

„Dat welle mer jo sin“, sproch dä Ahl, „bes du stärker wie ich, su well ich dich jonn loße; kumm, mer welle et versöke.“

Do foht hä dä Jung durch dunkle Jäng noh nem Schmidsför, nohm en Ax un schloch dä eine Amboss met einem Schlaach en de Äd.

„Dat kann ich noch besser“, sproch dä Jung un jing noh dem andere Amboss. Dä Ahl stallt sich nevven in un wollt zoloore, un singe wieße Baat hing eraf. Do packte dä Jung die Ax, spalte dä Amboss op eine Hau un klemmte dem Ahl singe Baat met en.

„No han ich dich“, sproch dä Jung, „jetz bes du an d'r Reih mem Sterve.“

Dann packte hä en Ieserstang un schloch op dä Ahl loss, bes dat hä hülte un beddelte, hä möch ophöre, hä wöllt im jroße Richdümer jevve. Dä Jung trok die Ax erus un leet in loss. Dä Ahl foht in widder en et Schloss zoröck un zeichte im en nem Keller drei Kaste voll Jold.

„Dervun“, sproch hä, „es ei Deil dä Ärme, dä andere dem Künning, dä dritte dir.“ Endem schloch et zwölf, un dä Jeis wor racktemang fott, sudat dä Jung em Düstere stund.

„Ich wäde meer doch erushelfe künne“, sproch hä, tappten eröm, fung dä Wäch en de Kammer un schleef do bei singem För en.

Am andere Morje kom dä Künning un saat: „Wees du no jelihrt han, wat Jrusele es?“

„Nä“, antwoodte dä Jung, „wat es et nor? Minge dude Kusäng wor do, ne Mann met Baat es jekumme, dä hät meer do unge vill Jeld jezeich, ävver wat Jrusele es, hät meer keiner jesaat.“

Do sproch dä Künning: „Du häs dat Schloss erlüs un solls ming Dochter hierode.“

„Dat es jo alles jot un fing“, antwoodte hä, „ävver ich weiß noch immer nit, wat Jrusele es.“

Do wood dat Jold eropjebraat un de Huhzick jefeet, ävver dä junge Künning, su jän hä och si Wiev hatt un su verjnöch hä och wor, sat doch allemolde: „Wann et mich nor jrusele dät, wann et mich nor jrusele dät.“

Dat verdross die jung’ Künnijin am Engk. Ehr Kammermädche sproch: „Ich well Hölp schaffe, et Jrusele soll hä wal lihre.“

Et jing erus noh dem Baach, dä durch d’r Jade floss, un leet sich ne janze Emmer voll Speckjuve holle. Naaks, wie dä junge Künning schleef, moot si jung Wiev im de Deck fotttrecke un dä volle Emmer met dem kale Wasser un dä Speckjuve üvver in usschödde, dat die klein’ Fesche öm in eröm zabbelte.

Do wood hä waach un reef: „Och, wat jruselt et mich, wat jruselt et mich, leev Frau! Jo, no weiß ich, wat Jrusele es.“

Dümeling op Wanderschaff

Ne Schnieder hatt ne Son, dä wor klein jerode un nit jrößer wie ne Dume; dröm heeß hä och dä Dümeling. Hä hatt ävver Kurasch em Liev un saat för singe Vatter: „Vatter, ich soll un muss en de Welt erus."

„Räch su, minge Son", sproch dä Ahl, nohm en Stoppnol un maat am Leech ne Knöddel us Sijjellack dran, „do häs du och ne Deje met op d'r Wäch."

No wollt dä Dümeling noch ens metesse un höppte en de Köch, öm ze loore, wat die Frau Moder zo joder Letz jekoch hädden. Et wor ävver evvens anjereech, un die Kump stund om Häd. Do sproch dä Dümeling: „Frau Moder, wat jitt et hück ze esse?"

„Süch selver noh", saat die Moder.

Do sprung dä Dümeling op d'r Häd un loorte en die Kump. Do hä ävver d'r Kopp ze wick erenstreckte, packte in dä Damp un drev in durch d'r Kamin erus.

E Wielche rett hä om Damp en d'r Luff eröm, bes hä schleeßlich widder op de Äd erafsunk. No wor dä Dümeling drusse en d'r wigge Welt, trok eröm, jing och bei nem Schniedermeister en de Arbeit, ävver et Esse wor im nit jot jenoch.

„Frau Meistersch, wann Sei uns kei besser Esse jitt", saat dä Dümeling, „su jon ich fott un schrieve morje fröh met Krick an Ehr Husdör: 'Ääpele ze vill, Fleisch ze winnich, adjüs, Här Ääpelkünning.'"

„Wat wells du dann, du Höpperling?" saat die Meistersch, wood wödich, packte ne Lappe un wollt noh im schlage. Ävver dä Dümeling kroch flöck unger ne Fingerhot, loorte unge erus un streckte d'r Frau Meistersch de Zung erus.

Sei hov d'r Fingerhot op un wollt in packe, ävver dä kleine Dümeling höppte en de Lappe, un wie die Meistersch die Lappe usenander worf un in sökte, verstoch hä sich en ner Deschretz.

„He, he, Frau Meistersch", reef hä un streckte d'r Kopp en de Hüh, un wann sei zoschlage wollt, sprung hä en et Schoss eren. Schleeßlich ävver kräch sei in doch en de Finger un jachte in usem Huus.

Dä Dümeling wanderte un kom en ne jroße Wald: do bejänte im ne Haufe Räuber, die hatte vör, dem Künning si Jold ze kläue.

Wie se dä Dümeling soche, daachte se: „Su e klein Kälche kann durch et Schlösselloch kruffe un unser Klösje sin."

„He, du", reef einer, „du Riese Joliath, wells du met noh'm Tresor vum Künning jon? Du kanns dich erenschliche un et Jeld eruswerfe."

Dä Dümeling dät sich besenne, schleeßlich saat hä: „Jo", un jing met noh dem Tresor.

Do beloorte hä sich die Dör vun bovve bes unge, ov keine Retz ze sin wör. Nit lang, su entdeckte hä eine, dä breit jenoch wor, öm in durchzeloße. Hä wollt och jlich durchkruffe, ävver einer vun dä Scheldwaach, die vör d'r Dör stund, hatt in jesin un saat för dä andere: „Wat krüff do för en widderlije Spenn? Ich well se dut tredde."

„Loss dat ärme Deer en Rauh", saat dä andere, „et hät dir jo nix jedon."

No kom dä Dümeling jlöcklich durch dä Retz en d'r Tresor, maat et Finster op, unger dem die Räuber stunde, un worf inne eine Daler noh dem andere erus. Wie dä Dümeling su bei d'r Arbeit wor, hoot hä dä Künning kumme, dä singe Tresor enspizeere wollt, un dät sich flöck verkruffe.

Dä Künning merkte, dat vill hade Daler fählte, kunnt ävver nit bejriefe, wä se jestolle han sollt, do alle Schlösser un Rijele jot en Schoss wore, un alles wal verwaht schung. Do jing hä widder fott un saat för die Scheldwaach: „Opjepass! Do es einer hinger dem Jeld her!"

Wie no dä Dümeling sing Arbeit vun neuem anfing, hoote se et Jeld drenne sich räje un klimpere: klipp klapp, klipp klapp. Se sprunge flöck eren un wollte dä Deev am Schlavittche packe.

Ävver dä Dümeling, dä se kumme hoot, wor noch flöcker, sprung en en Eck un deckte ne Daler üvver sich, su dat nix vun im ze sin wor. Derbei dät hä die Wächter och noch uze un reef: „He ben ich!"

Die Wächter leefe derhin, wie sei ävver ankome, wor hä allt en ner andere Eck unger ne Daler jehöpp un reef: „He ben ich!"

Die Wächter sprunge su flöck se kunnte eran, ävver dä Dümeling wor längs allt en ner dritte Eck un reef: „He he, ich ben he!"

Un su maat hä de Aap met inne un drev se su lang em Tresor eröm, bes se möd wore un fottjinge.

No worf dä Dümeling die Daler Stöck för Stöck all erus. Dä letzte worf hä met Schmackes, höppte selver noch flöck drop un floch met im durch et Finster eraf.

Die Räuber lovte in un leete in huhlevve: „Du bes ne jewaltije Held“, saate se, „wells du unsere Haupmann wäde?“

Dä Dümeling ävver dät sich bedanke un saat, hä wollt eesch jet vun d'r Welt sin. Die Räuber deilte die Beut. Dä Dümeling dät ävver nor ne Krützer verlange, do hä nit mih drage kunnt.

Derop schnallte hä sich singe Deje widder an d'r Liev, saat dä Räuber jode Dach un nohm d'r Wäch zwesche sing Bein.

Hä jing bei e paar Schniedermeister en Arbeit, ävver se wore im all nit noh d'r Mötz. Schleeßlich wood hä Huusknäch en nem Jasshoff.

Die Mäde ävver kunnt hä nit ligge: Ohne dat se in sin kunnte, soch hä alles, wat se steekum maate un jov bei d'r Härschaff an, wat se vun dä Teller jenomme un usem Keller för sich fottjehollt hatte.

Do sproche die Mäde: „Waat, Pöschje, dat welle mer dir heimzahle!", un sproche sich ungerenander af, öm in erenzeläje un ze bestrofe.

Wie ein vun dä Mäde bahl dernoh em Jade mihte un dä Dümeling do erömspringe un zwesche dä Krückcher römkruffe soch, mihte sei in flöck met dem Jras zesamme, bung alles en e jroß Doch un worf et heimdückisch dä Köh vör.

No wor en jroße schwatze Koh derunger, die schleckte in met eraf, ohne im wih ze dun. En dä Koh jefeel et im ävver üvverhaup nit, weil et do stechendüster wor un och kei Leech brannt. Wie die Koh jemolke wood, do reef hä:

„Strip, strap, stroll,
es dä Emmer bahl voll?"

Doch bei dem Melkjeräusch wood hä nit verstande.

Hernoh trot dä Huushär en d'r Stall un sproch: „Morje soll die Koh do jeschlaach wäde!"

Do wood dem Dümeling angs un bang, su dat hä met hellem Stemmche reef: „Lot mich eesch erus, ich setze jo he benne!"

Dä Här hot dat wal, woss ävver nit, wo dat Stemmche herkom.

„Wo bes du?" frochte hä.

„En d'r Schwatze", antwoodte dä Dümeling, ävver dä Här verstund nit, wat dat heiße sollt, un jing fott.

Am nöchste Morje wood die Koh jeschlaach. Jlöcklicherwies trof dä Dümeling beim Zerhacke un Zerläje keine Hau, ävver hä jereet unger et Wooschfleisch.

Wie no dä Metzjer erantrot un sing Arbeit anfing, schreite dä Dümeling su laut hä nor kunnt: „Hackt nit ze deef, hackt nit ze deef, ich steche jo em Wooschfleisch!"

Wäje dem Radau vun dä Hackmetzer hot dat kei Minsch. No hatt dä ärme Dümeling sing Nut, ävver Nut mät flöcke Bein, un su sprung hä wiselich zwesche dä Hackmetzer durch, su dat keins in trof, un hä met heile Huck dervun kom.

Ävver flüchte kunnt hä och nit: Ov hä wollt udder nit, hä moot sich met de Speckbrocke en en Flönz stoppe loße.

Do wor et Kwarteer jet eng, un derzo wood hä och noch en d'r Räuches jehange, wo im de Zick un de Wiel ärch lang woote. Em Winter schleeßlich wood hä erafjehollt, do die Flönz nem Jass vörjesatz wäde sollt.

Wie no die Weetsfrau die Flönz en Schieve schnett, jov hä jot aach, dat hä d'r Kopp nit ze wick vörstreckte un im d'r Hals afjeschnedde wööd.

Schleeßlich soch hä en Jeläjeheit, maat sich Luff un sprung erus. En dem Huus ävver, wo im su üvvel metjespillt woode wor, wollt dä Dümeling nit länger mih blieve, sondern jing widder op Wanderschaff.

Doch sing Freiheit dorte nit lang. Op nem offe Feld kom hä nem Fuss en de Quer, dä in su janz nevvebei schnappe dät.

„He, Här Fuss“, reef dä Dümeling, „ich ben et, dä en Örem Hals stich. Lot mich widder frei!“

„Du häs räch“, antwoodte dä Fuss, „an dir han ich su vill wie nix. Versprech meer die Höhner em Hoff vun dingem Vatter, su well ich dich freiloße.“

„Vun Hätze jän“, antwoodte dä Dümeling, „die Höhner solls du all han, dat dun ich dir jelovve.“

Do leet dä Fuss in widder frei un droch in selver heim. Wie dä Vatter si leev Sönche widder soch, jov hä dem Fuss jän all die Höhner, die hä hatt.

„Derför brenge ich dir och e schön Stöck Jeld met“, sproch dä Dümeling un schenkte im dä Krützer, dä hä vun singer Wanderschaff metjebraat hatt.

„Woröm ävver hät dä Fuss die ärme Piephöhncher ze fresse kräje?“

„Du jecken Doll, dingem Vatter weed jo wal si Kind leever sin wie die Höhner om Hoff!“

Deschje deck dich, Joldesel un Knöppel usem Sack

Vör Zigge wor ne Schnieder, dä drei Sön hatt un nor en einzije Jeiß.

Ävver die Jeiß, weil sei alle veer met ehr Milch satt maat, moot ehr jot Foder han un Dach för Dach rus op de Wick jefoht wäde. Die Sön däte dat och d'r Reih noh.

Eimol brat d'r ältste Son die Jeiß op d'r Kirchhoff, wo die schönste Krückcher stunde, leet sei do fresse un erömspringe.

Ovends, wie et Zick wor heimzejon, frochte hä: „Jeiß, bes du satt?"

Die Jeiß antwoodte:

„Ich ben su satt,
ich maach kei Blatt: meh! meh!"

„Su kumm noh Huus", sproch dä Jung, packte sei am Streckelche, foht sei en d'r Stall un bung sei fass.

„No", saat dä ahle Schnieder, „hät die Jeiß ehr öntlich Foder kräje?"

„Oh", antwoodte dä Son, „sei es su satt, sei maach kei Blatt."

Dä Vatter ävver wollt sich selvs üvverzeuje, jing eraf en d'r Stall, kraute dat leeve Deer un frochte:

„Jeiß, bes du och satt?"

Die Jeiß antwoodte:

„Wovun soll ich satt sin?
Ich sprung nor üvver Jrävercher
un fung kei einzig Blättche: meh! meh!“

„Wat muss ich do höre!“ reef dä Schnieder, leef noh bovve un sproch för dä Jung:

„Du Löjer, do säs, die Jeiß wör satt un häs sei doch hungere loße?“

Un en singer Bletzichkeit nohm hä die Ell vun d'r Wand un jaachte in met Schläch usem Huus.

Am andere Dach wor die Reih am zweite Son. Dä sökte an d'r Jadeheck ne Platz us, wo luuter jode Krückcher stunde, un die Jeiß froß se ratzekal af.

Ovends, wie hä heim wollt, frochte hä:

„Jeiß, bes du satt?“

Die Jeiß antwoodte:

„Ich ben su satt,
ich maach kei Blatt: meh! meh!“

„Su kumm noh Huus“, sproch dä Jung, trok sei heim un bung sei em Stall fass.

„No“, saat dä ahle Schnieder, „hät die Jeiß ehr öntlich Foder kräje?“

„Oh“, antwoodte dä Son, „sei es su satt, sei maach kei Blatt.“

Dä Schnieder wollt sich nit derop verloße, jing eraf en d'r Stall un frochte:

„Jeiß, bes du och satt?“

Die Jeiß antwoodte:

„Wovun soll ich satt sin?
Ich sprung nor üvver Jrävercher
un fung kei einzig Blättche: meh! meh!“

„Dä jottluse Hanak!“, schreite dä Schnieder, „su e fromm Deer hungere ze loße!“, leef noh bovve un schloch met d'r Ell dä Jung de Huusdör erus.

Jetz wor die Reih am dritte Son. Dä wollt sing Saach jot maache, sökte ne Bösch met dem schönste Laub us un leet die Jeiß derdran fresse.

Ovends, wie hä heim wollt, frochte hä:

„Jeiß, bes du och satt?"

Die Jeiß antwoodte:

„Ich ben su satt,
ich maach kei Blatt: meh! meh!"

„Su kumm noh Huus", saat dä Jung, foht sei en d'r Stall un bung sei faß.

„No", saat dä ahle Schnieder, „hät die Jeiß ehr öntlich Foder kräje?"

„Oh", antwoodte dä Son, „sei es su satt, sei maach kei Blatt."

Dä Schnieder ävver traute im nit, jing eraf un frochte:

„Jeiß, bes du och satt?"

Dat fracke Deer antwoodte:

„Wovun soll ich satt sin?
Ich sprung nor üvver Jrävercher
un fung kei einzig Blättche: meh! meh!"

„Oh die Löjebrot!" reef dä Schnieder, „einer su jottlus un flichverjesse wie dä andere! Ehr sollt nit länger mih de Aap met meer maache!"

Un vör luuter Bletzichkeit janz usser sich sprung hä noh bovve un jervte dem ärme Jung dä Rögge su jewaltich met d'r Ell, dat dä usem Huus erussprung.

Jetz wor dä ahle Schnieder met singer Jeiß allein.

Am nöchste Morje jing hä eraf en d'r Stall, knüvvelte die Jeiß un sproch: „Kumm, mi leev Deerche, ich well dich selvs op de Wick föhre."

Hä nohm sei am Streck un braat sei an jröne Hecke un unger Schofsreppe, un wat die Jeiße söns noch jän fresse.

„Du kanns dich ens noh Hätzensloss satt fresse“, saat hä för sei un leet sei bes ovends wigge. Do frochte hä:

„Jeiß, bes du satt?“

Sei antwoodte:

„Ich ben su satt,
ich maach kei Blatt: meh! meh!“

„Su kumm noh Huus“, saat dä Schnieder, foht sei en d'r Stall un bung sei fass.

Wie hä fottjing, drihte hä sich noch ens eröm un saat:

„Jetz bes du doch ens eimol richtich satt!“

Ävver die Jeiß dät im nit dä Jefalle un reef:

„Wovun soll ich satt sin?
Ich sprung nor üvver Jrävercher
un fung kei einzig Blättche: meh! meh!“

Wie dä Schnieder dat hot, wood hä stutzich un soch wal en, dat hä sing drei Sön ohne Orsaach verstosse hatt.

„Waat“, reef hä, „du verloge Bees, dich fottzejage es noch ze winnich. Ich well dich zeichne, dat du dich unger ihrliche Schnieder nit mih blecke loße darfs!“

Em Rubbedidupp sprung hä noh bovve, hollte si Raseermetz, seifte d'r Jeiß dä Kopp en un schorr sei su jlatt wie sing flache Hand. Un weil die Ell ze ihrevoll jewäs' wör, hollte hä die Schmeck un versatz ehr e paar Schrüpp, dat sei met jewaltije Sprüng fottleef.

Dä Schnieder, wie hä su janz allein en singem Huus soß, kräch et ärme Deer un hädden sing Sön jän widder jehat, ävver kei Minsch woss, wo se afjeblevve wore.

Dä ältste wor bei nem Schringer en de Lihr jejange. Do lihrte hä fließig un ohne ze kühme. Un wie sing Zick jekumme wor, dat hä op Wanderschaff jon sollt, schenkte im dä Meister e Deschje.

Dat Deschje soch nit besonders us un wor us jewöhnlichem Holz. Ävver et hatt en jode Eijenaat:

Wammer et hinstallt un sproch: „Deschje, deck dich", su wor dat jode Deschje op eimol met nem saubere Döjelche jedeck, un derop stunde ne Teller met Metz un Jaffel dernevve, Kumpe met Jesott un Jebrot su vill wie Platz wor, un e jroß Jlas met rudem Wing wor am Leuchte, dat einem et Hätz em Liev laache dät.

Dä junge Jesell daach: „Dermet häs du jenoch för di Läbdach", trok ohne Sorje en d'r Welt eröm un kömmerte sich jar nit dröm, ov e Weetshuus jot udder schläch un ov jet derdren ze finge wor udder nit.

Wann im dernoh wor, jing hä nit en et Weetshuus, sondern nohm em Feld, em Wald, op ner Wis, wo hä jrad Loss hatt, si Deschje vum Rögge, stallt et vör sich hin un sproch: „Deschje, deck dich!" Dann wor alles do, wat si Hätz bejerre dät.

Schleeßlich kom im en d'r Senn, noh singem Vatter zoröckzekehre; dä wööd nit mih bletzich sin, un met dem Deschje deck dich wööd hä in jän widder opnemme.

Et droch sich zo, dat hä om Heimwäch ovends en e Weetshuus kom, dat voll met Jäss wor. Die däte in wellkumme heiße un lode in en, sich bei se ze setze; söns wööd hä schwärlich noch jet ze esse krijje.

„Nä", antwoodte dä junge Schringer, „die paar Besse well ich üch nit vum Mungk nemme, leever sollt ehr ming Jäss sin."

Se laachte un meinte, hä wööd se för jeck halde. Hä ävver stallt si hölzer Deschje medden en de Stuvv un sproch:

„Deschje, deck dich!"

Stantepee wor et met Foder besatz, su jot, wie et dä Weet nit hädden eranschaffe künne, un wovun dä Jeroch dä Jäss verföhrerisch en de Nas steije dät.

„Dot richtich zojriefe, leev Fründe", sproch dä Schringer, un die Jäss, wie se soche, wie et jemeint wor, leete sich nit zweimol bedde, röckte eran, troke ehr Metzer un jreffe brav zo.

Un worüvver se sich am mihtste verwunderte: Wann en Kump leer jewoode wor, su stallt sich jlich en volle an ehre Platz.

Dä Weet stund en singer Eck un soch dem Dinge zo. Hä woss jar nit, wat hä sage sollt, daach ävver: „Su ne Koch künns du en dinger Weetschaff wal bruche."

Dä Schringer un sing Jesellschaff wore löstich bes spät en de Naach. Schleeßlich laate se sich schlofe, un dä junge Jesell jing och en et Bett un stallt si Wünschdeschje an de Wand.

Dem Weet ävver leete sing Jedanke kein Rauh. Im feel en, dat en singer Rumpelskammer e ahl Deschje stünd, dat jradsu ussöch wie

dat Wünschdeschje. Dat hollte hä janz steekum herbei un vertuuschte et met dem Wünschdeschje.

Am andere Morje berappte dä Schringer si Schlofjeld, packte sich si Deschje op, daach jar nit dran, dat hä et falsche han künnt, un jing singer Wäje.

Jäje Meddach kom hä bei singem Vatter an, dä in met jroßer Freud wellkumme heeß.

„Saach, leeve Son, wat häs du jelihrt?" frochte hä in.

„Vatter, ich ben ne Schringer jewoode.

„E jot Handwerk", saat dä Ahl, „ävver wat häs du vun dinger Wanderschaff metjebraat?"

„Vatter, et Bess, wat ich metjebraat han, es dat Deschje."

Dä Schnieder loorte et sich vun alle Sigge an un saat:

„Derdran häs du kei Meisterstöck jemaat, dat es e ahl un schläch Deschje."

„Ävver dat es e Deschje deck dich", antwoodte dä Son. „Wann ich et hinstelle un im sage, et soll sich decke, dann steit em No et schönste Foder drop un och Wing, dä et Hätz erfreut. Dot nor dä janze Pattaklang un alle Fründe enlade, die solle et sich ens jot jon loße, weil dat Deschje mät se all satt."

Wie die Jesellschaff beisamme wor, stallt hä si Deschje medden en de Stuvv un sproch: „Deschje, deck dich!“

Ävver dat Deschje dät sich nit räje un blev leer wie ne jewöhnliche Desch, dä die Sproch nit versteit.

Do merkte dä ärme Jesell, dat im si Deschje vertuusch wor, un schammte sich, dat hä wie ne Löjer do stund. Die Verwandtschaff laachte in us un moot ohne Esse un Drinke widder heim jon.

Dä Vatter nohm sing Lappe widder her un schniederte wigger. Dä Son ävver jing bei nem Schringermeister en Arbeit.

Dä zweite Son wor an ne Müller jekumme un bei im en de Lihr jejange. Wie hä sing Lihrjohre röm hatt, sproch dä Meister:

„Do du dich su wacker jehalde häs, su schenk ich dir nen Esel vun ner besondere Aat. Hä trick keine Wage un drät och kein Säck.“

„Wozo es hä dann jot?“ frochte dä junge Jesell.

„Hä speit Jold“, antwoodte dä Müller.

„Wann du in op e Doch stells un sprichs: 'Bricklebrit', su speit dir dat jode Deer Joldstöcker us, hinge un vöre.“

„Dat es en schöne Saach“, sproch dä Jesell, dankte dem Meister un trok en de Welt.

Wann hä Jold nüdich hatt, brooch hä nor för singe Esel: 'Bricklebrit' ze sage, su ränte et Joldstöcker, un hä hatt söns kein Möh, wie se vun d'r Äd opzehevve. Wo hä hinkom, wor im et Bess jrad jot jenoch, un deste dörer, deste leever; do hä allemolde ne volle Büggel hatt.

Wie hä sich en Zicklang en d'r Welt ömjesin hatt, daach hä:

„Du muss dinge Vatter besöke. Wann du met dem Joldesel küss, su weed hä sing Bletzichkeit verjesse un dich jot opnemme.“

Et droch sich zo, dat hä en dat selve Weetshuus jereet, en dem singem Broder dat Deschje vertuusch woode wor. Hä foht singen Esel an d'r Hand, un dä Weet wollt im dat Deer afnemme un anbinge.

Dä junge Jesell ävver sproch: „Dot üch kein Möh jevve, minge Jrauschimmel föhr ich selvs en d'r Stall un bing in och selvs an, do ich wesse muss, wo hä steit."

Dem Weet kom dat komisch vör, un hä meinte, dat einer, dä singe Esel selvs versorje mööt, och söns ne ärme Düvel wör.

Wie ävver dä Fremde en de Täsch jreff, zwei Joldstöcker rushollte un saat, hä sollt jet Jodes för in enkaufe, so maat hä jroße Auge, leef un sook et Bess, dat hä opdrieve kunnt.

Noh dem Esse frochte dä Jass, wat hä schöldich wör. Dä Weet wollt de dubbelte Krick nit spare un saat, e paar Joldstöcker mööt hä noch dropläje. Dä Jesell jreff en sing Täsch, ävver si Jold wor evve ze Engk.

„Waat ne Augebleck, Här Weet", sproch hä, „ich well nor jon un Jold holle", nohm ävver et Deschdoch met.

Dä Weet woss nit, wat dat heiße sollt, wood neujeerich, schlech im noh, un do dä Jass die Stalldör verrijelte, su spinkste hä durch e Assloch.

Dä Fremde breidte unger dem Esel dat Doch us, reef: „Bricklebrit", un im selve Momang fing dat Deer an, vun hinge un vöre Jold ze speie, dat et öntlich op d'r Boddem erafränte.

„Dausend noch emol", saat sich dä Weet, „do sin die Dukate flöck jemünz! Su ne Jeldbüggel es nit üvvel!"

Dä Jass bezahlte, wat hä dem Weet schöldich wor un laat sich schlofe. Dä Weet ävver schlech en d'r Naach eraf en dä Stall, foht dä Münzmeister fott un bung ne andere Esel an sing Stell.

Am nöchste Morje en d'r Fröh trok dä Jesell met singem Esel wigger un meinte, hä hädden singe Joldesel. Meddachs kom hä bei singem Vatter an, dä sich fraut, wie hä in widdersoch, un in jän opnohm.

„Wat es us dir jewode, minge Son?" frochte dä Ahl.

„Ne Müller, leeve Vatter", antwoodte hä.

„Wat häs du vun dinger Wanderschaff metjebraat?"

„Wigger nix wie ne Esel."

„Esel jitt et he jenoch", saat dä Vatter, „do wör meer doch en jode Hipp leever jewäs."

„Jo", antwoodte dä Son, „ävver et es keine jewöhnliche Esel, sondern ne Joldesel. Wann ich sage: 'Bricklebrit', dann speit Üch dat jode Deer e janz Doch voll met Joldstöcker. Dot nor dä janze Pattaklang herrofe, ich well se all rich maache."

„Dat loss ich meer jefalle", saat dä Schnieder, „dann bruch ich mich met d'r Nol nit mih wigger ze trieze", sprung selvs fott un reef dä Pattaklang eran.

Subahl se beisamme wore, heesch se dä Müller Platz maache, breidte si Doch us un braat dä Esel en de Stuvv.

„Jetz jevt jot aach", saat hä un reef: „Bricklebrit".

Ävver dat wore kein Joldstöcker, die do eraffeele, un et zeichte sich, dat dat Deer nix vun dä Kuns verstund, do nit jede Esel et su wick brengk.

Do maat dä ärme Müller e lang Jeseech, soch, dat hä bedroge wor, un entscholdichte sich bei dä Pattaklang, dä su ärm heimjing wie hä jekumme wor. Et blev nix anderes üvverich: Dä Ahl moot widder noh d'r Nol jriefe, und dä Jung moot bei nem Müller en Arbeit jon.

Dä dritte Broder wor bei nem Drechsler en de Lihr jejange, un do dat e kunsrich Handwerk es, moot hä am längste lihre.

Sing Bröder ävver meldte im en nem Bref, wie schlemm et inne erjange wör, un wie dä Weet se noch am letzte Ovend öm ehr schön Wünschdinger jebraat hädden. Wie dä Drechsler no usjelihrt hatt un wandere sollt, su schenkte im singe Meister, weil hä sich su jot jehalde hatt, ne Sack un saat: „Do litt ne Knöppel dren."

„Dä Sack kann ich ömhange, un hä kann meer jode Deenste dun. Ävver wat soll dä Knöppel derdren? Dä mät in nor schwer."

„Dat well ich dir sage“, antwoodte dä Meister. „Hät dir jümmes e Leid anjedon, su sprich nor: 'Knöppel, usem Sack', su springk dä Knöppel erus unger de Lück un danz inne su löstich om Puckel eröm, dat se sich aach Dage lang nit räje un bewäje künne; un hä hört nit iher op, bes dat du 'Knöppel, en d'r Sack' säs.“

Dä Jesell saat dem Meister Dank, hing dä Sack öm, un wann im jümmes ze noh kom un an d'r Liev wollt, su sproch hä: „Knöppel, usem Sack“, strack sprung dä Knöppel erus un kloppte einem noh dem andere d'r Rock udder et Wammes jlich om Rögge us un waate nit eesch, bes hä in usjetrocke hatt; un dat jing su flöck, dat, ih sich einer versoch, die Reih allt an im wor.

Dä junge Drechsler kom öm die Ovendzick en dem Weetshuus an, wo sing Bröder bedroge woote. Hä laat si Fellieser vör sich op d'r Desch un fing an ze verzälle, wat hä all för Jeckichkeite en d'r Welt jesin hatt.

„Jo“, saat hä, „mer fingk wal e Deschje deck dich, ne Joldesel un su Saache. Luuter jode Dinger, dich ich nit veraachte, ävver dat alles is nix jäje dat Tresörche, dat ich meer verdeent han un met meer en mingem Sack do föhre.“

Dä Weet spetzte sing Ohre: „Wat en aller Welt maach dat sin?“ daach hä, „dä Sack es wal voll met Edelstein. Dä sollt ich bellich och noch han; alle joder Dinger sin ehrer drei.“

Wie et Schlofenszick wor, streckte sich dä Jass op die Bank un laat sich singe Sack wie e Kesse unger d'r Kopp.

Dä Weet, wie hä meinte, dä Jass löch en deefem Schlof, schlech sich an, röckte un trok janz höösch un vörsichtich an dem Sack, ov hä in villeich fottrecke un ne andere ungerläje künnt.

Dä Drechsler ävver hatt allt lang derop jewaat. Wie no dä Weet ne hätzhafte Rock dun wollt, reef hä: „Knöppel, usem Sack!“

Un jüstemang fohr dat Knöppelche us dem Sack erus, dem Weet op d'r Liev un klöppte im die Nöht vun Botz un Wammes, dat et sing Aat hatt.

Dä Weet schreite zom Jottserbarmen, ävver deste lauter hä schreite, deste kräftijer schloch dä Knöppel im d'r Tak derzo op d'r Rögge, bes hä am Engk völlich fädich op de Äd feel.

Do sproch dä Drechsler: „Wann du dat Deschje deck dich un dä Joldesel nit widder erusjivs, su soll dä Danz vun neuem anjon!"

„Och enä", reef dä Weet janz kusch, „jän jevv' ich alles widder rus, lot nor dä verwunsche Jeis wieder en d'r Sack kruffe!"

Do sproch dä Jesell: „Ich well Jnad för Räch jon loße, ävver maach meer kein Sperenzjer mih!"

Dann reef hä: „Knöppel, en d'r Sack!", un leet in räuhich sin.

Am nöchste Morje trok dä Drechsler met dem Deschje deck dich un dem Joldesel heim bei singe Vatter.

Dä Schnieder fraut sich, wie hä in widder soch, un frochte och in, wat hä en d'r Fremde jelihrt hädden.

„Leeve Vatter", antwoodte hä, „ich ben ne Drechsler jewoode."

„Dat es e kunsjeräch Handwerk", saat dä Vatter, „wat häs du vun d'r Wanderschaff metjebraat?"

„E kossbar Stöck, leeve Vatter", antwoodte dä Son, „ne Knöppel en dem Sack."

„Wat!", reef dä Vatter, „ne Knöppel! Dä es de Möh nit wät! Dä kanns du dir vun jedem Baum afhaue."

„Ävver su ne Knöppel nit, leeve Vatter. Wann ich sage: 'Knöppel, usem Sack!' su springk dä Knöppel erus un mät met dem, dä et nit jot met meer meint, ne schlemme Danz un jitt nit ehter Rauh, bes däjinnije om Boddem litt un öm jot Wedder bett. Sücht ens, met dem Knöppel han ich dat Deschje deck dich un dä Joldesel widder eranjeschaff, die dä Deev vunnem Weet minge Bröder afjenomme hatt. Jetz lot se beids rofe un doot die janze Verwandtschaff, och dä Pattaklang samp Blos enlade: Ich well inne Esse un Drinke spendeere un inne de Täsche och noch met Jold voll maache."

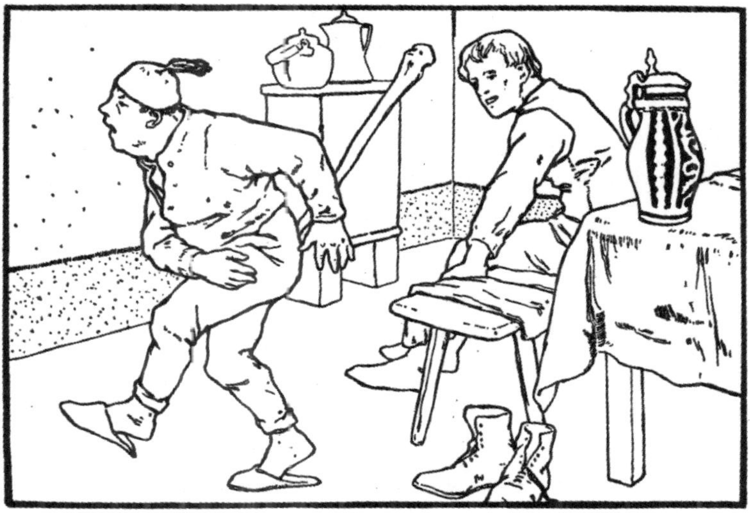

Dä ahle Schnieder wollt sich nit su räch traue, braat dann ävver doch die Verwandtschaff zesamme.

Do deckte dä Drechsler e Doch en d'r Stuvv, foht dä Joldesel eren un saat för singe Broder: „No, leeve Broder, sprech met im."

Dä Müller saat: „Bricklebrit", un em selve Augebleck sprunge die Joldstöcker op dat Doch eraf, wie wann ne Platschrän nidderköm, un dä Esel hoot nit ehter op, bes dat allemann su vill hatte, dat se et nit mih drage kunnte. (Ich sin et dir an: Du wörs och jän derbei jewäse.)

Dann hollte dä Drechsler dat Deschje un saat: „Leeve Broder, no sprech met im."

Un kaum hatt dä Schringer: 'Deschje, deck dich' jesaat, su wor et jedeck un met dä schönste Kumpe rich besatz.

Do wood e Festäng jehalde, wie et dä jode Schnieder noch nie en singem Huus erläv hatt, un die janze Blos blev beisamme bes en de Naach, un wore all löstich un verjnöch.

Dä Schnieder verschloss Nol un Zween, Ell un Büjelieser en et Schaaf un lävte met sing' drei Sön en Freud un Herrlichkeit.

Wo ävver es die Jeiß hinjekumme, die schold wor, dat dä Schnieder sing drei Sön fottjejaach hatt? Dat well ich dir sage.

Sei schammpte sich, dat sei ne Plaatekopp hatt, leef en en Fusshöll un verkroch sich deren.

Wie dä Fuss noh Huus kom, funkelte im e Paar jroße Auge usem Dunkele entjäje, dat hä verschreckte un widder zoröckleef.

Dä Bär bejänte im, un do dä Fuss janz verdötsch ussoch, su sproch hä: „Wat es met dir, Broder Fuss, wat mäs du för e Jeseech?"

„Och", antwoodte dä Rude, „e jremmich Deer setz en minger Höll un hät mich met förije Auge anjejlotz."

„Dat welle mer bal usdrieve", sproch dä Bär, jing met bes vör die Höll un loorte eren.

Wie hä ävver die förije Auge erbleckte, wood im och bang: hä wollt met dem jremmije Deer nix ze dun han un nohm Rießus.

Die Bei bejänte im, un do sei merkte, dat et im en singer Huck nit wal ze Mot wor, sproch sei: „Bär, du mäs jo e jewaltich verdreeßlich Jeseech. Wo es ding Löstichkeit jeblevve?"

„Du häs jot redde", antwoodte dä Bär, „em Huus vun dem Rude setz e jremmich Deer met Jlotzauge, un mer künne et nit erusjage."

Die Bei sproch: „Du dors mich, Bär. Ich ben e ärm, schwach Deerche, dat ehr om Wäch nit anloort, ävver ich jläuve doch, dat ich üch helfe kann."

Sei floch en die Fusshöll, satz sich dä Jeiß op dä jlattjeschorre Kopp und stoch sei su jewaltich, dat sei opsprung, „meh! meh!" schreite un wie doll en de Welt erenleef; un nümmes weiß bes hück am Dach, wo sei hinjelaufe es.

Et Hännesje un et Jrietche

Vör nem jroße Wald wonnte ne ärme Holzhacker met singer Frau un zwei Kinder; dat Jüngelche heeß Hännesje un dat Mädche heeß Jrietche.

Dä Holzhacker hatt winnich ze bieße un ze breche, un eimol, wie en jroße Düürung en et Land kom, kunnt hä och et dächlije Brut nit mih schaffe.

Wie hä sich no ovends em Bett Jedanke maat un vör luuter Sorje erömwälzte, kühmte hä un sproch för sing Frau: „Wat soll us uns wäde? Wie künne mer uns ärm' Pänz satt krijje, do mer för uns selver nix mih han?"

„Weiß du wat, Mann", antwoodte die Frau, „mer welle morje en aller Herrjottsfröh die Kinder en d'r Wald föhre, wo hä am deechste es. Do maache mer inne e För an un jevve jedem noch e Stöckelche Brut; dann jon mer an uns Arbeit un loße se allein. Se wäde d'r Wäch noh Huus nit widder finge, un mer sin se loss."

„Nä, Frau", saat dä Mann, „dat dun ich nit; wie soll ich dat üvver et Hätz brenge, ming Pänz allein em Wald ze loße; die welde Deere wööte bal kumme un se zerrieße."

„Och du Jeck", saat sei, „dann müsse mer alle veer vör Hunger sterve, du kanns allt ens die Bredder för uns Särke hubbele", un sei leet im kein Rauh, bes hä jo saat.

„Ävver die ärm' Pänz dore mich doch", saat dä Mann.

Die zwei Kinder hatte vör luuter Hunger och nit enschlofe künne un hatte jehoot, wat die Steefmoder för dä Vatter jesaat hatt. Et Jrietche kresch bettere Trone un sproch för et Hännesje: „No es et us met uns."

„Stell, Jrietche", sproch et Hännesje, „maach dir kein Sorje, ich well uns wal helfe." Un wie die Ahle enjeschlofe wore, stund et op, trok si Röckelche an, maat die Ungerdör op un schlech sich erus.

Do schung d'r Mond janz hell, un die wieße Kiselstein, die vör dem Huus loche, blänkte wie luuter Batze. Et Hännesje böckte sich un stoch su vill en sing Rocktäsch, wie nor eren wollte.

Dann jing et widder zoröck, sproch för et Jrietche: „Bes nor jetruus, leev Schwesterche, un schlof räuhich en, Jott weed uns nit verloße", un laat sich widder en si Bett.

Wie d'r nöchste Dach anbroch, noch eh die Sonn opjejange wor, kom allt die Frau un weckte die zwei Kinder: „Stoht op, ehr Fuulenzer, mer welle en d'r Wald jon un Holz holle."

Dann jov sei jedem e Stöckelche Brut un sproch: „Do hatt ehr jet för d'r Meddach, ävver dot et nit vörher opesse, mih kritt ehr nit."

Et Jrietche nohm dat Brut unger singe Schooz, weil et Hännesje die Kiselstein en d'r Täsch hatt. Dernoh maate se sich all zesamme op d'r Wäch noh dem Wald.

Wie se e Wielche jejange wore, stund et Hännesje stell un loorte noh dem Huus zoröck un dät dat widder un widder.

Dä Vatter sproch: „Hännesje, wat loors du un blievs zoröck, jev aach un verjess ding Bein nit."

„Och, Vatter", saat et Hännesje, „ich loore noh mingem wieße Kätzje, dat sitz bovven om Dach un well meer Adjüs sage."

Die Steefmoder sproch: „Jecken Doll, dat es nit di Kätzje, dat es de Morjesonn, die op d'r Kamin schingk."

Et Hännesje hatt ävver nit noh singem Kätzje jeloort, sondern vun dä blanke Kiselstein eine noh'm andere us singer Täsch op d'r Wäch jeworfe.

Wie se medden en d'r Wald jekumme wore, sproch dä Vatter: „No doot Holz sammele, ehr Kinder, ich well e För anmaache, dermet ehr nit freere mööt."

Et Hännesje un et Jrietche droche e Schänzje zesamme, ne kleine Berch huh. Dat Schänzje wood anjezündt, un wie die Flamme räch huh brannte, saat die Steefmoder: „No lächt üch an et För, ehr Kinder, un doot jet verschnuve, mer jon en d'r Wald un haue Holz. Wann mer fädich sin, kumme mer widder un holle üch af."

Et Hännesje un et Jrietche soßen am För, un wie d'r Meddach kom, dät jedes si Stöckelche Brut esse. Un weil se die Schläch vun der Holzax hoote, su jläuvte se, ehre Vatter wör en d'r Nöh.

Et wor ävver nit die Holzax, et wor ne Ass, dä hä an ne storkije Baum jebunge hatt, un dä d'r Wind hin un her schloch. Un wie se su lang jesesse hatte, feele inne de Auge vör Mödigkeit zo, un se schleefe fass en. Wie se schleeßlich waach woote, wor et allt dunkle Naach.

Et Jrietche fing an ze kriesche un sproch: „Wie solle mer no us dem Wald eruskumme!"

Et Hännesje ävver dät et trüste: „Waat nor e Wielche, bes d'r Mond opjejange es, dann welle mer dä Wäch wal finge."

Un wie d'r volle Mond opjesteeje wor, su nohm et Hännesje si Schwesterche an de Hand un jing dä Kiselstein noh, die schimmerte wie neu geschlage Batze un zeichten inne d'r Wäch.

Se jinge de janze Naach durch un kome bei Dagsanbroch widder noh'm Huus vun ehrem Vatter. Se kloppte an de Dör, un wie die Steefmoder opmaat un soch, dat et et Hännesje un et Jrietche wor, sproch sei: „Ehr kodde Pänz, wat hat ehr su lang em Wald jeschlofe, mer han jejläuv, ehr wellt gar nit widderkumme."

Dä Vatter ävver dät sich freue; denn et wor im ze Hätze jejange, dat hä se su allein zoröckjeloße hatt.

Nit lang dernoh wor widder Nut en alle Ecke, un die Kinder hoote, wie die Steefmoder naaks em Bett för ehre Mann sproch:

„Alles es allt widder opjejesse, mer han noch ne halve Liev Brut, hernoh hät dat Leed en Engk. Die Kinder müsse fott, mer welle se deefer en d'r Wald erenföhre, dermet se dä Wäch nit widder erusfinge; söns sin mer all verlore!"

Dem Mann feel et schwer op et Hätz, un hä daach: „Et wör besser, wann du d'r letzte Besse met ding Kinder deile wööds."

Ävver die Frau hoot op nix, wat hä sage dät, schannt in us un maat im Vörhaldunge. Wä A sät, muss och B sage, un weil hä et eeschte Mol nohjejovve hatt, su moot hä et och et zweitemol.

Die Kinder wore ävver noch waach jewäs' un hatte dä Klaaf met anjehoot.

Wie die Ahle schleefe, stund et Hännesje widder op, wollt erus un Kiselstein oplese wie beim vörrije Mol, ävver die Frau hatt de Dör verschlosse, un et Hännesje kunnt nit erus. Ävver et dät si Schwesterche trüste un sproch: „Dun nit kriesche, Jrietche, un schlof räuhich, d'r leeve Jott weed uns wal helfe."

Am fröhe Morje kom die Frau un hollte die Kinder us dem Bett. Se krächte ehr Stöckelcher Brut, die wore ävver noch kleiner wie et vörrije Mol. Op dem Wäch noh dem Wald brockte et Hännesje dat Brut en singer Täsch, stund off stell un worf e Bröckelche op de Äd.

„Hännesje, wat steis du un loors eröm“, saat d'r Vatter, „jangk dinger Wäje.“

„Ich loore noh mingem Düvje, dat sitz om Daach un well meer Adjüs sage“, antwoodte et Hännesje.

„Jeck“, saat die Frau, „dat es nit di Düvje, dat es de Morjesonn, die op d'r Kamin bovven schingk.“

Et Hännesje ävver worf noh un noh alle Bröckelcher op d'r Wäch.

Die Steefmoder foht die Kinder noch deefer en d'r Wald, wo se em Levve noch nit jewäs' wore. Do wood widder e jroß För anjemaat, un die Steefmoder saat: „Blievt nor do setze, ehr Kinder, un wann ehr möd sid, künnt ehr e bessje schlofe. Mer jon en d'r Wald un haue Holz, un ovends, wann mer fädich sin, kumme mer un holle üch af.“

Wie et Meddach wor, deilte et Jrietche si Brut met dem Hännesje, dä si Stöck op d'r Wäch jestraut hatt. Dann schleefe se en, un d'r Ovend verjing, ävver nümmes kom bei die ärm Kinder.

Eesch en d'r dunkle Naach waachte se op, un et Hännesje dät si Schwesterche trüste un saat: „Waat nor, Jrietche, bes d'r Mond opjeit, dann wäde mer die Brutbröckelcher sin, die ich usjestraut han, die zeije uns d'r Wäch noh Huus.“

Wie d'r Mond kom, maate se sich op, ävver se funge kei Bröckelche mih; denn die villdausend Vüjjel, die em Wald un em Feld erömfleje, die hatte se fottjepeck.

Et Hännesje saat för et Jrietche: „Mer wäde d'r Wäch wal finge“, ävver se funge in nit. Se jinge die janze Naach un noch ene Dach vun morjens bes ovends, ävver se kome us dem Wald nit erus un wore su hungrich; denn se hatte nix wie die paar Beere, die om Waldboddem stunde. Un weil se su möd wore, dat die Bein se nit mih drage wollte, laate se sich unger ne Baum un schleefe en.

No wor et allt d'r dritte Morje, dat se ehr Vatterhuus verloße hatte. Se finge widder an ze jon, ävver se jereete deefer un deefer en d'r Wald, un wann nit bal Hölp kom, su moote se verschmaachte.

Wie et Meddach wor, soche se e schön wieß Vüjjelche op nem Ass setze, dat sung su schön, dat se ston blevve un im zohoote. Un wie et fädich jesunge hatt, schwung et sing Flüjelcher un floch vör inne her, un se jinge im noh, bes se an e Hüsje kome. Dat schöne wieße Vüjjelche satz sich op et Daach, un wie die Kinder janz noh rankome, su soche se, dat dat Hüsje us Brut jebaut wor un met Koche jedeck; ävver die Finster' wore vun hellem Zucker.

„Do welle mer uns dran maache", sproch et Hännesje, „un en jesänte Mohlzick halde. Ich well e Stöck vum Daach esse, Jrietche, du kanns vum Finster esse, dat schmeck söß."

Et Hännesje reckte en de Hüh un broch sich e bessje vum Daach af, öm ze versöke, wie et schmecke dät, un et Jrietche stallt sich an die Schieve un knusperte deran.

Do reef en finge Stemm us d'r Stuvv erus:

„Knusper knusper knüsje,
wä knuspert an mingem Hüsje?"
Die Kinder antwoodte:
„D'r Wind, d'r Wind,
et himmliche Kind",

un oße wigger, ohne sich jeck maache ze loße.

Et Hännesje, dem dat Daach ärch jot schmecke dät, ress sich e jroß Stöck dervun eraf, un et Jrietche stoß en janze runde Finsterschiev erus, satz sich nidder un leet et sich schmecke.

Do jing op eimol die Dör op, un en steinahl Frau, die sich op en Kröck stötze dät, kom erusjeschleche.

Et Hännesje un et Jrietche verschreckte su jewaltich, dat se alles falle leete, wat se en de Häng heelte. Die Ahl ävver dät mem Kopp waggele un sproch: „Ei, ehr leev Kinder, wä hät üch herjebraat? Kutt nor eren un blievt bei meer, üch soll kei Leid anjedon wäde."

Sei packte die Kinder an de Häng un foht se en ehr Hüsje. Do wood jot Esse opjedesch, Milch un Pannekoche met Zucker, Äppel

un Nöss. Dernoh woote zwei schöne Bettcher wieß jedeck, un et Hännesje un et Jrietche laate sich eren un meinte, se wöre em Himmel.

Die Ahl hatt sich nor su fründlich anjestallt, sei wor ävver en kodde Hex, die dä Kinder oploore dät, un hatt dat Bruthüsje nor jebaut, öm se herzelöcke.

Wann eins en ehr Jewalt kom, su maat sei et dut, dät et dann koche un fresse, un dat wor ehr ne Fessdach. Die Hexe han rude Auge un künne nit wick sin, ävver se han en finge Nas wie de Deere un rüche, wann Minsche rankumme.

Wie et Hännesje un et Jrietche en ehr Nöh' kome, dät sei jrielaache un nitschich spreche: „Die han ich, die solle meer nit widder durch de Lappe jon."

Fröh am Morje, eh die Kinder opjewaach wore, stund sei allt op, un wie sei die Kinder su leev schlofe soch met volle rude Backe, su mummelte sei vör sich hin: „Dat weed ne jode Besse wäde."

Do packte sei et Hännesje met ehr storkije Häng un droch et en ne kleine Stall un sperrte et met ner Jadderdör en: Et mooch schreie, wie et wollt, et holf im nix.

Dann jing sei op et Jrietche an, röddelte et waach un reef: „Opjestande, du Fuulenzersch, drach Wasser un koch dingem Broder jet Jods, dä setz drusse em Stall un soll fett wäde. Wann hä fett es, su well ich in fresse."

Et Jrietche fing betterlich ze kriesche an, ävver et wor alles verjevvens, et moot dun, wat die Hex verlange dät. No wood för et Hännesje et beste Esse jekoch, ävver et Jrietche kräch nix wie Kreebsschale.

Jede Morje schlech die Ahl op dat Ställche an un reef: „Hännesje, streck meer ding Finger erus, dermet ich föhle, ov du bal fett bes."

Et Hännesje streckte ehr ävver e Knöchelche erus, un die Ahl, die dröv' Auge hatt, kunnt et nit sin un meinte, et wöre dem Hännesje sing Finger, un dät sich wundere, dat et jar nit fett wäde wollt.

Wie veer Woche eröm wore, un et Hännesje wigger mager blev, do verlor sei de Jedold, un sei wollt nit länger mih wade.

„He do, Jrietche", reef sei dem Mädche, „maach flöck un drach Wasser: Et Hännesje mach fett udder mager sin, morje well ich et schlaachte un koche."

Och, wie dät et ärme Schwesterche jomere, wie et dat Wasser drage moot, un wie leefe im de Trone de Backe eraf!

„Leeve Jott, helf uns doch“, reef et us, „hädden uns nor die welde Deere em Wald jefresse, su wöre mer doch zesamme jestorve.“

„Spar dir di Jejrängel“, saat die Ahl, „et hilf dir alles nix.“

Fröh morjens moot et Jrietche rus, dä Kessel met Wasser ophange un För anmaache.

„Eesch welle mer backe“, saat die Ahl, „ich han dä Backovve allt enjeheiz un dä Deich jeknett.“ Sei stoss et ärme Jrietche erus noh’m Backovve, us dem allt die Förflamme russchloche.

„Kruff eren“, saat die Hex, „un süch zo, ov öntlich enjeheiz es, dermet mer et Brut erenschuve künne.“

Un wann et Jrietche dren wor, wollt die Hex dä Ovve zomaache, un et Jrietche sollt deren brode, un dann wollt sei et och opfresse. Ävver et Jrietche dät wal merke, wat die Hex em Senn hatt, un sproch: „Ich weiß nit, wie ich dat maache soll; wie kumm’ ich do eren?“

„Domm Jans“, saat die Ahl, „et Ovveloch es jroß jenoch, sühs du wal, selvs ich künnt eren“, krabbelte eran un stoch ehre Kopp en dä Backovve.

Do jov et Jrietche dä Hex ne Däu, dat sei deef erenfohr, maat die ieser Dör zo un laat d’r Riejel vör. Huh! Do fing die Hex ze hüle an, janz jruselich; ävver et Jrietche leef fott, un die jottluse Hex moot älendich verbrenne.

Et Jrietche ävver leef schnorstracks noh’m Hännesje, maat si Ställche op un reef: „Hännesje, mer sin erlüs, die ahl Hex es dut.“

Do sprung et Hännesje erus wie ne Vugel us dem Käfich, wann im de Dör opjemaat weed. Wie han se sich jefraut, sin sich öm d’r Hals jefalle, sin erömjesprunge un han sich jebütz!

Un weil se kein Angs mih han moote, jinge se en et Hexehuus eren, do stunde en alle Ecke un Hötte Kaste met Päle un Edelstein.

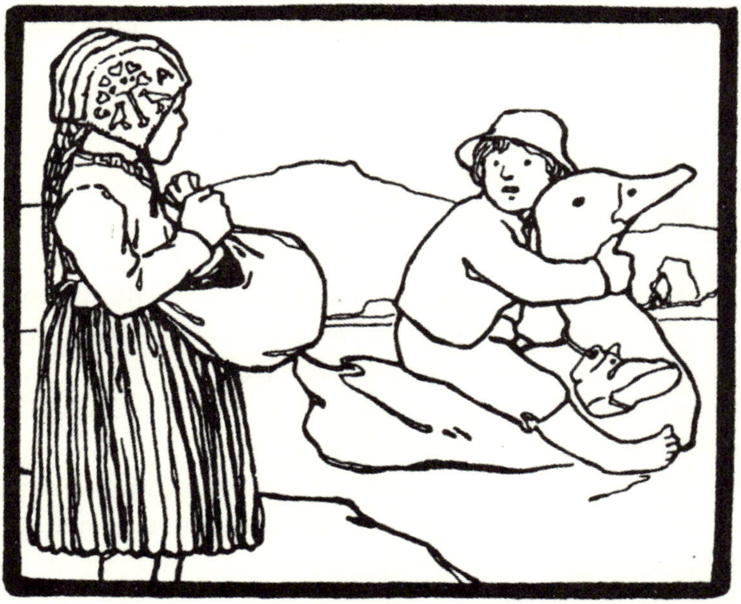

„Die sin noch besser wie Kiselstein", saat et Hännesje un stoch en sing Täsche, wat erenjon wollt, un et Jrietche saat: „Ich well och jet met noh Huus brenge", un föllte sich si Schötzelche voll.

„Ävver jetz welle mer fott", saat et Hännesje, „dermet mer us dem Hexewald eruskumme."

Wie se e paar Stund' jejange wore, kome se an e jroß Wasser. „Mer künne nit op hönn Sick", sproch et Hännesje, „ich sin keine Steech un kein Bröck."

„He fäht och kei Scheffje", antwoodte et Jrietche, „ävver do schwemmp en wieße Ent, wann ich sei bedde, su hilf sei uns rüvver."

Do reef et Jrietche:

„Entche, Entche,
do ston et Jrietche un et Hännesje.
Keine Steech un och kein Brögge,
nemm uns op dinge wieße Rögge."

Dat Entche kom och eran, un et Hännesje satz sich drop un saat dem Jrietche, dat et sich hinger et setze sollt.

„Nä", antwoodte et Jrietche, „dat weed dem Entche ze schwer, et soll uns nohenein rüvver brenge."

Dat dät dat jode Deerche, un wie se jlöcklich op hönn Sick wore un e Wielche wiggerjinge, do kom inne dä Wald bekannter un bekannter vör, un schleeßlich soche se vun wiggem et Vatterhuus. Do finge se an ze laufe, stürmte en de Stuvv un feele ehrem Vatter öm d'r Hals.

Dä Mann hatt kein fruhe Stund mih jehatt, zickdem hä die Kinder em Wald jeloße hatt, die Steefmoder ävver wor jestorve. Et Jrietche schott si Schötzelche us, dat die Päle un Edelstein en d'r Stuvv erömsprunge, un et Hännesje worf ein Handvoll noh d'r andere us singer Täsch derzo. Do hatte alle Sorje en Engk, un se lävte en luuter Freud zesamme.

Bröderche un Schwesterche

Et Bröderche nohm si Schwesterche an d'r Hand un sproch: „Zick de Moder dut es, han mer kein jode Stund mih; die Steefmoder schleit uns alle Dage, un wann mer bei sei kumme, stüss sei uns met Föß fott. Die hade Brutköschjer, die üvverich blieve, sin uns Speis, un dem Hüngche ungerm Desch jeit et besser: Dem wirf sei doch mänchmol ne jode Besse hin. Dat Jott erbarm, wann dat uns Moder wöss! Kumm, mer welle metenein en de wigge Welt jon."

Se jinge d'r janze Dach üvver Wise, Felder un Stein, un wann et räne dät, sproch et Schwesterche: „Jott un uns' Hätzer, die kriesche zesamme!"

Ovends kome se en ne jroße Wald un wore su möd vun Jomer, Hunger un dem lange Wäch, dat se sich en ne holle Baum satze un enschleefe.

Am andere Morje, wie se opwaachte, stund de Sonn allt huh am Himmel un schung heiß zwesche dä Baum eren.

Do sproch et Bröderche: „Schwesterche, mich döösch' et, wann ich e Pötzje wöss, ich jing un drünk ens; ich mein, ich höt' eins ruusche."

Et Bröderche stund op, nohm et Schwesterche an d'r Hand, un se wollte dat Pötzje söke.

Die kodde Steefmoder ävver wor en Hex un hatt wal jesin, wie beidse Kinder fottjejange wore, wor inne nohjeschleche, steekum, wie Hexe schliche, un hatt alle Pötze un Quelle em Wald verhex.

Wie se no e Pötzje funge, dat su jletzerich üvver de Stein sprung, wollt et Bröderche derus drinke. Ävver et Schwesterche hoot, wie et em Ruusche sproch: „Wä us meer drink, weed ne Tijer, wä us meer drink, weed ne Tijer."

Do reef et Schwesterche: „Ich bedden dich, Bröderche, drink nit, söns wees du e weld Deer un deis mich zerrieße!"

Et Bröderche drunk nit, ovschüns et su ne jroße Doosch hatt, un sproch: „Ich well waade, bes mer an de nöchste Quell kumme."

Wie se an et zweite Pötzje kome, hoot et Schwesterche, wie och dat sproch: „Wä us meer drink, weed ne Wolf, wä us meer drink, weed ne Wolf!"

Do reef et Schwesterche: „Bröderche, ich bedden dich, drink nit, söns wees du ne Wolf un deis mich fresse!"

Et Bröderche drunk nit un sproch: „Ich well waade, bes meer an de nöchste Quell kumme, ävver dann muss ich drinke, du maachs sage, wat du wells. Minge Doosch es jar ze jroß."

Un wie se an et dritte Pötzje kome, hoot et Schwesterche, wie et em Ruusche sproch: „Wä us meer drink, weed e Rih, wä us meer drink, weed e Rih."

Et Schwesterche sproch: „Och Bröderche, ich bedden dich, drink nit, söns wees du e Rih un läufs meer fott."

Ävver et Bröderche hatt sich jlich am Pötzje nidderjekneet, erafjebeuch un vun dem Wasser jedrunke, un wie die eeschte Droppe op sing Leppe jekumme wore, loch et do un wor e Rihkitzje.

No kresch et Schwesterche üvver et ärme verwunsche Bröderche, un et Rihkitzje kresch och un soß su troorich nevven im.

Do sproch dat Mädche schleeßlich: „Bes stell, leev Rihche, ich well dich jo niemols verloße."

Dann bung et singe jolde Strumpbengel af un dät et dem Rihche öm d'r Hals un roppte Binse un dät en weiche Ling derus flächte.

Deran bung et dat Deerche un foht et wigger un jing deefer un deefer en d'r Wald eren.

Un wie se lang lang jejange wore, kome se am Engk vör e klein Huus, un dat Mädche loorte eren, un weil et leer wor, daach et: „He künne mer blieve un wonne."

Do sook et dem Rihche Lauv un Moos för e weich Lager, un jede Morje jing et us un sammelte sich Woozele, Beere un Nöss, un för et Rihche braat et zaat' Jras met, dat froß et im us d'r Hand, wor verjnöch un spillte vör im eröm.

Ovends, wann et Schwesterche möd wor un si Jebett jesaat hatt, laat et singe Kopp op d'r Rögge vun dem Rihkitzje, dat wor si Kesse, derop et sanf enschleef. Un hädden et Bröderche nor sing minschlije Jestalt jehat, et wör e herrlich Levve jewäs'.

Et doorte en Zick lang, dat se su allein em welde Wald wore. Et droch sich ävver zo, dat dä Künning vun dem Land en jroße Jaach en dem Wald heelt.

Do schallte et Hönderblose, Hungsjebell un et löstije Jeschrei vun de Jäjer' durch de Bäum, un et Rihche hoot et un wör ze jän derbei jewäs'.

„Och", sproch et för et Schwesterche, „loss mich erus bei die Jaach, ich kann et nit mih länger ushalde", un dät su lang beddele, bes et Schwesterche enwellichte.

„Ävver", sproch et för et Rihche, „kumm meer jo ovends widder, vör dä welde Jäjer schleeß ich mi Dörche af; un dermet ich dich kenne, su klopp un sprech: 'Mi Schwesterche, loss mich eren!' Un wann du nit su sprichs, su schleeß ich mi Dörche nit op!"

No sprung et Rihche erus, un et wor im su wal un wor su löstich en d'r freie Luff.

Dä Künning un sing Jäjer soche dat schöne Deer un satze im noh, ävver se kunnte et nit enholle, un wann se meinte, se hädden et jewess, do sprung et üvver et Jebösch fott un wor nit mih ze sin.

Wie et dunkel wood, leef et noh dem Hüsje, kloppte un sproch:

„Mi Schwesterche, loss mich eren."

Do wood im die kleine Dör opjemaat, et sprung eren un räste sich de janze Naach op singem weiche Lager us.

Am andere Morje jing die Jaach vun neuem an, un wie et Rihche dat Hiffhoon widder hoot un et 'ho, ho!' vun dä Jäjer, do hatt et kein Rauh un sproch:

„Schwesterche, maach meer op, ich muss erus."

Et Schwesterche maat im de Dör op un sproch: „Ävver des Ovends muss du widder do sin un di Spröchelche sage."

Wie dä Künning un sing Jäjer dat Rihche met dem jolde Halsbengelche widder soche, däte se im all nohjage, ävver et wor inne ze flöck un wiselich.

Dat jing d'r janze Dach esu, schleeßlich ävver hatte die Jäjer et ovends ömzingelt, un einer blesseete et e bessje am Foß, su dat et hinke moot un langksam – Fößje för Fößje – fottleef.

Do schlech im ne Jäjer noh bes vör dat Hüsje un hoot, wie et reef: „Mi Schwesterche, loss mich eren", un soch, dat im die Dör opjemaat un allt bahl widder zojeschlosse wood.

Dä Jäjer beheelt dat all jot em Senn, jing noh'm Künning un verzallt im, wat hä jesin un jehoot hatt.

Do sproch dä Künning: „Morje soll noch ens jejaach wäde."

Et Schwesterche ävver verschreckte jewaltich, wie et soch, dat si Rihkitzje blesseet wor. Et wosch im et Blot af, laat Krückcher op un sproch: „Jangk op di Lager, leev Rihche, dermet du widder heil wees."

Die Blessor ävver wor su winzich, dat et Rihche des Morjens nix mih dervun spöre dät. Un wie et die Jaachloss widder drusse hoot, sproch et: „Ich kann et nit ushalde, ich muss derbei sin: su flöck soll mich keiner krijje!"

Et Schwesterche kresch un sproch: „No wäde se dich dutmaache, un ich ben he allein em Wald un ben verloße vun aller Welt: Ich loss dich nit erus."

„Su sterv' ich dir he vör luuter Bedrövnis", antwoodte et Rihche, „wann ich et Hiffhoon höre, su mein' ich, ich mööt us de Schohn springe!"

Do kunnt et Schwesterche nit anders un schloss im met schwerem Hätze de Dör op, un et Rihche sprung jesund un fruh en d'r Wald.

Wie dä Künning et erbleckte, sproch hä för sing Jäjerslück: „No doot im d'r janze Dach bes en de Naach nohjage, ävver dat mer im keiner jet zeleid deit!"

Subahl de Sonn ungerjejange wor, sproch dä Künning för dä Jäjer: „No kumm un zeich meer dat Waldhüsje!"

Un wie hä vör dem Dörche wor, kloppte hä an un reef: „Leev Schwesterche, loss mich eren."

Do jing die Dör op, un dä Künning trot en, un do stund e Mädche, dat wor su schön, wie hä noch keins jesin hatt.

Dat Mädche verschreckte, wie et soch, dat nit si Rihche, sondern ne Mann erenkom, dä en jolde Krun om Häuv hatt.

Ävver dä Künning soch et fründlich an, reckte im de Hand entjäje un sproch: „Wells du met meer jon op mi Schloss un ming leeve Frau sin?“

„Och jo“, antwoodte dat Mädche, „ävver dat Rihche muss och met, dat dun ich nit verloße.“

Sproch dä Künning: „Et soll bei dir blieve, sulang du lävs, un et soll im an nix mangele.“

Jüss kom et Rihche erenjesprunge; do dät et Schwesterche et widder an die Binseling binge, nohm sei selvs en de Hand un jing met im us dem Waldhüsje fott.

Dä Künning nohm dat schöne Mädche op si Päd un foht et en si Schloss, wo die Huhzick met jroßer Praach jefeet wood, un no wor et die Frau Künnijin, un se lävte lange Zick verjnöch zesamme; et Rihche wood noh Strech un Faddem verwennt un sprung em Schlossjade eröm.

Die kodde Steefmoder ävver, wäje dä die Kinder en de Welt erenjejange wore, die meinte nix anderes, et Schwesterche wör vun dä welde Deere em Wald zerresse un et Bröderche wör wie e Rihkitzje vun dä Jäjer dutjeschosse.

Wie sei no hoot, dat die Kinder su jlöcklich wore, un et inne su jotjing, so woote Neid un Messjuns en ehrem Hätze waach un leete ehr kein Rauh, un sei hatt keine andere Jedanke wie dä, wie sei beidse Kinder en et Unjlöck brenge künnt.

Ehr rächte Dochter, die su fliedich wie de Naach wor un nor ei Auch hatt, die maat ehr Vörhaldunge un sproch: „En Künnijin ze wäde, dat Jlöck hädden meer jot ze Jeseech jestande.“

„Bes nor stell“, saat die Ahl un versproch ehr, „wann et an d'r Zick es, well ich wal bei d'r Hand sin.“

Wie no de Zick eranjeröck wor, un die Künnijin e schön Sönche op de Welt jebraat hatt, un dä Künning jrad op d'r Jaach wor, nohm die ahl Hex die Jestalt vun d'r Kammerjuffer an, trot en de Stuvv, wo die Künnijin loch, un sproch för sei:

„Kutt, et Bad es fädich, dat weed Üch jotdun un fresche Kraff jevve; maat flöck, bevör et kalt weed.“

Ehr Dochter wor och bei d'r Hand, se droche die schwache Künnijin en de Badstuvv un laate sei en de Bütt. Dann schlosse se de Dör af un leefe dervun.

En d'r Badstuvv ävver hatte se e räch Hölleför anjemaat, dat die schöne junge Künnijin bahl verstecke moot. Wie dat vollbraat wor, nohm die Ahl ehr Dochter, satz ehr en Haub op un laat sei anstell vun d'r Künnijin en et Wochebett.

Sei jov ehr och die Jestalt un et Ussin vun d'r Künnijin; nor dat verlore Aug‘ kunnt sei ehr nit widderjevve. Dermet dä Künning et nit merke sollt, moot sei sich op die Sick läje, wo sei kei Auch hatt.

Des Ovends, wie dä Künning heimkom un hoot, dat im e Sönche jebore wor, freute hä sich vun Hätze un wollt an et Bett vun singer leeve Frau jon un loore, wat sei su maat.

Do reef die Ahl flöck: „Bloß nit! Loot die Vörhäng zo, die Künnijin darf noch nit en et Leech sin un muss Rauh han!“

Dä Künning jing zoröck un woss nit, dat en falsche Künnijin em Bett loch.

Wie ävver Meddernaach wor, un alles schleef, do soch die Kinderfrau, die en d'r Kinderstuvv nevve d'r Weech soß un allein noch waache dät, wie die Dör opjing, un die rächte Künnijin erentrot. Sei nohm dat Kind us d'r Weech, laat et en ehre Ärm un jov im ze drinke. Dann schöddelte sei im et Kesse, laat et widder en de Weech un deckte et met dem Deckbettche zo.

Sei dät ävver och et Rihche nit verjesse, jing en die Eck, wo et loch, un strech im zaat üvver d'r Rögge. Derop jing sei janz stell un ohne ei Woot ze sage widder zor Dör erus, un die Kinderfrau frochte am nöchste Morje die Wächter, ov jümmes en d'r Naach en et Schloss jejange wör, ävver die Wächter antwoodte: „Nä, mer han nümmes jesin."

Su kom die rächte Künnijin vill Nächte un sproch niemols e Woot derbei; die Kinderfrau soch sei jedes Mol, ävver sei dät sich nit traue, jümmes jet dervun ze sage.

Wie su en Zick verflosse wor, do fing die Künnijin en d'r Naach an ze redde un sproch:

„Wat mät mi Kind? Wat mät mi Rih?
No kumm ich noch zweimol un dann niemols mih."

Die Kinderfrau dät ehr kein Antwoot jevve, ävver wie die Künnijin fott wor, jing sei bei dä Künning un verzallt im alles.

Sproch dä Künning: „Och Jott, wat es dat! Ich well die nöchste Naach bei dem Kind waache."

Ovends jing hä en de Kinderstuvv, ävver öm Meddernaach kom die Künnijin widder un sproch:

„Wat mät mi Kind? Wat mät mi Rih?
No kumm ich noch eimol un dann niemols mih",

un versorchte dann dat Kind, wie sei et jewöhnlich dät, bevör sei widder fott wor.

Dä Künning traute sich nit, sei anzespreche, ävver hä waachte och en d'r nöchste Naach. Sei sproch widder:

„Wat mät mi Kind? Wat mät mi Rih?
No kumm ich noch dismol un dann niemols mih."

Do kunnt dä Künning sich nit zoröckhalde, sprung noh ehr un sproch: „Du kanns nümmes anders sin wie ming leeve Frau."

Do antwoodte sei: „Jo, ich ben ding leeve Frau", un hatt en dem Augebleck durch Joddes Jnad et Levve widder, wor fresch, rut un jesund.

Derop verzallt sei dem Künning dat Verbreche, dat die kodde Hex un ehr Dochter an ehr bejange hatte.

Dä Künning leet beidse vör et Jereech brenge, un et wood inne dat Ordeil jesproche. Die Dochter wood en d'r Wald jefoht, wo die welde Deere sei zeresse, die Hex ävver wood en et För jelaat un moot voll Jomer verbrenne.

Un wie sei ze Äsch verbrannt wor, dät et Rihkitzje sich verwandele un erheelt sing minschlije Jestalt widder; Schwesterche un Bröderche ävver lävte jlöcklich zesamme bes an ehr Engk.

Et Schneiwießje

Et wor ens medden em Winter, un die Schneiflocke feele wie Feddere vum Himmel eraf, do soß en Künnijin an nem Finster, dat ne Rahme vun schwatzem Evveholz hatt, un nihte.

Un wie sei su nihte un op dä Schnei loorte, stoch sei sich met dä Nol en de Finger, un drei Droppe Blot feele en d'r Schnei.

Un weil dat Rut em wieße Schnei su schön ussoch, daach sei bei sich: „Hätt ich doch e Kind su wieß wie Schnei, su rut wie Blot un su schwatz wie dat Holz vum Rahme!"

Bahl dernoh kräch sei e Döchterche, dat wor su wieß wie Schnei, su rut wie Blot un su schwatzhörich wie dat Holz vun dem Finsterrahme un wood deröm et Schneiwießje jenannt. Un wie dat Kind jebore wor, storv die Künnijin.

Noh nem Jahr nohm sich dä Künning en andere Frau. Dat wor en schöne Frau, ävver sei wor stolz un üvvermödich un kunnt nit ligge, dat sei an Schönheit vun jümmes sollt üvvertroffe wäde.

Sei hatt ne wunderbare Spejel, wann sei vör in trot un sich deren beloorte, sproch sei:

„Spejelche, Spejelche an d'r Wand,
wä es die Schönste em janze Land?"

Do antwoodte dä Spejel:

„Frau Künnijin, Ehr sid die Schönste em Land."

Do wor sei zefridde, weil sei woss, dat dä Spejel de Wohrheit saat.

Et Schneiwießje ävver wooß eran un wood allemolde schöner, un wie et sibbe Johr alt wor, wor et su schön wie dä klore Dach un schöner wie die Künnijin selvs.

Wie die ens ehre Spejel frochte:

„Spejelche, Spejelche an d'r Wand,
wä es die Schönste em janze Land?“,
su antwoodte hä:
„Frau Künnijin, Ehr sid die Schönste he,
ävver et Schneiwießje es dausendmol schöner wie Ehr.“

Do verschreckte die Künnijin un wood jääl un jrön vör Neid. Vun Stund an, wann sei et Schneiwießje soch, drihte sich ehr et Hätz em Liev eröm, su dät sei dat Mädche hasse. Un dä Neid un dä Huhmot wooße wie Unkruck hüher un hüher en ehrem Hätze, dat sei Dach un Naach kein Rauh mih hatt.

Do reef sei ne Jäjer un sproch: „Breng dat Kind erus en d'r Wald, ich well et nit mih vör Auge han. Du solls et dutmaache un meer Lung un Levver metbrenge, dermet ich e Wohrzeiche han, dat et dut es!“

Dä Jäjer pareete un foht dat Mädche en dä Wald, un wie hä si lang Metz, dä Heezfänger, jetrocke hatt un et unschöldije Hätz vum Schneiwießje durchbohre wollt, fing et an ze kriesche un sproch: „Och, leeve Jäjer, loss meer mi Levve; ich well en dä welde Wald laufe un niemols mih heimkumme!“

Un weil et su schön wor, hatt dä Jäjer Metleid un sproch: „Su lauf fott, du ärm Kind!“

„Die welde Deere wäde dich bahl jefresse han“, daach hä, un doch wor et im, wie wann ne Stein vun singem Hätze jewalch wör, weil hä et nit dutzemaache brooch.

Un wie jrad ne Freschling – dat es en junge Weldsau – doherjesprunge kom, stoch hä dat Deerche af, nohm Lung un Levver erus un braat se d'r Künnijin met, dermet sei ehr Wohrzeiche hatt.

Dä Koch moot se en Salz koche, un dat kodde Wiev oß se op un meinte, et hädden de Lung un de Levver vum Schneiwießje jejesse.

No wor dat ärme Kind en dem jroße Wald modersillich allein, un et wood em su bang, dat et alle Blädder an de Bäum ansoch un nit woss, wie et sich helfe sollt.

Do fing et an ze laufe un leef üvver spetze Stein un durch die Döner, un die welde Deere sprunge an im vörbei, ävver se däte im nix.

Et leef, su lang die Fößjer et drage kunnte, bes et bahl Ovend wäde wollt; do soch et e klein Hüsje un jing eren, öm sich ze räste.

En dem Hüsje wor alles su klein, ävver su zeerlich un reinlich, dat et nit ze sage es. Do stund e wießjedeck Deschje met sibbe klein Tellercher, jedes Tellerche met singem Löffelche, derzo sibbe Metzercher un Jäffelcher un sibbe Bechercher. An d'r Wand wore sibbe Bettcher nevvenenander opjestallt un schneiwieße Lake derüvver jedeck.

Schneiwießje, weil et su hungerich un döschtich wor, oß vun jedem Tellerche e bessje Jemös un Brut un drunk us jedem Becherche ne Droppe Wing, do et nit nor einem allein alles fottnemme wollt.

Hernoh, weil et su möd wor, laat et sich en e Bettche, ävver keins dät passe; dat eine wor ze lang, dat andere ze koot, bes schleeßlich dat sibbente räch wor. Un derdren blev et lijje, befoll sich Jott un schleef en.

Wie et janz dunkel jewode wor, kome die Häre vun dem Hüsje: Dat wore die sibbe Zwerje, die en de Berje noh Ääz hackte un jrove.

Se stoche ehr sibbe Leechjer an, un wie et no hell em Hüsje wor, soche se, dat jümmes derdren jewäs' wor; weil et stund nit alles su en d'r Odenung, wie sei et verloße hatte.

Dä Eeschte sproch: „Wä hät op mingem Stöhlche jesesse?"

Dä Zweite: „Wä hät vun mingem Tellerche jejesse?"

Dä Dritte: „Wä hät vun mingem Brütche jenomme?"

Dä Veete: „Wä hät vun mingem Jemösje jejesse?"

Dä Fünfte: „Wä hät met mingem Jäffelche jestoche?"

Dä Sechste: „Wä hät met mingem Metzje jeschnedde?"

Dä Sibbente: „Wä hät us mingem Becherche jedrunke?"

Dann loorte sich dä Eeschte öm un soch, dat op singem Bett en kleine Dell wor.

Do sproch hä: „Wä hät en mi Bettche jetrodde?"

Die Andere kome jelaufe un reefe: „En mingem Bettche hät och jümmes jeläje."

Dä Sibbente ävver, wie hä en si Bettche loorte, erbleckte et Schneiwießje, dat deren loch un schleef.

No reef hä die andere, die kome anjelaufe un schreite vör luuter Verwundere, hollte ehr sibbe Leechjer un däte et Schneiwießje anleuchte.

„Nä, du leeve Jott! Nä, du leeve Jott!“, reefe se, „Wat es dat Kind schön!“, un hatte su jroße Freud, dat se et nit opweckte, sondern em Bettche wiggerschlofe leete.

Dä sibbente Zwerch ävver schleef bei sing Jeselle, bei jedem en Stund, do wor die Naach eröm.

Wie et Morje wor, erwaachte et Schneiwießje, un wie et die sibbe Zwerje soch, verschreckte et. Se wore ävver fründlich un frochte: „Wie heiß du?“

„Ich heiße Schneiwießje“, antwoodte et.

„Wie bes du en uns Huus jekumme?“ sproche die Zwerje wigger.

Do verzallt et inne, dat sing Steefmoder et hädden ömbrenge loße welle, dä Jäjer im ävver et Levve jeschenk hädden, un do wör et dä janze Dach jelaufe, bes et schleeßlich ehr Hüsje jefunge hädden.

Die Zwerje sproche: „Wells du unsere Huushalt besorje, koche, wäsche, de Bedder maache, nihe un strecke, un wells du alles en Odenung un rein halde, su kanns du bei uns blieve, un et soll dir an nix fähle.“

„Jo“, saat et Schneiwießje, „vun Hätze jän“, un blev bei inne.

Et heelt inne et Huus en Odenung: Morjens jinge se en de Berje un sökte Ääz un Jold, ovends kome se widder, un do moot ehr Esse parat sin.

D'r Dach üvver wor dat Mädche allein; do warnte die jode Zwerjelcher et un sproche: „Höt dich vör dinger Steefmoder! Sei weed bahl wesse, dat du he bes! Loss jo nümmes eren!“

Die Künnijin ävver, nohdem sei jläuvte, sei hädden de Lung un de Levver vum Schneiwießje jejesse, daach nit anders wie dat sei widder die Eeschte un Schönste wör, trot vör ehre Spejel un sproch:

„Spejelche, Spejelche an d'r Wand,
wä es die Schönste em janze Land?"

Do antwoodte dä Spejel:

„Frau Künnijin, Ehr sid die Schönste he,
ävver et Schneiwieße üvver dä Berje
bei dä sibbe Zwerje
es noch dausendmol schöner wie Ehr."

Do verschreckte sei, weil sei woss, dat dä Spejel kein Unwohrheit sproch, un merkte, dat dä Jäjer sei bedroge hatt, un et Schneiwießje noch am Levve wor. Un do sennte un sennte sei op et neue, wie sei et Schneiwießje ömbrenge wöllt, weil, sulang sei nit die Schönste em Land wor, leet d'r Neid ehr kein Rauh.

Un wie sei sich schleeßlich jet usjedaach hatt, färvte sei sich et Jeseech, trok Kleider an wie en ahl' Kriemersch un wor nit mih ze erkenne.

En dem Opzoch jing sei üvver die sibbe Berje noh dä sibbe Zwerje, kloppte an die Dör un reef: „Schön' War ze kaufe! Schön' War ze kaufe!“

Schneiwießje loorte usem Finster un reef: „Jode Dach, leev Frau, wat hat Ehr ze verkaufe?“

„Jod' War, schön' War“, antwoodte sei, „Schnörsänkele för et Meeder en alle Färve“, un hollte eine rus, dä us bunter Sick jefläch wor.

„Die ihrliche Frau kann ich eren loße“, daach et Schneiwießje, maat die Dör op un kaufte sich dä bunte Schnörreeme.

„Kind“, sproch die Ahl, „wie du ussühs! Kumm, ich well di Meeder ens öntlich schnöre.“

Schneiwießje daach an nix Schlemmes, stallt sich vör sei hin un leet sich met dem neue Schnörreeme schnöre.

Ävver die Ahl schnörte wupptich un schnörte su fass, dat dem Schneiwießche d'r Odem verjing, un et wie dut hinfeel.

„No bes du die Schönste jewäs'“, sproch die Kriemersch un ielte usem Hüsje.

Nit lang dernoh, jäje Ovend, kome die sibbe Zwerje noh Huus, ävver wat däte se verschrecke, wie se ehr leev Schneiwießje op d'r Äd lijje soche, ohne sich ze räje un ze bewäje, wie wann et dut wör.

Se hove et en de Hüh, un weil se soche, dat et ze fass jeschnört wor, schnedde se die Schnörreeme durch. Do fing et widder an e bessje ze odeme un wood pö a pö widder lebendich.

Wie die Zwerje hoote, wat passeet wor, sproche se: „Die ahl' Kriemersch wor nümmes wie die jottluse Künnijin: Höt dich un loss kei Minsch eren, wammer nit bei dir sin!“

Dat kodde Wiev ävver, wie et noh Huus jekumme wor, jing vör ehre Spejel un frochte:

„Spejelche, Spejelche an d'r Wand,
wä es die Schönste em janze Land?“

Do antwoodte dä Spejel wie söns och:

„Frau Künnijin, Ehr sid die Schönste he,
ävver et Schneiwieße üvver dä Berje
bei dä sibbe Zwerje
es noch dausendmol schöner wie Ehr.“

Wie sei dat hoot, leef ehr alles Blot noh'm Hätze, su ärch dät sei sich verschrecke, weil sei wal soch, dat et Schneiwießje widder lebendich jewoode wor.

„Ävver jetz“, sproch sei, „well ich meer jet usdenke, dat dich richtich ömbrenge soll“, un met ehr Hexeküns, die sei verstund, maat sei ne jeftije Kamm.

Dann maskeete sei sich un nohm die Jestalt vun nem andere ahle Wiev an. Su jing sei hin üvver die sibbe Berje noh dä sibbe Zwerje, kloppte an die Dör un reef: „Jode War! Jode War!“

Et Schneiwießje loorte erus un sproch: „Joht nor wigger, ich darf nümmes erenloße!“

„Et Anloore weed dir doch erlaub sin“, sproch die Ahl, trok dä jeftije Kamm erus un heelt in en de Hüh.

Do jefeel hä dem Kind su jot, dat et sich betöre leet un die Dör opmaat. Wie se sich üvver dä Kauf eins wore, sproch die Ahl: „No well ich dich ens öntlich kämme.“

Et ärme Schneiwießje daach an nix Schlemmes un leet die Ahl jewähre.

Ävver kaum hatt sei dem Schneiwießje dä Kamm en de Hoore jestoche, fing dat Jef an ze wirke, un dat Mädche feel en Ohnmaach.

„Du Usbund an Schönheit", sproch dat fracke Wiev, „jetz es et vörbei met dir!" un jing fott.

Zom Jlöck ävver wor et bahl Ovend, wo die sibbe Zwerje noh Huus kome. Wie se et Schneiwießje wie dut op d'r Äd lijje soche, hatte se jlich die Steefmoder em Verdaach, ungersökte dat Mädche un funge dä jeftije Kamm, un kaum hatte se in erusjetrocke, do kom et Schneiwießje widder zo sich un verzallt, wat sich zojedrage hatt.

Do warnte die sibbe Zwerje et noch ens, op d'r Hot ze sin un nümmes die Dör opzemaache.

Die Künnijin stallt sich derheim vör ehre Spejel un sproch:

„Spejelche, Spejelche an d'r Wand,
wä es die Schönste em janze Land?"

Do antwoodte dä Spejel wie vörher:

„Frau Künnijin, Ehr sid die Schönste he,
ävver et Schneiwieße üvver dä Berje
bei dä sibbe Zwerje
es noch dausendmol schöner wie Ehr."

Wie sei dä Spejel su redde hoot, zidderte un bävte sei vör Wot.

„Et Schneiwießje soll sterve", reef sei, „un wann et mich mi eije Levve koss!"

Derop jing sei en en janz verstoche un jeheime Kammer, wo nümmes hinkom, un do maat sei ne jeftije, jeftije Appel. Vun usse soch hä schön us, wieß met rude Bäckcher, dat jederein, dä in erbleckte, Loss dernoh kräch. Ävver wä e Stöckelche dervon oß, dä moot sterve.

Wie dä Appel fädich wor, färvte sei sich et Jeseech un maskeete sich wie en Booremöhn, un su jing sei üvver die sibbe Berje bei die sibbe Zwerje.

Sei kloppte an, un et Schneiwießje streckte d'r Kopp usem Finster un sproch: „Ich darf kei Minsch erenloße, die sibbe Zwerje han et meer verbodde."

„Soll meer räch sin", antwoodte die Booremöhn, „ming Äppel weed ich wal loss wäde. He, eine well ich dir schenke."

„Nä", sproch et Schneiwießje, „ich darf nix annemme."

„Häs du Angs vör Jef?", sproch die Ahl, „süch ens, ich schnigge dä Appel en zwei Deilcher. Dat Deilche met dem rude Bäckche deis du esse, dat wieße Deilche well ich esse."

Dä Appel wor ävver su raffineet jemaat, dat nor dat rude Bäckche verjef wor.

Et Schneiwießje loorte dä schöne Appel jeerich an, un wie et soch, dat die Booremöhn dervun oß, do kunnt et nit mih länger widderston, streckte die Hand erus un nohm die jeftije Hälfte.

Kaum ävver hatt et ne Besse dervun em Müngche, su feel et dut op die Äd nidder.

Do beloorte die Künnijin et sich met jruselijem Bleck, laachte laut un sproch: „Wieß wie Schnei, rut wie Blot, schwatz wie Evveholz! Diesmol künne dich die Zwerje nit widder lebendich maache!"

Un wie sei doheim dä Spejel befrochte:

„Spejelche, Spejelche an d'r Wand,
wä es die Schönste em janze Land?",

su antwoodte hä zojoderletz:

„Frau Künnijin, Ehr sid die Schönste em Land.“

Do hatt ehr neidisch Hätz Rauh, su jot e neidisch Hätz Rauh han kann.

Die Zwerjelcher, wie se ovends noh Huus kome, funge et Schneiwießje op d'r Äd lijje, un et jing keine Odem mih us singem Mungk, un et wor dut.

Se hove et op, sökte, ov se jet Jeftijes fünge, schnörte et op, kämmte im de Hoore, wosche et met Wasser un Wing, ävver et holf alles nix: Dat leeve Kind wor dut un blev dut.

Se laate et op en Dudebahr un satze sich alle sibbe drömeröm un kresche öm et un kresche drei Dage lang.

Do wollte se et bejrave, ävver et soch noch su fresch us wie ne lebendije Minsch un hatt noch su schön rude Bäckcher.

Se sproche: „Mer künne et Schneiwießje nit en de schwatze Äd versenke“, un leete ne durchseechtije Särk us Jlas maache, dat mer et vun alle Sigge sin kunnt, laate et eren un schrevve met jolde Bochstave singe Name derop, un dat et en Künningsdochter wör.

Dann satze se dä Särk erus op d'r Berch, un einer vun inne blev allzick derbei un dät in bewaache. Un die Deere kome och un kresche öm et Schneiwießje, eesch en Ül, dann ne Rav, zoletz e Düvje.

No loch et Schneiwießje en lange lange Zick en dem Särk un dät nit verwese, sondern soch us, wie wann et schlofe wööd; weil et noch su wieß wie Schnei, su rut wie Blot un su schwatzhörich wie Evveholz wor.

Et droch sich ävver zo, dat ne Künningsson en dä Wald jereet un vör dat Zwerjehuus kom, öm deren ze üvvernaachte. Hä soch op dem Berch dä Särk un et schöne Schneiwießje deren un los, wat met jolde Bochstave derop jeschrevve wor.

Do saat hä för die Zwerje: „Lot meer dä Särk, ich well üch jevve, wat ehr derför han wellt!“

Ävver die Zwerje antwoodte: „Nit öm alles Jold vun d'r Welt jevve mer in her!"

Do sproch dä Künningsson: „Su schenkt in meer, weil ich nit mih levve kann, ohne et Schneiwießje ze sin. Ich well et ihre un huhaachte wie mi Leevstes."

Wie hä su sproch, kräche die jode Zwerjelcher Metleid met im un jove im dä Särk. Dä Künningsson leet in no vun sing' Deener op de Scholdere fottdrage.

Do passeete et, dat se üvver ne Stein struchelte, un vun dem Schöddele fohr dat jeftije Stöck Appel, dat et Schneiwießje afjebesse hatt, us singem Hals erus.

Un nit lang, do maat et sing Auge op, hov dä Deckel vun dem Särk en de Hüh un satz sich op un wor widder lebendich.

„Jott, wo ben ich?“ reef et.

Dä Künningsson saat voll Freud: „Du bes bei meer“, un verzallt im, wat sich zojedrage hatt, un sproch:

„Ich han dich leever wie alles op d'r Welt. Kumm met meer op et Schloss vun mingem Vatter, du solls ming Frau un Künnijin wäde!“

Do wor et Schneiwießje im jot un jing met im, un ehr Huhzick wood met jroßer Praach un Härlichkeit usjereech.

Op dat Huhzicksfess wood ävver och die jottluse Steefmoder vum Schneiwießje enjelade, die vun nix woss.

Wie sei no ehr schön' Kleider anjedon hatt, trot sei vör ehre Spejel un sproch:

„Spejelche, Spejelche an d'r Wand,
wä es die Schönste em janze Land?“

Dä Spejel antwoodte:

„Frau Künnijin, Ehr sid die Schönste he,
ävver die junge Künnijin es dausendmol schöner wie Ehr.“

Do leet dat kodde Wiev ne Floch un wood su bang, su bang, dat et sich jar nit mih enkrijje kunnt.

Zoeesch wollt die Ahl jar nit op die Huhzick kumme. Doch et leet ehr kein Rauh, sei moot hin un die junge Künnijin sin. Un wie sei en dä Saal kom, erkannt sei et Schneiwießje, un vör luuter Angs un Schrecke stund sei do un kunnt sich nit räje.

Ävver et wore allt ieser Pantuffele üvver et Kolleför jestallt un woote met Zange erenjedrage un vör sei jestallt.

Do moot sei en die rutjlöndije Schohn tredde un su lang danze, bes sei dut op de Ād feel.

Et Rapunzel

Et wor ens ne Mann un en Frau, die wünschte sich allt lang verjevvens e Kind; schleeßlich maat die Frau sich Hoffnung, d'r leeve Jott wööd ehre Wunsch erfölle.

Die Lück hatte en ehrem Hingerhuus e klein Finster, derus kunnt mer en ne prächtije Jade loore, dä voll met de schönste Blome un Krücker stund; hä wor ävver vun ner huhe Mor ömjevve, un nümmes dät sich wage eren ze jon, weil hä ner Zaubersch jehoot, die jroße Maach hatt un vör dä alle Welt bang wor.

Eines Dags stund die Frau an dem Finster un loorte en dä Jade erunger; do soch sei e Beet, dat met dä schönste Rapunzele beflanz wor. Un se soche su fresch un jrön us, dat sei löstern wood un et jrößte Verlange verspoot, vun dä Rapunzele ze esse.

Dat Verlange nohm jeden Dach zo, un do sei woss, dat sei keins dervun krijje kunnt, su nohm sei af, soch blass un älend us.

Do verschreckte ehre Mann un frochte: „Wat fählt dir, leev' Frau?"

„Och", antwoodte sei, „wann ich kein Rapunzele us dem Jade hinger unserem Huus ze esse krijje, su sterv ich."

D'r Mann, dä sei leev hatt, daach: „Eh du ding Frau sterve ließ, holls du ehr vun dä Rapunzele, et maach koste, wat et well."

Des Ovends, em Dämmerleech, stech hä üvver die Mor en d'r Jade vun dä Zaubersch, stoch en aller Iel en Hand voll Rapunzele un braat se singer Frau. Sei maat sich sujlich Schlot derus un oß se voll Bejeerlichkeit op.

Die Rapunzele hatte ehr ävver su jot, su jot jeschmeck, dat sei d'r nöchste Dach noch dreimol su vill Loss kräch. Sollt sei Rauh han, su

moot ehre Mann noch ens en d'r Jade steije. Hä maat sich em Ovenddämmerleech widder eraf, wie hä ävver die Mor erafjeklomme wor, verschreckte hä jewaltich, denn hä soch die Zaubersch vör im ston.

„Wie kanns du dich ungerston“, sproch sei met bletzijem Bleck, „en minge Jade ze steije un wie ne Deev meer ming Rapunzele ze stelle? Dat soll dir schläch bekumme!“

„Och“, antwoodte hä“, „lot Jnad vör Räch jon, ich han mich nor us Nut derzo entschlosse: Ming Frau hät Ör Rapunzele us dem Finster erbleck un verspört su e jroß Jelöss, dat sei sterve wööd, wann sei nit dervun ze esse krijje dät.“

Do leet die Zaubersch en ehrer Bletzichkeit noh un sproch för in: „Wann et su es, wie du säs, su well ich dir jestatte, Rapunzele metzenemme, suvill du wells, ävver nor met dem Beding: Du muss meer dat Kind jevve, dat ding Frau op de Welt brenge weed. Et soll im jot jon, un ich well för et sorje wie en Moder."

En singer Angs saat dä Mann alles zo, un wie sing Frau en de Woche kom, wor die Zaubersch sujlich zor Stell, jov dem Kind dä Name Rapunzel un nohm et met sich fott.

Et Rapunzel wood et schönste Kind unger d'r Sonn. Wie et zwölf Johr' alt wor, schloss die Zaubersch et en ne Toon, dä en nem Wald stund un kein Trapp un kein Dör hatt; nor janz bovven wor e klein Finsterche. Wann die Zaubersch eren wollt, su stallt sei sich unge hin un reef:

„Rapunzel, Rapunzel,
loss meer di Hoor eraf."

Et Rapunzel hatt lange prächtije Hoore, fing wie jesponne Jold. Wann et no dä Zaubersch ehr Stemm hoot, su bung et sing Zöpp loß, dät se bovven öm ne Finsterhoke weckele, un dann feele die Hoore zwanzich Elle deef eraf, un die Zaubersch stech deran erop.

Noh e paar Johre droch et sich zo, dat dä Son vum Künning durch d'r Wald rett un lans dä Toon kom. Do hoot hä ne Jesang, dä wor su hätzallerleevs, dat hä stell heelt un luuschte.

Et wor et Rapunzel, dat, weil et su janz allein wor, sich de Zick dermet verdrev, sing söße Stemm erschalle ze loße. Dä Künningsson wollt noh im erop steije un sook noh ner Dör vun dem Toon, ävver do wor kein Dör ze finge.

Hä rett heim, doch dä Jesang hatt im su ärch et Hätz jeröhrt, dat hä jeden Dach erus en d'r Wald jing un zohoot.

Wie hä ens su hinger nem Baum stund, soch hä, dat die Zaubersch erankom un eropreef:

„Rapunzel, Rapunzel,
loss meer di Hoor eraf.“

Do leet et Rapunzel die Hoorflächte eraf, un die Zaubersch stech noh im erop.

„Es dat die Leider, op dä mer eropkütt, su well ich och ens mi Jlöck versöke."

Un am nöchste Dach, wie et anfing, düster ze wäde, jing hä noh dem Toon un reef:

„Rapunzel, Rapunzel,
loss meer di Hoor eraf."

Alltbal feele die Hoore eraf, un dä Künningsson stech erop.

Anfangs verschreckte et Rapunzel jewaltich, wie ne Mann bei im erenkom, wie sing Auge noch nie eine jesin hatte, doch dä Künningsson fing an janz fründlich met im ze redde un verzallt im, dat vun singem Jesang si Hätz su ärch bewäch woode wör, dat et im kein Rauh jeloße hädden, un hä et selvs hädden sin müsse.

Do verlor et Rapunzel sing Angs, un wie hä et frochte, ov et in zom Mann nemme wöllt, un wie et soch, dat hä jung un schön wor, su daach et: „Hä weed mich mih leev han wie die ahle Frau Gothel", un saat jo un laat si Hängche en sing Hand.

Et sproch: „Ich well jän met dir jon, ävver ich weiß nit, wie ich erafkumme kann. Wann du küss, su breng jedesmol ne sigge Strang met; derus well ich en Leider flächte, un wann die fädich es, su steije ich eraf un du nimms mich op di Päd."

Se maate us, dat hä bes derhin jeden Ovend bei et kumme sollt; denn am Dach kom die Ahl.

Die Zaubersch dät och nix dervun merke, bes eimol et Rapunzel anfing un för sei saat: „Saat meer doch ens, Frau Gothel, wie kütt et nor, dat et vill schwerer es, Üch eropzetrecke wie dä junge Künningsson, dä es en einem Augebleck bei meer."

„Och, du jottlus Kind", reef die Zaubersch, „wat muss ich vun dir höre, ich daach, ich hädden dich vun aller Welt jeschedde, un du häs mich doch bedroge!"

En ehrer Wot packte sei dem Rapunzel sing schöne Hoore, schloch se e paarmol öm ehr linke Hand, jreff en Schier met d'r rächte, un ritsch, ratsch, wore se afjeschnedde, un die schöne Flächte lochen om Boddem. Un sei wor su unbarmhätzich, dat sei et ärme Rapunzel en en Wöstenei braat, wo et en jroßem Jomer un Älend levve moot.

Derselve Dach ävver, wo sei et Rapunzel verstosse hatt, maat die Zaubersch ovends die afjeschnedde Flächte bovven am Finsterhoke fass, un wie dä Künningsson kom un reef:

„Rapunzel, Rapunzel,
loss meer di Hoor eraf",

su leet die Ahl die Hoore eraf. Dä Künningsson stech erop, ävver bovven dät hä nit si leev Rapunzel finge, sondern die Zaubersch, die in met wödije un jeftije Blecke ansoch.

„Aha", reef sei bletzich, „du wells die Frau Leevste holle, ävver dä schöne Vugel sitz nit mih em Ness un singk nit mih, die Katz hät in jehollt un weed dir och noch de Auge uskratze. För dich es et Rapunzel verlore, du wees et nie widder erblecke."

Dä Künningsson jereet usser sich vör Ping, un weil hä su verzwiefelt wor, sprung hä dä Toon eraf: Et Levve braat hä dervun, ävver die Döner, en die hä feel, zerstoche im de Auge.

Do dät hä blingk em Wald eröm irre, nix wie Woozele un Beere esse un nix dun wie jomere un kriesche üvver dä Verloss vun singer leevste Frau.

Su wanderte hä Johr öm Johr em Älend eröm un jereet schleeßlich en die Wöstenei, wo et Rapunzel met dä Zwillinge, die et jebore hatt, e Sönche un e Döchterche, em Kommer lävte. Hä hoot en Stemm, un sei kom im su bekannt vör.

Do jing hä noh dä Stemm hin, un wie hä erankom, erkannt et Rapunzel in un feel im öm d'r Hals un dät vör luuter Freud kriesche.

Zwei vun singer Trone ävver benetzte sing Auge; do woote se widder klor, un hä kunnt dermet sin wie vörher. Hä foht et Rapunzel un die Zwillinge en si Rich, wo se met Freud bejrößß woote, un se lävte noch lang jlöcklich un verjnöch.

Et Doonrüsje

Vör Zigge wor ne Künning un en Künnijin, die saate jeden Dach: „Och, wammer doch nor e Kind hädden!" un kräche allemolde keins.

Do droch et sich zo, wie die Künnijin ens em Bad soß, dat ne Frosch usem Wasser an et Land kroch un för sei saat: „Dinge Wunsch weed erhoot wäde. Noch eh dat Johr vörbei es, wees du en Dochter op de Welt brenge."

Wat dä Frosch jesaat hatt, dat trof en, un die Künnijin kom nidder met nem Mädche, dat wor su schön, dat dä Künning vör luuter Freud janz usem Hüsje wor un e jroß Fess usreef.

Hä lod nit nor sing Verwandtschaff, Fründe un Bekannte, sondern och die wiese Fraue derzo en, dermet se dem Kind jot jesennt wöre.

Et wore ehrer drücksehn em Rich, do hä ävver nor zwölf jolde Teller hatt, vun denne se esse sollte, su moot ein vun dä drücksehn wiese Fraue derheim blieve.

Dat Fess wood met aller Praach jefeet, un wie et am Engk wor, beschenkte die wiese Fraue dat Kind met ehr Wunderjave: Die eine met nem reine Hätz, die andere met Schönheit, die dritte met Richdum, un su wigger met allem, wat op d'r Welt ze wünsche es.

Wie elf ehr Spröch evvens jedon hatte, trot op eimol die drücksehnte eren.

Sei wollt sich derför räche, dat sei nit enjelade wor, un ohne jümmes ze bejrößе udder och nor anzeloore, reef sei met lauter Stemm: „Die Künningsdochter soll sich en ehrem fuffzehnte Johr an ner Spindel steche un dut ömfalle!“

Un ohne e Woot wigger ze spreche, drihte sei sich öm un verleeß dä Saal.

All wore se verschreck, do trot die zwölfte vör, die ehre Wunsch noch üvverich hatt, un do sei dä schlemme Sproch nit röckjängich, sondern nor afmildere kunnt, su saat sei: „Et soll ävver keine Dud sin, sondern ne hundertjöhrije deefe Schlof, en dä die Künningsdochter falle weed.“

Dä Künning, dä si leev Kind jän vör dem Unjlöck bewahre wollt, leet dä Befell usjon, dat alle Spindele em janze Künningrich verbrannt wäde.

An dem Mädche ävver woote die Jave vun dä wiese Fraue sämplich wohr; denn et wor su schön, settsam, fründlich un verständich, dat jeder, dä et ansoch, et leev han moot.

No passeete et, dat jrad an dem Dach, an dem et fuffzehn Johr' alt wood, dä Künning un die Künnijin nit ze Huus wore, un dat Mädche janz allein em Schloss zoröckblev.

Do jing et üvverall eröm, beloorte sich Stuvve un Kammere, wie et jrad Loss hatt, un kom schleeßlich och an ne ahle Toon. Et steech die enge Wandeltrapp erop un kom vör en klein Dör.

En dem Schloss stoch ne rostije Schlössel, un wie et dä ömdrihte, sprung die Dör op. En dem kleine Stüvvje soß en ahle Frau an ner Spindel un sponn fließich ehre Flaaß.

„Joden Dach, du ahl Möhnche“, sproch die Künningsdochter, „wat mäs du do?“

„Ich spenne“, saat die Ahl un neckte mem Kopp.

„Wat es dat för e Dinge, dat su löstich erömspringk?“ frochte dat Mädche, nohm die Spindel un wollt och spenne.

Kaum hatt et ävver die Spindel anjeröhrt, su wood dä Zaubersproch wohr, un et stoch sich dermet en de Finger.

En dem Augebleck ävver, wo et dä Stech fohlt, feel et nidder op et Bett, dat do stund, un loch en nem deefe Schlof.

Un dä Schlof verbreidte sich üvver dat janze Schloss: Dä Künning un die Künnijin, die evvens heimjekumme un en d'r Saal jejange wore, finge an enzeschlofe un d'r janze Hoffstaat met inne.

Do schleefe och die Päder em Stall, die Hüng em Hoff, die Duve om Daach, die Fleje an d'r Wand, jo, et För, dat op dem Häd flackerte, wood stell un schleef en, un dä Brode hoot op ze brötsche, un dä Koch, dä dem Köchejung, weil hä jet verjesse hatt, an de Hoor trecke wollt, leet in loss un schleef.

Un dä Wind laat sich, un an de Bäum vörm Schloss reppte sich kei Blättche mih. Öm dat Schloss eröm ävver fing en Döneheck an ze waaße, die jedes Johr hüher wood un schleeßlich et janze Schloss ömtrok un derüvver wooß, dat jar nix mih dervun ze sin wor, selvs die Fahn om Daach nit.

Et jing ävver die Sag' em Land vum schöne Doonrüsje, (weil su wood die Künningsdochter jenannt), dat am Schlofe wor; su dat vun Zick ze Zick Künningssön kome un durch die Döneheck en et Schloss dringe wollte.

Et wor inne ävver nit müjjelich, do die Döner, wie wann se Häng hädden, fass zesamme heelte, un die Künningssön deren hange blevve, sich nit widder lossmaache kunnte un jömerlich sterve moote.

Noh lange lange Johre kom widder ens ne Künningsson en et Land un hoot, wie ne ahle Mann vun dä Döneheck verzallt, et sollt e Schloss derhinger ston, en dem en wunderschöne Künningsdochter, Doonrüsje jenannt, allt zick hundert Johre schleef, un met ehr schleefe dä Künning un die Künnijin un dä janze Hoffstaat.

Dä ahle Mann woss och vun singem Besteva, dat allt vill Künningssön jekumme wöre un versok hädden, durch die Döneheck ze dringe, ävver se wöre deren hange jeblevve un ne trorije Dud jestorve.

Do sproch dä junge Künningsson: „Ich han kein Angs, ich well en et Schloss un et schöne Doonrüsje sin!“

Dä jode Ahl kunnt im afrode, su vill hä wollt, dä Jung hoot nit op si Woot.

No wore ävver jrad die hundert Johre eröm, un dä Dach wor jekumme, an dem et Doonrüsje widder opwaache sollt. Wie dä Künningsson an die Döneheck kom, woren et luuter jroße schöne Ruse, die däte sich vun selvs usenein un leete in durch, ohne im wihzedun, un hinger im däte se sich zesamme un wore widder en Döneheck.

Em Schlosshoff soch hä die Päder un Jaachhüng lijje un schlofe; om Daach soße die Duve un hatte ehr Köppcher unger ehr Flüjele jestoche. Un wie hä en et Huus kom, schleefe die Fleje an d'r Wand, dä Koch en d'r Köch heelt noch die Hand, wie wann hä dä Köchejung anpacke wollt, un die Mäd soß vör dem schwatze Hohn, dat jeropp wäde sollt.

Do jing dä Künningsson wigger un soch em Saal dä janze Hoffstaat lijje un schlofe, un bovve beim Thrun loche dä Künning un die Künnijin. Dä Künningsson jing noch wigger, un alles wor su stell, dat hä singe Odem höre kunnt, un schleeßlich kom hä en dä Toon un maat die Dör vun dem kleine Stüvvje op, en dem et Doonrüsje schleef.

Do loch et un wor su schön, dat hä sing Auge jar nit afwende kunnt, un hä böckte sich un jov im e Bützje.

Wie hä et jebütz hatt, schloch et Doonrüsje sing Auge op, wood waach un loorte in janz fründlich an.

Do jinge se zesamme die Wandeltrapp eraf, un dä Künning un die Künnijin un dä janze Hoffstaat woote waach un loorte sich met jroße Auge an.

Un die Päder em Hoff stunde op un schöddelte sich; die Jaachhüng sprunge un wibbelte met ehr Stätze. Die Duve om Daach troke ehr Köppcher unger ehr Flüjele rus, loorte eröm un floche en et Feld, die Fleje an de Wäng kroche wigger, et För en d'r Köch flackerte un kochte et Esse, dä Brode fing widder an ze brötsche, un dä Koch jov dem Köchejung en Tachtel, dat hä schreite, un die Mäd roppte dat Hohn fädich.

Un do wood die Huhzick vum Künningsson met dem Doonrüsje met aller Praach jefeet, un se lävte verjnöch bes an ehr Engk.

Ärmemann un Richemann

Vör dä ahle Zigge, wie dä leeve Jott noch selver unger de Minsche wandele dät, droch et sich zo, dat hä eines Ovends möd wor, un in die Naach üvverfeel, bevör hä noh ner Herberg kumme kunnt.

Do stunde am Wäch vör im zwei Hüser enander jäjenüvver, dat eine jroß un schön, dat andere klein un ärmlich anzesin, un dat jroße jehoot nem Richemann, dat kleine nem Ärmemann.

Do daach uns Herrjott: „Dem Richemann wäde ich kein Lass sin. Bei im well ich üvvernaachte.“

Dä Richemann, wie hä et an sing Dör kloppe hoot, maat et Finster op un frochte dä Fremde, wat hä söke dät.

D'r Här antwoodte: „Ich bedde öm e Naachlager.“

Dä Richemann loorte dä Wandersmann vum Kopp bes Foß an, un weil dä leeve Jott einfache Kleider droch un nit ussoch wie einer, dä vill Jeld en d'r Täsch hät, schöddelte hä d'r Kopp un sproch:

„Ich kann Üch nit opnemme, ming Kammere lijje voll met Krücker un Same, un wann ich jedem Herberg jevve wöllt, dä an ming Dör klopp, su könnt ich bahl selver d'r Beddelstav en de Hand nemme. Sücht zo, dat Ehr anderswo ungerkumme künnt!"

Dermet schloch dä Richemann si Finster zo un leet dä leeve Jott ston. Do kehrte im dä leeve Jott d'r Rögge un jing rüvver noh dem kleine Huus. Kaum hatt hä anjeklopp, su maat dä Ärmemann allt si Dörche op un heeß dä Wandersmann entredde.

„Doot de Naach üvver bei meer blieve", saat hä, „et es allt düster, un hück künnt Ehr doch nit wigger kumme."

Dat jefeel dem leeve Jott, un hä trot en. Die Frau vum Ärmemann jov im de Hand, heeß in wellkumme un saat, hä mööch et sich bequem maache un vörleevnemme, se hätte nit vill, ävver wat se hätte, dat jöve se vun Hätze jän. Dann satz sei Ädäppele op et För, un derwiel se kochte, melkte sei ehr Hipp, dermet se e bessje Milch derzo hätte.

Un wie dä Desch jedeck wor, satz sich dä leeve Jott nidder un oß met inne, un dat Ärmelückesse schmeckte im jot, weil et wore verjnöchte Jeseechter derbei.

Nohdem se jejesse hatte, un Schlofenszick wor, reef die Frau steekum ehre Mann un sproch: „Hör ens, leeve Mann, mer welle uns hück naach e Lager us Strüh maache, dermet dä ärme Wandersmann sich en uns Bett läje un en Rauh schlofe kann. Hä es d'r janze Dach üvver jejange, do weed mer möd."

„Vun Hätze jän", antwoodte hä, „ich well et im anbeede", jing noh'm leeve Jott un saat im, wann et im räch wör, mööch hä sich en ehr Bett läje un sing Jlidder öntlich usstrecke.

Dä Leeve Jott wollt dä zwei Ahle nit ehr Lager nemme, ävver se leete nit af, bes hä et am Engk dät un sich en ehr Bett laat: sich selvs ävver maate die Zwei e Strühbett om Boddem.

Am nöchste Morje stunde die zwei Ahle vör Dach allt op un kochte ehrem Jass e Fröhstöck, su jot wie se et hatte.

Wie no de Sonn durch et Finsterche schung, un dä leeve Jott opjestande wor, oß hä widder met inne un wollt dann singe Wäch trecke.

Wie hä en d'r Dör stund, kehrte hä sich öm un sproch: „Weil ehr su metliggich un fromm sid, su doot üch dreierlei wünsche, dat well ich üch erfölle."

Do saat dä Ärmemann: „Wat soll ich meer söns wünsche wie de iwije Sillichkeit, un dat mer zwei, sulang mer levve, jesund derbei blieve un uns Nutdorf, uns dächlich Brut han; för et Dritte weiß ich meer nix ze wünsche."

Dä leeve Jott sproch: „Wells du dir nit e neu Huus för dat ahle wünsche?"

„O jo", saat dä Ärmemann, „wann ich dat och noch krijje kann, su wör et meer wal leev."

Do dät d'r Här ehr Wünsch erfölle, verwandelte ehr ahl Huus en e neu, jov inne noch ens singe Säje un trok wigger.

Et wor allt helle Dach, wie dä Richemann opstund. Hä laat sich en et Finster un soch vis à vis e neu proper Huus us rude Ziejel, wo söns en ahl Hött jestande hatt. Do maat hä jroße Auge, reef sing Frau un sproch: „Saach meer, wat es do passeet? Jestere ovend stund do noch die ahle älendije Hött, un hück steit do e schön neu Huus. Lauf rüvver un hör, wie dat jekumme es!"

Die Frau jing un frochte dä Ärmemann us.

Hä verzallt ehr: „Jestere ovend kom ne Wandersmann, dä sook en Herberg för de Naach, un hück morje beim Afscheed hät hä uns drei Wünsch jewät, de iwije Sillichkeit, Jesundheit em Levve op Äde un et dächlije Brut derzo un zoletz noch statt dä ahl Hött e schön neu Huus."

Die Frau vum Richemann leef flöck zoröck un verzallt ehrem Mann, wie alles jekumme wor.

Dä Richemann sproch: „Ich mööch mich zerrieße un zerschlage: Hätt ich dat nor jewoss! Dä Fremde es zovör he jewäs un hät bei uns üvvernaachte welle, ich han in ävver afjewese."

„Maach vöran", sproch die Frau, „un setz dich op di Päd, su kanns du dä Mann noch enholle, un dann muss du dir och drei Wünsch jewähre loße!"

Dä Richemann hoot op dä jode Rot, jaachte met singem Päd loss un hollte dä leve Jott noch en. Hä dät janz fing un leev redde un saat, hä mööch et im nit üvvelnemme, dat hä nit jlich enjeloße woode wör, weil hä hätt dä Schlössel för de Huusdör jesook, derwiel wör hä ävver fottjejange: Wann hä dä Wäch zoröckköm, mööt hä bei im enkehre.

„Jo", sproch dä leeve Jott, „wann ich ens zoröckkumme, well ich et dun."

Do frochte dä Richemann, ov hä nit och drei Wünsch dun dörv wie singe Nohber.

„Jo", saat dä leeve Jott, dat dörv hä wal dun, et wör ävver nit jot för in, un hä sollt sich leever nix wünsche.

Dä Richemann meinte, hä wollt sich allt jet ussöke, dat jot för si Jlöck wör, wann hä nor wöss, dat et och erföllt wööd.

Sproch dä leeve Jott: „Rigg heim, un die drei Wünsch, die du deis, die solle en Erföllung jon."

No hatt dä Richemann, wat hä verlangk hatt, rett op heim an un fing an nohzedenke, wat hä sich wünsche sollt. Wie hä su nohdaach un de Zöjele falle leet, fing dat Päd an ze springe, su dat hä de janze Zick en sing Jedanke jestört wood un se jar nit zesamme brenge kunnt. Hä kloppte dem Päd an d'r Hals un saat: „Bes räuhich, Lis“, ävver dat Päd maat op et neue Fisematente.

Do wood hä zeletz ärjerlich un reef janz unjedöldich: „Ich wöllt, dat du dir d'r Hals breche däts!“

Wie hä dat Woot usjesproche hatt, feel hä platschtich op de Äd, un dat Päd loch dut un dät sich nit mih räje; dermet wor dä eeschte Wunsch erföllt. Weil hä ävver vun Natur us jeizich wor, wollt hä dat Saddelzeuch nit em Stech loße, schnett et af, nohm et op singe Rögge un moot jetz ze Foß jon.

„Du häs noch zwei Wünsch üvverich“, daach hä un dät sich dermet trüste.

Wie hä no langsam durch d'r Sand derhinjing, un am Meddach de Sonn heiß brannt, wood et im su wärm un verdreeßlich ze Mot. Dä Saddel dröckte im op d'r Rögge, un im wor och noch nit enjefalle, wat hä sich wünsche sollt.

„Wann ich meer och alle Riche un Tresörcher op d'r Welt wünsche“, sproch hä för sich selver, „su fällt meer nohher noch allerhand en, dit un dat, dat weiß ich em vörus. Ich well et ävver su enreechte, dat meer jar nix mih ze wünsche üvverich bliev!“

Dann kühmte hä un sproch: „Jo, wann ich dä Neppeser Boor wör, dä och drei Wünsch frei hatt, dä woss sich ze helfe: Dä wünschte sich zoeesch bannich vill Bier, un zweitens su vill Bier, wie hä drinke kunnt, un drittens noch e Faaß Bier derzo.“

Mänchmol meinte dä Richemann, jetz hätt hä et jefunge, ävver koot dernoh schung et im ze winnich.

Do kom im su dä Jedanke, wat sing Frau et doch jot hätt, die söß derheim en ner köhle Stuvv un leet et sich jotschmecke.

Dat ärjerte in öntlich, un ohne dat hä et woss, sproch hä su för sich hin: „Ich wollt, ming Frau söß derheim op dem Saddel un künnt nit erunger, statt dat ich in op mingem Rögge schleppe!“

Un wie dat letzte Woot us singem Mungk kom, su wor dä Saddel op singem Rögge nit mih do, un hä merkte, dat singe zweite Wunsch och en Erföllung jejange wor.

Do wood et im eesch räch heiß, hä fing an ze laufe un wollt sich derheim janz allein en sing Kammer setze un sich jet Jroßes för singe letzte Wunsch usdenke.

Wie hä ävver anküitt un die Dör vun dä Stuvv opmät, sitz sing Frau meddendren op dem Saddel un kann nit erunger, jömert un schreit.

Do sproch hä: „Jev dich zefridde, ich well dir alle Richdümer op d'r Welt eranwünsche, nor bliev do setze."

Ävver sei schant in ne Schofskopp un sproch: „Wat helfe meer alle Richdümer op d'r Welt, wann ich op dem Saddel setze; du häs mich dodrop jewünsch, jetz muss du meer och widder erungerhelfe."

Hä mooch welle udder nit, hä moot dä dritte Wunsch dun, dat sei vun dem Saddel loss köm un erungersteije künnt; un dä Wunsch wood alltbahl erföllt. Alsu hatt hä nix dervun wie Ärjer, Möh, Schängerei un e verlore Päd.

Die Ärmelück ävver lävte verjnöch, stell un fromm bes an ehr sillich Engk.

Die Levvenszick

Wie Jott de Welt jeschaffe hatt un all dä Kreature ehr Levvenszick bestemme wollt, kom d'r Esel un frochte: „Här, wie lang soll ich levve?“

„Dressich Johre“, antwoodte Jott, „es dir dat räch?“

„Och Här“, erwidderte d'r Esel, „dat es en lange Zick. Bedenk mih möhsillich Levve: Vum Morje bes en de Naach schwere Laste drage, Koonsäck en de Müll schleppe, dermet andere et Brut esse, met nix wie met Schläch un Foßtrette ermuntert un opjefresch ze wäde! Erloß meer e Deil vun dä lange Zick!“

Do erbarmte sich Jott un schenkte im achzehn Johre.

Dä Esel jing jetrüs fott, un dä Hungk wor an d'r Reih.

„Wie lang wells du levve?“ sproch Jott för in, „dem Esel sin dressich Johre ze vill, du ävver wees dermet zefridde sin.“

„Här“, antwoodte dä Hungk, „es dat dinge Welle? Bedenk, wat ich laufe muss, dat halde ming Föß su lang nit us; un han ich eesch ens de Stemm för ze belle un de Zäng för ze bieße verlore, wat bliev meer do anders üvverich wie us einer Hött en die andere ze laufe un ze knottere?“

Jott soch en, dat dä Hungk räch hatt, un jov im zwölf Johre winnijer.

Dernoh kom die Aap.

„Du wells wal jän dressich Johre levve?“ frochte dä Här sei. „Du bruchs nit ze arbeide wie dä Esel un dä Hungk un bes allzick krejel.“

„Och Här“, antwoodte die Aap, „dat süht su us, es ävver nit esu. Wann et Häschelbrei ränt, han ich keine Löffel. Ich soll allemol ne löstije Krätzjesmächer sin, Jeseechter schnigge, dermet de Lück laache, un wann se meer ne Appel recke, un ich bieß eren, su es hä soor. Wie off stich de Troor hinger dem Spaß! Dressich Johre hald' ich dat nit us.“

Jott wor jnädich un schenkte dä Aap zehn Johre.

Zo joder Letz kom dä Minsch, wor voll Freud, jesund un fresch un dät Jott bedde, im sing Zick ze bestemme.

„Dressich Johre solls du levve“, sproch dä Här, „es dir dat jenoch?“

„Wat för en koote Zick!“ reef dä Minsch. „Wann ich mi Huus jebaut han, un et För op mingem eije Häd brennt, wann ich Bäum jeflanz han, die blöhe un Frooch drage, un wann ich mich an mingem Levve erfreue well, dann soll ich sterve! O Här, jev meer mih Zick!“

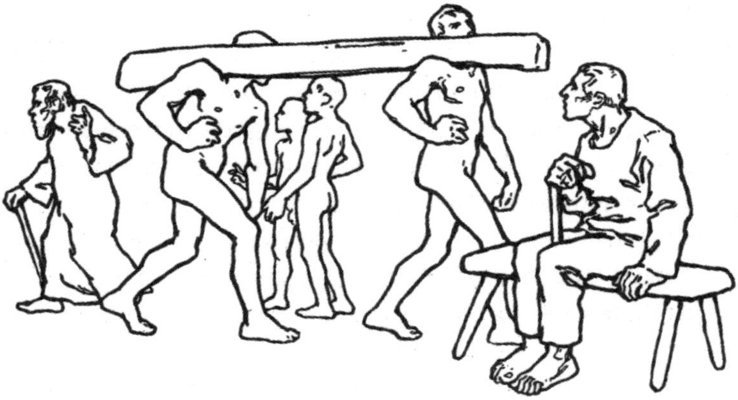

„Ich well dir die achzehn Johre vum Esel noch dropläje", saat Jott.

„Dat es nit jenoch", erwidderte dä Minsch.

„Du solls och die zwölf Johre vum Hungk han."

„Allemol noch ze winnich!"

„Wie du meins", saat Jott, „ich well dir noch die zehn Johre vun d'r Aap jevve, ävver mih kriss du nit!"

Dä Minsch jing fott, wor ävver nit zefridde jestallt.

Alsu läv dä Minsch sibbenzich Johre.

Die eeschte dressich sin sing minschlije Johre, die jon flöck derhin; do es hä jesund, krejel, arbeit met Loss un erfreut sich an singem Levve.

Hedrop folje die achzehn Johre vum Esel, do weed im ein Lass noh dä andere opjepack: Hä muss dat Koon drage, dat andere esse, un Schläch un Trette sin dä Luhn för sing treue Deenste.

Dann kumme die zwölf Johre vum Hungk, do litt hä en de Hötte, knottert un hät kein Zäng mih för ze bieße.

Un wann die Zick eröm es, su maache die zehn Johre vun d'r Aap dä Schloss.

Do es dä Minsch verdötsch em Kopp un jeck, mät de Aap un weed vun dä Pänz verspott.

Die Stänedaler

Et wor ens e klein Mädche, dem wor Vatter un Moder jestorve, un et wor su ärm, dat et kein Kämmerche mih hatt, deren ze wonne, un kein Bettche mih, deren ze schlofe, un schleeßlich jar nix mih wie die Kleider am Liev un e Stöckelche Brut en d'r Hand, dat im e metleidich Hätz jeschenk hatt.

Dat Mädche wor ävver jot un fromm.

Un weil et su vun aller Welt verloße wor, jing et em Vertraue op d'r leeve Jott erus en et Feld.

Do bejänte im ne ärme Mann, dä sproch: „Mädche, jev meer jet ze esse, ich ben su hungrich!"

Et reckte im dat janze Stöckelche Brut un saat: „Jott soll et dir säne", un jing wigger.

Do kom e Kind, dat jömerte un sproch: „Et freet mich su an mingem Köppche, schenk meer jet, womet ich et bedecke kann!"

Do trok dat Mädche sing Mötz us un jov sei im.

Un wie et e Wielche jejange wor, kom e ander Kind un hatt kein Lievje an un dät freere; do jov im dat Mädche si Lievje.

Un noch wigger, do beddelte e Kind öm e Röckelche, dat jov dat Mädche och fott.

Schleeßlich jelangte et en ne Wald, un et wor allt dunkel jewoode, do kom noch e Kind un beddelte öm e Himbche, un dat fromme Mädche daach: „Et es dunkle Naach, du süht dich nümmes, du kanns di Himbche räuhich fottjevve", trok dat Himbche us un jov et och noch her.

Un wie et su do stund un jar nix mih an hatt, feele op eimol die Stäne vum Himmel un wore luuter hade blanke Daler. Un ov jlich et si Himbche fottjejovve, su hatt et e neu an, un dat wor vun allerfingstem Linge.

Do sammelte et sich die Daler eren un wor rich för si Läbdach.

Dä treue Jan

Et wor ens ne ahle Künning, dä wor krank un daach: „Dat weed wal et Dudebett sin, op dem ich lijje.“ Do sproch hä: „Lot meer dä jetreue Jan kumme!“

Dä jetreue Jan wor singe leevste Deener un heeß su, weil hä im si Levve lang su treu jewäs’ wor.

Wie hä no vör dat Bett kom, sproch dä Künning för in: „Jetreuste Jan, ich föhle, dat mi Engk noh es, un do han ich kein andere Sorje wie öm minge Son: Hä es noch jung an Johre, wo hä sich nit allemolde ze rode weiß, un wann du meer nit versprichs, in ze ungerreechte en allem, wat hä wesse muss, un singe Fläjevatter ze sin, su kann ich ming Auge nit en Rauh schleeße.“

Do antwoodte dä jetreue Jan: „Ich well in nit verloße un well im treu deene, wann et mich och mi Levve koste deit.“

Do saat dä ahle Künning: „Su sterv ich jetrus un en Fridde.“ Un sproch dann wigger: „Noh mingem Dud solls du im et janze Schloss zeije, alle Kammere, Säl un Jewölve un alle Schätzer, die deren lijje. Ävver die letzte Kammer en dem lange Jang solls du im nit zeije, woren dat Bild vun dä Künningsdochter vum jolde Daach verstoche steit. Wann hä dat Bild erbleck, weed hä en ärje Leevde för sei verspöre un weed en Ohnmaach falle un weed ehretwäje en jroß’ Jefahre jerode; dervör solls du in höde.“

Un wie dä treue Jan noch ens dem ahle Künning derop de Hand jejovve hatt, wood dä stell, laat si Häuv op et Kesse un storv.

Wie dä ahle Künning noh'm Jrav jedrage wor, do verzallt' dä treue Jan dem junge Künning, wat hä singem Vatter om Stervebett versproche hatt, un saat: „Dat well ich jewess halde un well dir treu sin, wie ich et im jewäs' ben, un sollt et mich mi Levve koste."

Die Troor jing verüvver, do sproch dä treue Jan för in: „Et es an d'r Zick, dat du ding Ervschaff sühs: Ich well dir di Vatterschloss zeije."

Do foht hä in üvverall eröm, erop un eraf, un leet in all die Richdümer un praachvolle Kammere sin. Nor die ein' Kammer maat hä nit op, woren dat jefährliche Bild stund.

Dat Bild wor ävver su jestallt, dat, wann de Dör opjing, mer tirecktemang derop soch, un et wor su herrlich jemaat, dat mer meint', dat et liev un läv un dat et nix jevve dät op d'r janze Welt, wat leever un schöner wör.

Dä junge Künning dät wal merke, dat dä treue Jan allemolde an dä Dör verüvverjing, un sproch: „Woröm mäs du meer die Dör niemols op?"

„Et es jet derbenne", antwoodte hä, „vör dem du dich verschrecke wees."

Ävver dä Künning saat: „Ich han et janze Schloss jesin, su well ich och wesse, wat derbenne es", jing un wollt die Dör met Jewalt opmaache.

Do heelt in dä treue Jan zoröck un saat: „Ich han et dingem Vatter vör singem Dud versproche, dat du et nit sin solls, wat en dä Kammer steit: Et künnt dir un meer zom jroße Unjlöck usschlage."

„Och nä", antwoodte dä junge Künning, „wann ich nit en die Kammer kumme, su es et minge sechere Verderv: Ich wöd Dach un Naach kein Rauh han, bes ich et met eije' Auge jesin hätt. No jon ich nit vun d'r Stell, bes du opjeschlosse häs."

Do soch dä treue Jan, dat et nit mih ze ändere wor, un sook met schwerem Hätz un vill Jekühms us dem jroße Bund dä Schlössel erus.

Wie hä die Dör opjemaat hatt, trot hä zoeesch eren un daach, hä künnt dat Bild zodecke, dermet dä Künning et nit vör im sin dät:

Ävver wat holf et? Dä Künning stallt sich op de Zihespetze un soch im üvver de Scholder. Un wie hä dat Kunterfei vun dä Jungfrau erbleckte, do feel hä ohnmächtich op de Äd nidder.

Dä treue Jan hov in op, droch in en si Bett un daach voll Sorje: „Dat Unjlöck es passeet, Herrjott, wat well derus wäde!" Dann stärkte hä in met Wing, bes hä widder zo sich selvs kom. Et eeschte Woot, dat hä sproch, wor: „Och! Wä es dat schöne Bild?"

„Dat es die Künningsdochter vum jolde Daach", antwoodte dä treue Jan.

Do sproch dä Künning wigger: „Ming Leevde för sei es esu jroß, dat, wann alle Blädder an de Bäum Zunge wöre, se et nit usspreche künnte; mi Levve setz ich dran, dat ich sei krijje. Du bes minge treue Jan, du muss meer beiston."

Dä treue Deener besennte sich lang, wie die Saach anzefange wör, denn et heelt schwer, nor vör et Anjeseech vun d'r Künningsdochter ze kumme.

Schleeßlich hatt hä e Meddel usjedaach un sproch för dä Künning: „All dat, wat die Künningsdochter vum jolde Daach öm sich hät, es us Jold: Desche, Stöhl, Kumpe, Schottele, Becher un all dä Huusstivvel. En dingem Schatz lijje fünf Tonne Jold, loss ein dervun vun dä Joldschmidde em Rich verarbeide zo allerhand Pött, Schääfer un Jereitschaff, zo allerhand Vüjjel, Weld un wat wunders för Deere, dat weed ehr jefalle, mer welle domet hinfahre un uns Jlöck versöke."

Dä Künning heesch all sing Joldschmidde herholle, die moote Dach un Naach arbeide, bes am Engk die herrlichste Dinger fädich wore.

Wie alles op e Scheff jelade wor, trok dä treue Jan die Kleider vun nem Kriemer an, un dä Künning moot et im jlich dun, öm nit erkannt ze wäde. Dann fohre se üvver et Meer un fohre su lang, bes se noh dä Stadt kome, deren die Künningsdochter vum jolde Daach wonnte.

Dä treue Jan heesch dä Künning op dem Scheff zoröckblieve un op in wade.

„Verleech“, sproch hä, „breng’ ich die Künningsdochter met, deröm doot sorje, dat alles en Odenung es, lot die Joldschääfer opstelle un et janze Scheff usschmücke.“

Derop sook hä en singe Schooz allerlei vun dä Joldsaache zesamme, steech an et Land un jing tirecktemang noh dem Künningsschloss.

Wie hä en dä Schlosshoff kom, stund do am Pütz e schön Mädche, dat hatt zwei jolde Emmere en de Häng un scheppte dermet. Un wie et dat blänke Wasser fottdrage wollt un sich ömdrihte, soch et dä fremde Mann un frochte, wä hä wör.

Do antwoodte hä: „Ich ben ne Kriemer“, un maat singe Schooz op un leet et erenloore.

Do reef et: „Ei, wat för schön Joldzüch!“ satz die Emmere af un loorte sich eins noh’m andere an.

Do sproch dat Mädche: „Dat muss die Künningsdochter sin, die hät su jroße Freud an dä Joldsaache, dat sei üch alles afkäuf.“

Et nohm in bei d’r Hand un foht in erop, denn et wor die Kammerjuffer. Wie die Künningsdochter die War soch, wor sei janz verjnöch un sproch: „Sei es su schön jearbeit, dat ich dir alles afkaufe well.“

Ävver dä treue Jan sproch: „Ich ben nor dä Deener vun nem riche Handelshär. Wat ich he han, es nix jäje dat, wat minge Här op singem Scheff ston hät, un dat es et Künslichste un Kossbarste, wat jemols en Jold jearbeit wood“.

Sei wollt alles eropjebraat han, ävver hä sproch: „Derzo jehöre vill Dage, so jroß es dä Schmolz, un su vill Säl, öm alles opzestelle, dat Ör Huus nit Platz derför hät.“

Do wood ehr Neujeer un Loss bannich anjestivvelt, su dat sei am Engk saat: „Föhr mich noh dem Scheff, ich well selvs hinjon un meer die Schätzer vun dingem Här betraachte."

Do foht dä treue Jan die Künningsdochter op et Scheff un freute sich, un dä Künning, wie hä sei erblecke dät, soch, dat sei noch vill schöner wor wie ehr Bild, un meinte nit anders, et Hätz wöd im zerspringe.

No steech die Künningsdochter op et Scheff, un dä Künning foht sei eren; dä treue Jan ävver blev zoröck beim Störmann un heesch dat Scheff afstüsse: „Spannt alle Sejel' op, dat et flüch wie ne Vugel en d'r Luff!"

Dä Künning ävver zeichte dä Künningsdochter drenne dat jolde Jescherr, jedes einzelne Stöck, die Kumpe, Schääfer, Vüjjel, dat Weld un die wunderbare Deere.

Vill Stunde jinge eröm, en denne sei sich alles besoch, un en ehr Freud dät sei jar nit merke, dat dat Scheff derhinfohr. Nohdem sei et Letzte betraach hatt, dät sei dem Handelshär danke un wollt heim; wie sei ävver widder om Scheffsdeck wor, soch sei, dat dat Scheff fän vum Land om huhe Meer jing un met volle Sejel' fottjaachte.

„Och", reef sei verschreck, „ich ben bedroge, ich ben entföht un en de Jewalt vun nem Handelshär jerode: Leever wöllt ich sterve!"

Dä Künning ävver nohm sei bei d'r Hand un sproch: „Ne Handelshär ben ich nit, ich ben ne Künning un nit winnijer wäät vun Jebort wie du. Ävver dat ich dich met Less entföht han, dat han ich us üvverjroße Leevde jedon. Et eeschte Mol, wie ich di Kunterfei jesin han, ben ich ohnmächtich op de Äd jefalle."

Wie die Künningsdochter vum jolde Daach dat hoot, wor sei jetrüs, un ehr Hätz jing op för in, su dat sei jän enwellichte, si Wiev ze wäde.

Et droch sich ävver zo, wie se op dem huhe Meer derhinfohre, dat dä treue Jan, wie hä vörre op dem Scheff soß un Musik maat, en d'r Luff drei Rave erbleckte, die derherjefloge kome.

Do hoot hä op ze musizeere un luusterte, wat se metenander sproche, denn hä verstund die Vugelsproch.

D'r eeschte Rav reef: „Ei, do föht hä die Künningsdochter vum jolde Daach heim."

„Jo", antwoodte dä zweite Rav, „hä hät sei noch nit."

Sproch dä dritte Rav: „Hä hät sei doch, sei setz bei im em Scheff."

Do fing dä eeschte widder an un reef: „Wat hilf im dat! Wann se an Land kumme, weed inne e fussichrut Päd entjäjespringe. Do weed hä sich opschwinge welle, un wann hä dat deit, su sprengk et met im fott en de Luff eren, dat hä si Jüfferche niemols mih widdersüht."

Sproch dä zweite: „Jitt et jar kein Rettung?"

„O jo, wann ne Andere flöck opsetz, dat Pistoll, dat em Halfter steche muss, erusnimmp un dat Päd dermet dutscheeße deit, dann es dä junge Künning jerett'. Ävver wä weiß dat! Un wä et weiß un et im sät, dä weed zo Stein vun de Zihe bes zom Knee."

Do sproch dä zweite Rav: „Ich weiß noch mih, och wann dat Päd dutjeschosse weed, su kann dä junge Künning sing Bruck doch nit behalde: Wann se zesamme en et Schloss kumme, su litt do e jemaat Bruckhemp en ner Kump un süht us wie us Jold un Selver jewäv, et es ävver nix wie Pech un Schwäfel. Wann hä et antrick, verbrennt hä bes op Mark un Knoche."

Sproch dä dritte Rav: „Jitt et jar kein Rettung?“

„O jo“, antwoodte dä zweite, „wann einer met Händscher dat Hemp pack un en et För wirf, dat et verbrennt, su es dä junge Künning jerett. Ävver wat hilf et! Wä et weiß un et im sät, dem weed d’r halve Liev zo Stein, vum Knee bes zom Hätz.“

Do sproch dä dritte Rav: „Ich weiß noch mih, och wann dat Bruckhemp verbrannt weed, su hät dä junge Künning sing Bruck doch noch nit: Wann noh d’r Huhzick dä Danz anhiv, un die junge Künnijin danz, weed sei rack erbleiche un wie dut hinfalle. Un hiv einer sei nit op un trick us ehrer rächte Bruss drei Droppe Blot un speit se widder us, su stirv sei. Ävver verröt dat einer, dä et weiß, su weed hä am janze Liev zo Stein vum Wirvel bes zo de Zihe.“

Wie die Rave dat metenander jesproche hatte, floche se wigger, un dä treue Jan hatt alles wal verstande, ävver vun dä Zick an wor hä stell un trorich; denn verschwech hä singem Här, wat hä jehoot hatt, su wöd dä unjlöcklich wäde; entdeckte hä et im, su moot hä selvs si Levve hinjevve. Schleeßlich sproch hä bei sich: „Minge Här well ich rette, un sollt ich selvs derüvver ze Jrund jon.“

Wie se no an Land kome, do kom et su, wie die Rave vörherjesaat hatte, un e prächtich fussichrut Päd sprengte derher.

„Walan“, sproch dä Künning, „dat soll mich en mi Schloss drage“, un wollt opsetze, doch dä treue Jan kom im zervör, schwung sich flöck derop, trok dat Pistoll us dem Halfter un schoss dat Päd dut.

Do reefe dem Künning sing andere Deener, die dem treue Jan nit jot jesennt wore: „Wat för en Schand, dat schöne Deer dutzemaache, dat dä Künning en si Schloss drage sollt!“

Ävver dä Künning sproch: „Schwicht un lot in jon! Hä es minge jetreue Jan, wä weiß, wozo et jot es!“ No jinge se en et Schloss un do stund em Saal en Kump, un dat jemaate Bruckhemb loch derbenne un soch us nit anders wie us Jold un Selver jewäv.

Dä junge Künning jing hin un wollt et packe, ävver dä treue Jan schuv in beisick, packte et met Händscher an, droch et flöck en et För un leet et verbrenne.

Die andere Deener finge widder an ze knottere un saate: „Sücht ens, no verbrennt hä sujar dem Künning si Bruckhemp!"

Ävver dä junge Künning sproch: „Wä weiß, wozo et jot es, lot in jon, hä es minge jetreue Jan!"

No wood de Huhzick jefeet. Dä Danz hov an, un die Bruck trot och eren, do jov dä treue Jan aach un loorte ehr en et Antletz; op eimol erbleichte sei un feel wie dut op de Äd.

Do sprung dä treue Jan ielich hinzo, hov sei op un droch sei en en Kammer, do laat hä sei nidder, kneete un trok die drei Blotsdroppe us ehrer rächte Bruss un speite se us.

Allt bahl odemte sei widder un erhollte sich, ävver dä junge Künning hatt et metanjesin un woss nit, woröm et dä treue Jan jedon hatt, wood bletzich derüvver un reef: „En et Kaschott met im!"

Am andere Morje wood dä treue Jan verordeilt un unger d'r Jalje jefoht, un wie hä bovven stund un jereech wäde sollt, sproch hä: „Jeder, dä sterve soll, darf vör singem Engk noch ens redde; soll ich dat Räch och han?"

„Jo", antwoodte dä Künning, „et soll dir verjönnt sin." Do sproch dä treue Jan: „Ich ben ze Unräch verordeilt un ben dir allzick treu jewäs'", un verzallt, wie hä om Meer dä Klaaf vun dä Rave jehoot, un wie hä, öm singe Här ze rette, dat alles hädden dun müsse.

Do reef dä Künning: „O minge treue Jan. Jnad! Jnad! Föht in eraf!" Ävver dä treue Jan wor beim letzte Woot, dat hä jesproche hatt, erafjefalle un wor ne Stein.

Derför droche no dä Künning un die Künnijin jroß' Leid, un dä Künning sproch: „Och, wat han ich jroße Treu' su üvvel beluhnt!" un leet dat steiner Bild ophevve un en sing Schlofkammer nevve si Bett stelle.

Suoff hä et ansoch, kresch hä un sproch: „Och, künnt ich dich widder lebendich maache, minge jetreue Jan."

Et jing en Zick eröm, do jebor die Künnijin Zwillinge, zwei Söncher, die woße eran un wore ehr Freud. Eimol, wie die Künnijin en d'r Kirch wor, un die zwei Kinder beim Vatter soße un spillte, soch dä dat steiner Bild widder voll Troor an, wihklachte un reef: „Och, künnt ich dich widder lebendich maache, minge jetreueste Jan."

Do fing dä Stein an ze redde un sproch: „Jo, du kanns mich widder lebendich maache, wann du di Leevstes deran wende wells."

Do reef dä Künning: „Alles, wat ich op d'r Welt han, well ich för dich hinjevve."

Sproch dä Stein wigger: „Wann du met dinger eije' Hand dinger beidse Kinder d'r Kopp afhäus un mich met ehrem Blot bestrichs, su erhald' ich et Levve widder."

Dä Künning verschreckte, wie hä hoot, dat hä sing leevste Kinder selvs dutmaache sollt; doch daach hä an die jroße Treu' un dat dä treue Jan för in jestorve wor, trok si Schwäät un haute met eijener Hand dä Kinder d'r Kopp af.

Un wie hä met ehrem Blot dä Stein bestriche hatt, su kehte et Levve zoröck, un dä jetreue Jan stund fresch un jesund vör im.

Hä sproch för dä Künning: „Ding Treu' soll nit ohne Luhn blieve", un nohm die Häuvter vun dä Kinder, satz se op un bestrech die Wunde met ehrem Blot, dervun woote se em Augebleck widder heil, sprunge röm un spillte wigger, wie wann inne nix jeschoch wör.

No wor dä Künning voll Freud, un wie hä die Künnijin kumme soch, verstoch hä dä treue Jan un beidse Kinder en nem jroße Wandschaaf.

Wie die Künnijin erentrot, sproch hä för sei: „Häs du en d'r Kirch jebät?"

„Jo", antwoodte sei, „ävver ich han de janze Zick an dä treue Jan jedaach, dat hä su unjlöcklich durch uns jewoode es."

Do sproch hä: „Leev Frau, mer künne im et Levve widderjevve, ävver et koss uns beidse Söncher, die müsse mer offere!“

Die Künnijin wood bleich un verschreckte em Hätze, doch sproch sei: „Mer sin et im schöldich wäje singer jroße Treu’.“

Do freute dä Künning sich, dat sei su daach, wie hä jedaach hatt, jing hin, schloss et Wandschaaf op, hollte die Kinder un dä treue Jan erus un sproch: „Jottsedank, hä es erlüs, un uns’ Söncher han mer och widder“, un verzallt ehr, wie sich alles zojedrage hatt.

Do lävte se zesamme en Jlöcksillichkeit bes an ehr Engk.

Et Rutkäppche

Et wor ens e klein söß Mädche, dat hatt jederein, dä et nor ansoch, jän, am allermihtste ävver sing Bestemo; die woss jar nit, wat sei dem Kind alles jevve sollt.

Eimol schenkte sei im e Käppche vun rudem Sammet, un weil im dat su jot zo Jeseech stund, un weil et nix anderes mih om Kopp drage wollt, heesch et nor noch et Rutkäppche.

Eines Dachs sproch sing Moder för et: „Kumm, Rutkäppche, he häs du e Stöck Koche un en Fläsch Wing. Breng dat dä Bestemo; sei es krank un schwach un weed sich deran jot dun. Maach dich op d'r Wäch bevör et heiß weed, un wann du derhin jeis, su jangk schön aadich un kumm nit vum Wäch af. Söns fälls du hin un zerbrichs die Fläsch, un die Bestemo hät dann jar nix. Un wann du en ehr Stuvv küss, su verjess nit, jode Morje ze sage, un dun nit eesch en alle Ecke un Hötte römspinkse!"

„Ich well wal alles jot maache", saat et Rutkäppche för sing Mamm un jov ehr si Hängche drop.

Die Bestemo ävver wonnte drusse em Wald, en halve Stund wick vum Dörp.

Wie et Rutkäppche no en d'r Wald kom, bejänte im dä Wolf. Et Rutkäppche ävver woss nit, wat för e schlemm Deer dat wor un wor jar nit bang för in.

„Joden Dach, Rutkäppche", sproch hä.

„Schöne Dank och, Wolf."

„Wohin erus su fröh, Rutkäppche?"

„Bei die Bestemo."

„Wat drächs du unger dinger Schözel?"

„Koche un Wing. Jestere han mer jebacke. Do soll sich die kranke un schwache Bestemo jet jots dun un sich dermet stärke."

„Rutkäppche, wo wonnt ding Bestemo?"

„Noch e jot Veedelstündche wigger em Wald, unger drei jroße Eichbäum, do steit ehr Huus. Unge sin die Nosshecke, ävver dat wees do jo wal wesse", saat et Rutkäppche.

Dä Wolf daach för sich: „Dat junge zaate Dingelche, dat es ne fette Besse. Dä weed meer noch besser schmecke wie die Ahl. Du muss et janz jeräuch anstelle, dermet du se beids schnappe kanns!"

Do jing hä e Wielche nevve dem Rutkäppche her. Dann sproch hä: „Rutkäppche, süch ens die schön' Blome, die he römston. Woröm deis du nit jet römloore? Ich jläuve, du hörs noch nit ens, wie die Vüjjelcher su leev singe! Du jeis su vör dich hin, wie wann du noh d'r Schull jon däts, un derbei es et su löstich he drusse em Bösch!"

Et Rutkäppche schloch sing Auge op, un wie et soch, wie die Sonnestrohle durch die Bäum danzte, un alles voll schön' Blome stund, daach et: „Wann ich dä Bestemo ne fresche Struuß Blome metbrenge, dat weed ehr och Freud maache. Et es noch su fröh am Dach, dat ich doch zor rächte Zick ankumme wäde", leef vum Wäch af en d'r Bösch eren un sökte Blome.

Un wann et ein Blom jeplöck hatt, meinte et, wigger hinge stünde noch vill schönere, leef hin un jereet su deefer un deefer en d'r Wald eren.

Dä Wolf ävver jing schnorstracks noh dem Huus vun dä Bestmo un kloppte an die Dör.

„Wä es drusse?"

„Et Rutkäppche, dat brengk Koche un Wing. Maach op!"

„Dröck nor op die Klink", reef die Bestemo, „ich ben ze schwach un kann nit opston."

Dä Wolf dröckte op die Klink, die Dör sprung op, un hä jing, ohne ei Woot ze spreche, strack op dat Bett vun dä Bestemo an un verschleckte sei.

Dann dät hä ehr Kleider an, satz sich ehr Häupche op, laat sich en ehr Bett un trok de Vörhäng vör.

Et Rutkäppche ävver wor noh de Blome römjelaufe, un wie et su vill zesamme hatt, dat et kein mih drage kunnt, feel im die Bestemo widder en, un et maat sich op d'r Wäch.

Et wunderte sich, dat die Dör opstund, un wie et en die Stuvv entrot, su kom et im su komisch deren vör, dat et daach: „Du leeve Jott, wie bang weed et meer hück zomot, un ich ben doch söns su jän bei dä Bestemo!“

Et reef: „Jode Morje“, kräch ävver kein Antwoot.

Derop jing et op dat Bett an un trok die Vörhäng zoröck: Do loch die Bestemo un hatt dat Häupche janz deef en et Jeseech jesatz un soch su komisch us.

„Saach, Bestemo: Wat häs du för jroße Ohre?“

„Dat ich dich besser höre kann.“

„Saach, Bestemo: Wat häs du för jroße Auge?“

„Dat ich dich besser sin kann."

„Saach, Bestemo: Wat häs du för jroße Häng?"

„Dat ich dich besser packe kann."

„Ävver, Bestemo: Wat häs du för en schrecklich jroße Muul!"

„Dat ich dich besser fresse kann."

Kaum hatt dä Wolf dat jesaat, su dät hä ne Satz us dem Bett un verschlung et ärme Rutkäppche.

Wie dä Wolf si Jelöss jestellt hatt, laat hä sich widder en et Bett, schleef en un fing an, üvverlaut ze schnorke.

Dä Jäjer jing evvens an dem Huus vörbei un daach: „Wie die ahl' Frau schnork. Du muss doch ens nohsin, ov ehr jet fähle deit."

Do trot hä en de Stuvv, un wie hä vör dat Bett kom, su soch hä, dat dä Wolf deren loch. „Fing ich dich he, du ahle Sünder", saat hä, „dich han ich allt lang jesook."

No wollt hä sing Knabbüß anläje, do feel im en, dä Wolf künnt die Bestemo jefresse han un sei wör noch ze rette. Hä schoss nit, sondern nohm en Schier un fing an, dem Wolf, dä deef un fass schleef, d'r Buch opzeschnigge.

Wie hä e paar Schnette jedon hatt, do soch hä dat rude Käppche leuchte, un noch e paar Schnette, do sprung dat Mädche erus un reef: „Och, wie wor ich verschreck; wie wor et su dunkel em Liev vum Wolf!"

Un dann kom die ahl' Bestemo och noch lebendich erus un kunnt kaum odeme. Et Rutkäppche ävver hollte flöck jroße Stein; dermet föllte se dem Wolf d'r Liev, un wie hä waach wood, wollt hä fottspringe, ävver die Stein wore su schwer, dat hä platschich op de Äd feel un dut lijje blev.

Do wore alle drei verjnöch; dä Jäjer trok dem Wolf dä Pelz af un jing dermet heim. Die Bestemo oß dä Koche un drunk dä Wing, dä et Rutkäppche jebraat hatt, un kom widder op de Bein.

Et Rutkäppche ävver daach: „Du wells di Läbdach nit widder allein vum Wäch af en d'r Bösch laufe, wann de Moder et dir verbodde hät."

Et weed och verzallt, dat eimol, wie et Rutkäppche dä ahl‘ Bestemo widder Jebäcks braat, ne andere Wolf et anjesproche hatt un et vum Wäch afbrenge wollt.

Et Rutkäppche ävver höte sich un jing schnorstracks singe Wäch un saat dä Bestemo, dat et dem Wolf bejänt wör, dä im jode Dach jesaat, ävver su kott us de Auge jeloort hädden.

„Wann et nit op d’r offe Stroß jewäs‘ wör, hädden hä mich jefresse.“

„Kumm“, saat die Bestemo, „mer welle die Dör verschleeße, dat hä nit eren kann.“

Allt bahl dernoh kloppte dä Wolf an un reef: „Maach op, Bestemo, ich ben et Rutkäppche, ich brenge dir Jebäcks.“

Se schweche ävver stell un maate die Dör nit op.

Do schlech dä Jrieskopp widder un widder öm et Huus. Schleeßlich sprung hä op et Daach un wollt wade, bes et Rutkäppche ovends noh Huus jon dät; do wollt hä im nohschliche un wollt et em Dunkele fresse.

Ävver die Bestemo woss, wat hä em Senn hatt. No stund vör dem Huus en jroße Bütt us Stein. Do saat die Bestemo för dat Kind: „Nemm dä Emmer, Rutkäppche. Jestere han ich Wösch jekoch. Drach dat Wasser, en dem ich die Wösch jekoch han, en die Bütt!"

Et Rutkäppche droch su lang, bes die jroße, jroße Bütt janz voll wor. Do steech dä Jeroch vun dä Wösch dem Wolf en de Nas. Hä schnüffelte un loorte eraf; schleeßlich maat hä singe Hals su lang, dat hä sich nit mih halde kunnt un anfing, ze rötsche. Su rötschte hä vum Daach eraf, tireck en die jroße Bütt eren, un versoff.

Et Rutkäppche ävver jing fruh noh Huus, un nümmes dät im mih e Leid an.

Et Äschepuddel

Nem riche Mann wood sing Frau krank, un wie sei föhlte, dat ehr Engk erankom, reef sei ehr einzich Döchterche bei sich an et Bett un sproch: „Leev Kind, bliev fromm un jot, su weed d'r leeve Jott dir allzick beiston, un ich well vum Himmel op dich erafblecke un well bei dir sin."

Derop dät sei de Auge zo un verscheed. Dat Mädche jing jeden Dach erus an et Jrav vun singer Moder un kresch un blev jot un fromm.

Wie d'r Winter kom, deckte d'r Schnei e wieß Döjelche op et Jrav, un wie de Sonn em Fröhjohr et widder erafjetrocke hatt, nohm sich dä Mann en andere Frau.

Die neue Frau hatt zwei Döchter met en et Huus jebraat, die schön un wieß vun Anjeseech, ävver verdorve un schwatz em Hätze wore. Do fing en schlemme Zick för dat ärme Steefkind an.

„Wat soll die domme Jans bei uns en d'r Stuvv setze!“ sproche se, „wä Brut esse well, muss et sich verdeene: Rus met dä Köchemäd!“

Se nohme im all sing schöne Kleider fott, troke im ne ahle jraue Kiddel an un jove im hölze Schohn.

„Loort üch die stolze Prinzessin an, wie sei rusjeputz es!“ reefe se, laachte un fohte dat Mädche en de Köch.

Do moot et vun morjens bes ovends schwere Arbeit dun, fröh vör Dach opston, Wasser drage, För anmaache, koche un wäsche.

Nit jenoch dermet: Die zwei Schwestere däte im och noch jedes Hätzeleid an, dat mer sich vörstelle kann, maate sich üvver et löstich un schotte im Ähze un Linse en de Äsch, su dat et sich setze un se widder ruslese moot.

Ovends, wann et sich möd jearbeit hatt, kom et en kei Bett: Nä, et moot sich nevve d'r Köchehäd en de Äsch läje.

Un weil et deröm allemol stöppich un dreckelich ussoch, nannt mer et et Äschepuddel.

Et droch sich zo, dat dä Vatter, dä ne Handelshär wor, op en Handelsmess trecke wollt; do frochte hä die beidse Steefdöchter, wat hä inne metbrenge söllt.

„Schöne Kleider“, saat die eine; „Päle un Edelstein“, saat die zweite.

„Ävver du, Äschepuddel“, sproch hä, „wat wells du han?“

„Vater, et eeschte Ries, dat Üch op Örem Heimwäch an d'r Hot stüss, dat dot för mich afbreche.“

Hä kaufte no för die beidse Steefschwestere schön‘ Kleider, Päle un Edelstein, un op dem Röckwäch, wie hä durch ne jröne Bösch rett, striefte in e Haselries un stoss im d'r Hot eraf. Do broch hä dat Ries af un nohm et met.

Wie hä noh Huus kom, jov hä dä Steefdöchter, wat se sich jewünsch hatte, un dem Äschepuddel jov hä dat Ries vun dem Haselbösch.

Et Äschepuddel dät sich bedanke, jing bei et Jrav vun singer Moder un flanzte dat Ries derop un kresch su jömerlich, dat de Trone op dat Ries feele un et jeeße däte. Dat Ries ävver wooß un wood ne schöne Haselbaum.

Et Äschepuddel jing alle Dage dreimol bei et Jrav unger dä Haselbaum, kresch stell en sich ren un dät bedde, un allemol kom e wieß Vüjjelche op dä Baum, un wann et Äschepuddel ne Wunsch ussproch, su worf im dat Vüjjelche eraf, wat et sich jewünsch hatt.

Et bejov sich ävver, dat dä Künning e Fess usreef, dat drei Dage doore sollt, un wozo alle schöne Jungfraue em janze Land enjelade woote, dermet sich singe Son en Bruck ussöke mööch.

Die zwei Steefschwestere, wie se hoote, dat se och derbei sin sollte, wore usser sich vör Freud, reefe et Äschepuddel un sproche: „Kämm uns de Hoore, böösch uns de Schohn un maach uns de Schnalle fass; mer jon op Huhzick en et Künningsschloss."

Et Äschepuddel pareete, dät ävver kriesche, weil et och jän jedanz hädden un dät sing Steefmoder bedde, sei mööch et ehr jönne.

„Du, Äschepuddel", sproch die Steefmoder, „bes voll Stöpp un Schmuddel un wells op de Huhzick? Du häs kein Kleider un kein Schohn un wells danze!"

Wie et Äschepuddel ävver nit ophoot met Bedde, sproch sei schleeßlich: „Ich han dir en Schottel Linse en de Äsch jeschott; wann du die Linse benne zwei Stunde widder usjelese häs, su solls du metjon."

Dat Mädche jing durch de Hingerdör en d'r Jade un reef: „Ehr zahme Düvjer, ehr Tooteldüvjer, all ehr Vüjjelcher ungerm Himmel, kutt un helft meer lese:

Die jode en et Pöttche,
die schlächte en et Kröppche."

Do kome durch et Köchefinster zwei wieße Düvjer eren un dernoh die Tooteldüvjer, un schleeßlich schwirrte un schwärmte alle Vüj-

jelcher ungerm Himmel eren un leete sich öm die Äsch nidder. Un die Düvjer neckte met de Köppcher un finge an pik, pik, pik, un do finge die üvverije och an pik, pik, pik un lose all die jode Köncher en die Schottel.

Kaum wor en Stund eröm, su wore se allt fädich un floche all widder erus. Do braat dat Mädche die Schottel dä Steefmoder, fraut sich un jläuvte, dat et no met op die Huhzick jon dörf.

Ävver die Steefmoder sproch: „Nä, Äschepuddel, du häs kein Kleider un kanns nit danze. Du wees nor usjelaach."

Wie et no kresch, sproch sei: „Wann du meer zwei Schottele voll Linse en einer Stund us d'r Äsch lese kanns, su solls du metjon", un daach: „Dat kann et jo niemols schaffe."

Wie die Steefmoder die zwei Schottele Linse en de Äsch jeschott hatt, jing dat Mädche durch de Hingerdör en d'r Jade un reef: „Ehr zahme Düvjer, ehr Tooteldüvjer, all ehr Vüjjelcher ungerm Himmel, kutt un helft meer lese:

Die jode en et Pöttche,
die schlächte en et Kröppche."

Do kome durch et Köchefinster zwei wieße Düvjer eren un dernoh die Tooteldüvjer, un schleeßlich schwirrte un schwärmte alle Vüjjelcher ungerm Himmel eren un leete sich öm die Äsch nidder.

Un die Düvjer neckte met de Köppcher un finge an pik, pik, pik, un do finge die üvverije och an pik, pik, pik un lose all die jode Köncher en die Schottele.

Un eh' en halve Stund eröm wor, wore se allt widder fädich un floche all widder erus. Do droch dat Mädche die Schottele noh dä Steefmoder, fraut sich un jläuvte, jetz dörf et met op die Huhzick jon.

Ävver die Steefmoder sproch: „Dat hilf dir alles nix: Du küss nit met; denn du häs kein Kleider un kanns nit danze; mer mööte uns schamme wäje dir."

Derop zeichte sei dem Äschepuddel d'r Rögge un ielte met ehr zwei stolze Döchter fott.

Wie no nümmes mih derheim wor, jing et Äschepuddel an et Jrav vun singer Moder unger dä Haselbaum un reef:

„Bäumche, röddel dich un schöddel dich,
werf Jold un Selver üvver mich."

Do worf im dä Vugel e jolde un selver Kleid eraf un Pantüffelcher, die met Sick un Selver usjesteck wore.

Su flöck wie et kunnt, trok et dat Kleid an un jing op die Huhzick.

Sing Steefschwestere un die Steefmoder erkannte et nit un meinte, et mööt en fremde Künningsdochter sin, su schön soch et en dem jolde Kleid us.

An et Äschepuddel dachte se jar nit un jläuvte, et söß derheim em Schmuddel un dät die Linse us d'r Äsch söke.

Dä Künningsson kom dem Äschepuddel entjäje, nohm et bei d'r Hand un danzte met im.

Hä wollt och met nümmes söns danze, un su leet hä sing Hand nit loss, un wann ne andere kom, öm et Äschepuddel opzefoddere, sproch dä Künningsson: „Dat es ming Dänzersch!"

Et Äschepuddel danzte, bes et Ovend wood; do wollt et noh Huus jon. Dä Künningsson ävver sproch: „Ich jon met dir", denn hä wollt sin, wem dat schöne Mädche anjehöre dät.

Ävver et Äschepuddel jing im durch de Lappe un sprung derheim en d'r Duffes. No waate dä Künningsson, bes dem Äschepuddel singe Vatter kom, un saat im, dat dat fremde Mädche en d'r Duffes jesprunge wör.

Dä Ahl daach: „Sollt dat et Äschepuddel sin?" un se moote im Ax un Hack brenge, dermet hä dä Duffes en Deil' schlage kunnt; ävver et wor nümmes dren.

Un wie se en et Huus kome, loch et Äschepuddel met sing' schmuddelije Kleider en d'r Äsch, un e dröv Öllämpche brannt em Kamin; denn et Äschepuddel wor flöck us dem Duffes hingeneröm erafjesprunge un wor noh'm Haselbäumche jelaufe:

Do hatt et die schön' Kleider usjetrocke un op et Jrav jelaat, un dä Vugel hatt se widder fottjenomme, un dann hatt et sich en singem jraue Kiddelche en de Köch en de Äsch jesatz.

Am nöchste Dach, wie dat Fess vun neuem anfing, un die Eldere un Steefschwestere widder fott wore, jing et Äschepuddel unger dä Haselbaum un sproch:

„Bäumche, röddel dich un schöddel dich,
werf Jold un Selver üvver mich."

Do worf dä Vugel e Kleid eraf, dat wor noch vill stolzer wie dat vum vörrije Dach. Un wie et met dem Kleid op dä Huhzick unger de Lück jing, dät allemann Muul un Nas opprieße; su schön wor et Äschepuddel.

Dä Künningsson ävver hatt jewaat, bes et kom, nohm et stantepee bei d'r Hand un danzte nor met im allein.

Wann die andere Pooschte kome un et Äschepuddel opfoddere däte, sproch dä Künningsson: „Dat es ming Dänzersch!"

Wie et no Ovend wor, wollt et Äschepuddel fott, un dä Künningsson jing im noh un wollt sin, en wat för e Huus et jon wööd. Ävver et sprung im fott un en d'r Jade hingerm Huus.

Deren stund ne schöne jroße Baum, an dem die herrlichste Birre hinge; et kledderte su wiselich wie e Eichhönche zwesche die Äss, un dä Künningsson woss nit, wo et hinjekumme wor.

Hä dät ävver waade, bes dä Vatter kom, un saat för in: „Dat fremde Mädche es meer widder durch de Lappe jejange, un ich jläuve, et es op dä Birbaum jehöpp."

Dä Vatter daach: „Sollt dat et Äschepuddel sin?"

Hä leet sich de Ax holle un haute dä Birbaum öm; ävver do wor nümmes drop. Un wie se en de Köch kome, loch et Äschepuddel wie söns och en d'r Äsch; denn et wor op dä andere Sick vum Birbaum erafjesprunge, hatt dem Vugel op dem Haselbäumche die schön' Kleider widderjebraat un si jrau Kiddelche anjedon.

Am dritte Dach, wie die Eldere un Steefschwestere fott wore, jing et Äschepuddel widder an et Jrav vun singer Moder un saat för et Haselbäumche:

„Bäumche, röddel dich un schöddel dich,
werf Jold un Selver üvver mich."

Dismol worf dä Vugel im e Kleid eraf, dat wor su praachvoll un dät su blänke, wie et noch kei besesse hatt, un die Pantüffelcher wore janz jolde. Wie et met dem Kleid op die Huhzick kom, wosste se all nit, wat se vör luuter Jappe sage sollte.

Dä Künningsson danzte janz allein mem Äschepuddel, un wann einer kom, et opzefoddere, saat hä: „Dat es ming Dänzersch!"

Wie et no Ovend wood, wollt et Äschepuddel widder fott, un dä Künningsson wollt et noh Huus brenge, ävver et sprung su flöck fott, dat hä nit nohkumme kunnt.

Dä Künningsson hatt ävver en Less jebruch un hatt die janze Trapp met Pech bestriche loße: Do wor et linke Pantüffelche hange jeblevve, wie dat Mädche erafsprung. Dä Künningsson hov dat Pantüffelche op, un et wor klein un fing un janz jolde.

Am nöchste Morje jing dä Künningsson bei dä Vatter vum Äschepuddel un saat för in: „Kein andere soll ming Frau wäde wie die, an dere Foß dä jolde Schohn passe deit!"

Do fraute sich dem Äschepuddel sing zwei Steefschwestere, denn se hatte schön' Föß.

Die ältste jing met dem Schohn en de Kammer un wollt in anprobeere, un ehr Moder stund derbei. Ävver sei kunnt met de jroße Zihe net erenkumme, un dä Schohn wor ehr ze klein; do reckte ehr die Moder e Metz un sproch: „Hau die Zihe af: Wann du Künnijin bes, su bruchs du nit mih ze Foß ze jon."

Dat Mädche haute die Zihe af, zwängte dä Foß en dä Schohn, verbess die Ping un jing erus bei dä Künningsson.

Dä nohm et för sing Bruck op si Päd un rett met im fott. Se moote ävver an dem Jrav vörbei; do soße die zwei Düvjer op dem Haselbäumche un reefe:

„Rucke di guck, rucke di guck,
Blot es em Schohn:
Dä Schohn es ze klein,
die rächte Bruck setz noch derheim."

Do bleckte hä op ehre Foß un soch, wie et Blot erusquoll. Do wandt hä si Päd öm un braat die falsche Bruck widder noh Huus.

Hä saat, dat wör nit die rächte, die andere Schwester sollt dä Schohn antrecke. Do jing die andere en de Kammer un kom och met de Zihe jlöcklich en dä Schohn, ävver die Fäsch wor ze jroß.

Do reckte och ehr die Moder e Metz un sproch: „Hau e Stöck vun dä Fäsch af: Wann du Künnijin bes, bruchs du nit mih ze Foß ze jon."

Dat Mädche haute e Stöck vun dä Fäsch af, zwängte dä Foß en dä Schohn, verbess die Ping un jing erus bei dä Künningsson.

Dä nohm et för sing Bruck op si Päd un rett met im fott. Wie se an dem Haselbäumche vörbeikome, soße die zwei Düvjer derop un reefe:

„Rucke di guck, rucke di guck,
Blot es em Schohn:
Dä Schohn es ze klein,
die rächte Bruck setz noch derheim."

Hä bleckte nidder op dem Mädche singe Foß un soch, wie et Blot us dem Schohn quoll un an dä wieße Strümp janz rut eropjesteeje wor. Do wandt hä si Päd öm un braat die falsche Bruck widder noh Huus.

„Dat es och nit die rächte", sproch hä, „hat Ehr kein ander' Dochter?"

„Nä", saat dä Mann, „nor vun minger verstorve' Frau es noch e klein zoröckjeblevve Äschepuddel do; Dat kann unmöchlich die Bruck sin!"

Dä Künningsson befoll, hä sollt et eropschecke, ävver die Steefmoder saat: „Och nä, et Äschepuddel es vill ze dreckelich, dat darf sich nit sin loße."

Dä Künningsson ävver wollt partout singe Welle han, un et Äschepuddel moot jerofe wäde. Do wosch et sich eesch Häng un Anjeseech rein, jing dann hin un maat ne Knicks vörm Künningsson, dä im dä jolde Schohn reckte.

Dann satz et sich op ne Stohl, trok si Fößje us dem schwere Holzschohn un stoch et en dat Pantüffelche: Dat wor wie anjejosse.

Un wie et sich en de Hüh opreechte dät, un dä Künningsson im en et Jeseech soch, su erkannt hä dat schöne Mädche, dat met im jedanz hatt, un hä reef: „Dat es die rächte Bruck!"

Die Steefmoder un die zwei Steefschwestere verschreckte un woote blass vör luuter Ärjer. Hä ävver nohm et Äschepuddel op si Päd un rett met im fott. Wie se an dem Haselbäumche vörbeikome, reefe die zwei wieße Düvjer:

„Rucke di guck, rucke di guck,
kei Blot es em Schohn:
Dä Schohn es nit ze klein,
die rächte Bruck, die föhrt hä heim."

Un wie se dat jerofe hatte, kome se beids erafjefloge un satze sich dem Äschepuddel op de Scholdere, eins rächs, et andere links, un blevve do setze.

Wie die Huhzick met dem Künningsson jehalde wäde sollt, kome die zwei falsche Schwestere, wollte sich leev Kind maache un an singem Jlöck metdun.

Wie die Brucklück en de Kirch jinge, wor die ältste Steefschwester an ehr rächte, die jüngste an ehr linke Sick: Do peckte die Düvjer jeder ei Aug' us.

Dernoh, wie se widder us d'r Kirch erusjinge, wor die ältste op ehr linke, die jüngste op ehr rächte Sick: Do peckte die Düvjer jeder dat andere Aug' och noch us.

Un su wore se för ehre Frack un ehr Schlächtichkeit met d'r Blingde jestrof.

Frau Holle

En Witfrau hatt zwei Döchter, vun denne wor die eine schön un fließich, die andere fliedich un fuul. Ävver sei hatt die fliedije un fuule, weil sei ehr rächte Dochter wor, vill leever, un die andere, ehr Steefdochter, moot alle Arbeide maache un et Äschepuddel em Huus sin. Dat ärme Mädche moot sich Dach för Dach op die jroße Stroß nevve ne Pötz setze un moot so vill spenne, dat im et Blot us de Finger sprung.

No droch et sich ens zo, dat die Spol eimol janz blodich wor, do böckte et sich dermet en dä Pötz un wollt sei afwäsche, ävver sei sprung im us d'r Hand un feel eraf. Dat Mädche kresch, leef bei sing Steefmoder un verzallt ehr dat Malör.

Ävver die Steefmoder schant et su ärch un wor su unbarmhätzich, dat sei saat: „Du häs die Spol eraffalle loße, su holl sei och widder erop!"

Do jing dat Mädche noh dem Pötz zoröck un woss nit, wat et anfange sollt; un en singer Hätzensangs sprung et en dä Pötz eren, öm die Spol ze holle.

Et verlor de Besennung, un wie et waach wood un widder zo sich selver kom, wor et op ner schöne Wis, wo de Sonn schinge dät un vill dausend Blome stunde. Op dä Wis jing et wigger un kom bei ne Backovve, dä voll met Brut wor.

Dat Brut ävver reef: „Och, treck mich rus, treck mich rus, söns verbrenn ich: Ich ben allt längs usjebacke!"

Do trot dat Mädche an dä Backovve un hollte met dä Brutschuffel alles nohenein erus. Dernoh jing et wigger un kom bei ne Baum, dä hing voll Äppel un reef: „Och, schöddel mich, schöddel mich, ming Äppel sin all metenein rief!"

Do schöddelte dat Mädche dä Baum, dat die Äppel feele, wie wann et Äppel räne dät, un et schöddelte, bes dat keine Appel mih bovven wor; un wie et all die Äppel op ene Haufe zesammejelaat hatt, jing et widder wigger.

Schleeßlich kom et vör e klein Huus, do dät en ahle Frau erusloore; weil sei ävver su jroße Zäng hatt, wood im bang, un et wollt fottlaufe.

Ävver die ahle Frau reef im noh: „Woröm häs du Angs, leev Kind? Bliev bei meer, wann du alle Arbeit em Huus öntlich dun wells,

su soll et dir jot jon. Du muß nor aach jevve, dat du mi Bett jot mäs un et fließich usschöddele deis, dat die Feddere fleje. Dann schneit et en d'r Welt*); ich ben die Frau Holle."

Weil die Ahl im su jot zosproch, dät sich dat Mädche e Hätz packe, wellichte en un bejov sich en ehre Deens.

*) Deröm sät mer och en Kölle, wann et schneit: „Die Frau Holle mät ehr Bett."

Et dät och alles noh ehrer Zefriddeheit besorje un schödddelte ehr et Bett su jewaltich op, dat die Feddere wie Schneiflocke erömfloche; derför hatt et och e jot Levve bei ehr, kei schläch Woot un alle Dage Jesott un Jebrot.

No wor et en Zicklang bei dä Frau Holle, do wood et trorich un woss anfangs selvs nit, wat im fähle dät, schleeßlich merkte et, dat et Heimwih hatt; ovschöns et im he vill besser jing wie ze Huus, su hatt et doch Sehnsoch dernoh.

Schleeßlich saat dat Mädche för die Frau Holle: „Ich han d'r Jomer noh Huus kräje, un wann et meer och noch su jot he unge jeit, su kann ich doch nit länger blieve, ich muss widder erop bei ming Lück."

Die Frau Holle saat: „Dat jefällt meer, dat du widder noh Huus wells, un weil du meer su treu jedeent häs, well ich dich selvs widder eropbrenge."

Sei nohm et derop bei d'r Hand un foht et vör en jroße Pooz. Die Pooz wood opjedon, un wie dat Mädche jrad derdrunger stund, feel ne jewaltije Joldrän, un all dat Jold blev an im hange, su dat et üvver un üvver dervun bedeck wor.

„Dat solls du han, weil du su fließich jewäs' bes", sproch die Frau Holle un jov im och die Spol widder, die im en dä Pötz jefalle wor.

Dernoh wood die Pooz verschlosse, un dat Mädche fung sich widder bovven op d'r Welt, nit wick vun singer Steefmoder ehr Huus. Un wie et en d'r Hoff kom, soß dä Hahn op dem Pötz un reef:

„Kikeriki,
uns jolde Jungfrau es widder he!"

Do jing et eren bei sing Steefmoder, un weil et su jot met Jold bedeck ankom, wood et vun ehr un singer Steefschwester jot opjenomme.

Dat Mädche verzallt, wat im alles passeet wor, un wie die Steefmoder hot, wie et an dä jroße Richdum jekumme wor, wollt sei jän för ehr eije fliedije un fuule Dochter dat selve Jlöck verschaffe.

Die moot sich an dä Pötz setze un spenne, un dermet die Spol och blodich wood, stoch sei sich en de Finger un stoss sich de Hand en de Döneheck. Dann worf sei die Spol en dä Pötz un sprung selver hingerher.

Sei kom och wie die andere op die schöne Wis un jing op dem selve Padd wigger.

Wie sei an dem Backovve ankom, dät dat Brut widder schreie: „Och, treck mich rus, treck mich rus, söns verbrenn ich: Ich ben allt längs usjebacke!“

Die Fuule ävver saat: „Ich han kein Loss, mich dreckelich ze maache“, un jing fott.

Allt bahl kom sei bei dä Appelbaum, dä reef: „Och, schöddel mich, schöddel mich, ming Äppel sin all metenein rief!“

Ävver die Fuule antwoodte: „Du küss meer jrad räch! Nix do, meer künnt jo nen Appel op d'r Kopp falle!“ un jing einfach wigger.

Wie sei vör dä Frau Holle ehr Huus kom, wor sei nit bang, weil sei allt vun dä ehr jroße Zäng jehoot hatt un nohm och jlich bei ehr Deens an.

Am eeschte Dach dät die Fuule sich Jewalt an, wor fließich un pareete, wann die Frau Holle jet för sei saat; denn sei daach an dat ville Jold, dat die Ahl ehr schenke wööd.

Ävver am zweite Dach allt fing sei an ze fuulenze; am dritte Dach noch mih: Do wollt sei morjens eesch jar nit opston. Sei maat och dä Frau Holle ehr Bett nit wie et sich jehoot un dät et och nit su schöddele, dat de Feddere opfloche.

Do hatt die Frau Holle dat Spill bahl satt un saat ehr d'r Deens op. Die Fuule wor et wal zefridde un meinte, no wööd dä Joldrän kumme. Die Frau Holle foht sei och bes an die Pooz, ävver wie die Fuule derdrunger stund, wood statt Jold ne jroße Kessel met Pech usjeschott.

„Dat es dä Luhn för dinge Deens“, saat die Frau Holle un schloss die Pooz zo. Do kom die Fuule heim; ävver sei wor janz met Pech bedeck, un wie dä Hahn op dem Pötz sei soch, reef hä:

„Kikeriki,
uns dreckelije Jungfrau es widder he!“

Dat Pech ävver blev fass an dä Fuule hange un wollt, su lang sei lävte, nit afjon.

Et Märjenskind

Vör nem joße Wald lävte ne Holzhacker met singer Frau; dä hatt nor ei einzich Kind, dat wor e Mädche vun drei Johr'. Se wore ävver su ärm, dat se nit mih et dächlije Brut hatte un nit wosste, wat se dem Kind ze esse jevve sollte.

Eines Morjens jing dä Holzhacker voll Sorje erus en d'r Bösch an sing Arbeit, un wie hä do Holz hackte, stund op eimol en schöne Frau vör im, die hatt en Krun us Stäne op ehrem Häuv, die däte leuchte, un sei sproch in an:

„Ich ben die Jungfrau Maria, die Moder vum Kresskingche: Du bes ärm un häs Hölp nüdich, breng meer di Kind; ich well et met meer nemme, sing Moder sin un för et sorje."

Dä Holzhacker pareete, hollte si Kind un üvverjov et d'r Jungfrau Maria; die nohm et met sich rop en d'r Himmel.

Do jing et im jot, et oß Zuckerbrut un drunk söße Milch, un sing Kleider wore vun Jold, un die Engelcher spillte met im.

Wie et no veezehn Johr alt jewode wor, reef die Jungfrau Maria et ens zo sich un sproch: „Leev Kind, ich han vör, en jroße Reis ze maache, do, nemm die drücksehn Schlössele för die drücksehn Döre vum Himmelrich en Verwahr: Zwölf dervun darfs du opschleeße un die Herrlichkeite derdren beloore, ävver die drücksehnte, wozo dä kleine Schlössel jehört, die es dir verbodde: Dun dich höde, dat du se nit opschleeße deis, söns wees du unjlöcklich!"

Dat Mädche versproch ze pareere, un wie no die Jungfrau Maria fott wor, fing et an un loorte sich die Wonnunge em Himmelrich an: Jeden Dach dät sei ein opschleeße, bes die zwölf eröm wore.

En jeder Wonnung soß ne Apostel un wor vun jroßer Blänk ömjevve, un et freute sich üvver all die Praach un Herrlichkeit, un die Engelcher, die immer met im metjinge, freute sich met im.

No wor nor die verbodde Dör üvverich, do kräch et jroße Loss ze wesse, wat derhinger verstoche wör, un sproch för die Engelcher:

„Janz opmaache well ich sei nit un well och nit erenjon, ävver ich well sei opschleeße, dermet mer e bessje durch dä Retz spingkse künne."

„Och enä", saate die Engelcher, „dat wör en Sünd; die Jungfrau Maria hät et verbodde, un et künnt leich di Unjlöck wäde."

Do schwech et stell, ävver die Bejeerlichkeit en singem Hätze schwech nit stell; nä, sei knachte un peckte öntlich dran un leeß im kein Rauh.

Un wie die Engelcher ens all usjejange wore, daach et: „No ben ich janz allein un künnt ens renloore, et weiß jo nümmes, wann ich et dun."

Et sook dä kleine Schlüssel erus, un wie et in en d'r Hand heelt, stoch et in och en et Schloss, un wie et in renjestoche hatt, drihte et in och öm.

Do sprung die Dör op, un et soch do die Dreieinichkeit em För un Blänk sitze. Et blev e Wielche ston un beloorte sich alles un dät Muul un Nas oprieße vör luuter Jappe; dann tippte et hösch mem Fingerche an dä Blänk, do wood dat Fingerche janz jolde.

Alltbahl kräch et bannich Angs, schloch die Dör met Schmackes zo un leef fott. Die Angs wollt och nit widder wiche, et mooch anfange, wat et wollt, un dat Hätz kloppte bang un wollt nit räuhich wäde: Och dat Jold blev an dem Finger un jing nit af, et mooch wäsche un rieve, suvill et wollt.

Jar nit lang, do kom die Jungfrau Maria vun ehr' Reis zoröck. Sei reef dat Mädche zo sich un fodderte im die Himmelsschlössele widder af.

Wie et dä Schlösselbund hinreckte, bleckte die Jungfrau im en de Auge un sproch:

„Häs du och nit die drücksehnte Dör opjemaat?"

„Nä", jov et zor Antwoot.

Do laat die Jungfrau im ehr Hand op et Hätz, föhlte, wie et kloppte un kloppte, un merkte wal, dat et ehr Jebott üvvertrodde un die drücksehnte Dör opjemaat hatt.

Do frochte sei noch ens:

„Häs du et och jewess nit jedon?"

„Nä", saat dat Mädche et zweite Mol.

Do erbleckte die Jungfrau Maria dä Finger, dä vum Antippe an et himmlische För jolde jewoode wor, un soch wal, dat dat Mädche jesündich hatt, un sproch et dritte Mol:

„Häs du et nit jedon?"

„Nä", saat dat Mädche et dritte Mol.

Do sproch die Jungfrau Maria:

„Du häs meer nit pareet un häs derzo och noch jeloge, du bes nit mih wäät em Himmel ze sin."

Do feel dat Mädche en ne deefe Schlof, un wie et opwaachte, loch

et ungen op d'r Äd, medden en ner Weldernis. Et wollt rofe, ävver et kunnt keine Ton ruskrijje.

Et sprung op un wollt fottlaufe, ävver wohin et sich och kihre dät, jedesmol wood et vun deechte Dönehegge opjehalde, durch die et kei Durchkumme jov.

En dä Einöd, en die et enjeschlosse wor, stund ne ahle holle Baum, dä moot sing Wonnung sin. Do kroff et ren, wann de Naach kom, un schleef derdren; un wann et stürmte un ränte, fung et derdren Schotz.

Ävver et wor e Jomerlevve, un wann et dran daach, wie schön et em Himmel jewäs' wor un wie do die Engelcher met im jespillt hatte, fing et betterlich an ze kriesche. Woozele un Worbele wore si einzich Esse, die sook et sich, su wick et kumme kunnt.

Em Hervs dät et Nöss un Blädder, die erafjefalle wore, ensammele un droch se en dä holle Baum; die Nöss wore em Winter si Fooder, un wann Schnei un Ies kome, su kroff et wie e ärm Deerche en die Blädder, dermet et nit freere dät.

Nit lang, do zerresse sing Kleider, un ei Stöck noh dem andere feel vum Liev eraf. Subahl de Sonn widder wärm schinge dät, jing et erus un satz sich vör dä Baum, un sing lang' Hoore deckte et zo vun alle Sigge wie ne Mantel. Su soß et Johr öm Johr un föhlte dä janze Jomer un et janze Älend vun d'r Welt.

Eines Dachs, wie die Bäum widder em fresche Jrön stunde, dät dä Künning vun dem Land en dem Wald jage un wor hinger nem Rih her; un weil et en dat Jebösch jelaufe wor, dat öm dä holle Baum stund, steech hä vum Päd, ress die Dönehegge usenein un schloch sich met singem Schwäät ne Wäch.

Wie hä schleeßlich durchjedrunge wor, soch hä unger dem holle Baum e wunderschön Mädche sitze, dat soß do un wor vun singem jolde Hoor bes an de Foßspetze zojedeck.

Hä stund stell un beloorte et met Staune; dann sproch hä et an un saat: „Wä bes du? Woröm sitz du he en dä Einöd?"

Et jov ävver kein Antwoot; denn et kunnt singe Mungk nit opdun.

Dä Künning sproch wigger: „Wells du met meer op mi Schloss jon?"

Do nickte et e bessje mem Kopp. Dä Künning nohm et op sing Ärm', satz et op si Päd un rett met im heim, un wie se op dat Künningsschloss kome, leet hä im schöne Kleider antrecke un jov im alles em Üvverfloss.

Un wannjlich et och nit spreche kunnt, su wor et doch schön un leev, sudat hä et vun Hätze jän hatt, un et doorte nit lang, do däte se Huhzick halde.

Wie ei Johr vörbei wor, braat die Künnijin ne Son op de Welt.

En dä Naach dernoh, wie sei allein en ehrem Bett loch, kom die Jungfrau Maria bei sei un sproch: „Wells du de Wohrheit sage un zojevve, dat du die verbodde Dör opjeschlosse häs, su well ich dinge

Mungk opmaache un dir de Sproch widderjevve; wann du ävver en d'r Sünd verharrs un eijesennich leje deis, dann nemm ich di neujebore Kind met mer met.“

Do wor d'r Künnijin jejovve ze antwoode, se blev ävver unenseechtich un sproch: „Nä, ich han die verbodde Dör nit opjemaat“, un die Jungfrau Maria nohm ehr dat neujebore Kind us de Ärm' un – ripsch – wor sei met im fott.

Am nöchste Morje, wie dat Kind nit ze finge wor, jov et e Jemummel unger de Lück, die Künnijin wör en Minschefresserin un hädden ehr eije Kind ömjebraat.

Sei hoot alles un kunnt nix derjäje sage; dä Künning ävver wollt et nit jläuve, weil hä sei doch su jän hatt.

Noh nem Johr jebor die Künnijin widder ne Son.

En dä Naach trot och widder die Jungfrau Maria bei ehr an et Wochebett un sproch: „Wells du zojevve, dat du die verbodde Dör opjemaat häs, su well ich dir di Kind widderjevve un ding Zung lüse; verharrs du ävver en d'r Sünd un deis wigger afstrigge, su nemm ich och dat neujebore Kind met meer met.“

Do antwoodte die Künnijin widderöm: „Nä, ich han die verbodde Dör nit opjemaat“, un die Jungfrau nohm ehr dat zweite Kind us de Ärm' fott un met sich met en d'r Himmel.

Am Morje, wie dat zweite Kind och widder fott wor, saate die Lück janz laut, die Künnijin hädden et verschlunge, un dem Künning sing Rotjevver' verlangte, dat sei vör Jereech jestallt wäde sollt.

Dä Künning ävver hatt sei su jän, dat hä et nit jläuve wollt, un befoll dä Rotjevver', bei Strof an Liev un Levve nit mih derüvver ze spreche.

Em nöchste Johr jebor die Künnijin e schön Döchterche; do kom die Jungfrau Maria et dritte Mol naaks zo ehr un sproch: „Kumm met!“

Sei nohm die Künnijin an de Hand un foht sei en d'r Himmel un zeichte ehr do ehr zwei Söncher; die däte sei anlaache un spillte met d'r Weltkugel.

Wie sich die Künnijin derüvver freute, sproch die Jungfrau Maria: „Es di Hätz noch nit weich jewoode? Wann du zojivs, dat du die verbodde Dör opjemaat häs, su well ich dir ding zwei Söncher zoröckjevve.“

Ävver die Künnijin antwoodte et dritte Mol: „Nä, ich han die verbodden Dör nit opjemaat.“

Do leet die Jungfrau sei widder op de Äd erafsinke un nohm ehr och dat dritte Kind.

Am andere Morje, wie dat bekannt wood, reefe alle Lück laut: „Die Künnijin es en Minschefresserin, sei muss verordeilt wäde“, un dä Künning kunnt sing Rotjevver' nit mih zoröckwiese.

Et wood e Jereech üvver sei jehalde, un weil sei nit spreche un antwoode un sich nit verteidije kunnt, wood sei verordeilt, em För ze sterve.

Et Holz wood zesammejedrage, un wie sei an dem Pol faßjebunge wor un et För öm sei röm ze brenne anfing, do dät ehre hade Stolz wie Ies schmelze, un ehr Hätz wood vun Reu bewäch, un sei daach: „Künnt ich doch nor noch vör mingem Dud jeston, dat ich die Dör opjemaat han!"

Do kom ehr de Stemm widder, sudat sei laut usreef: „Jo, Jungfrau Maria, ich han et jedon!"

Un zejlich fing d'r Himmel an ze räne un löschte die Förflamme, un üvver ehr broch e Himmelsleech hervör; un die Jungfrau Maria kom eraf un hatt beidse Söncher zo ehrer Sick un dat neujebore Döchterche öm Ärm.

Sei saat fründlich för die Künnijin: „Wä sing Sünd bereut un enjesteit, dem es se verjovve," un reckte ehr die drei Kinder, lüste ehr de Zung un schenkte ehr Jlöck för et janze Levve.

Et Rumpelstilzje

Et wor ens ne Müller, dä wor ärm, ävver hä hatt en schöne Dochter.

No trof et sich, dat hä met dem Künning ne Klaaf heelt, un öm jet ze strunze, saat hä för dä Künning: „Ich han en Dochter, die kann Strüh ze Jold spenne."

Dä Künning saat för dä Müller: „Dat es en Kuns, die meer wal jefällt. Wann ding Dochter su jescheck es, wie du säs, su breng sei morje en mi Schloss, do well ich sei op de Prov stelle."

Wie im dat Mädche no jebraat wood, foht hä et en en Kammer, die janz voll Strüh wor, jov ehr e Spennrad un en Haspel un sproch: „Jetz maach dich an de Arbeit, un wann du dis Naach durch bes morje fröh dat Strüh nit ze Jold jesponne häs, su muss du sterve!"

Derop schloss hä die Kammer selvs zo, un dat Mädche blev allein deren.

Do soß die ärme Müllersdochter un woss öm ehr Levve keine Rot: Sei verstund jar nix dervun, wie mer Strüh ze Jold spenne kunnt, un ehr Angs wood jrößer un jrößer, bes sei am Engk anfing ze kriesche.

Do jing op eimol die Dör op un e klein Männche trot en un sproch: „Joden Ovend, Juffer Müllersch, woröm doot Ehr su betterlich kriesche?"

„Och", antwoodte dat Mädche, „ich soll Strüh ze Jold spenne un verston nix dervun."

Sproch dat Männche: „Wat jevvt Ehr meer, wann ich et för Üch spenne?"

„Mi Halsband", saat dat Mädche.

Dat Männche nohm dat Halsband, satz sich vör et Spennrädche, un schnorr, schnorr, schnorr, dreimol jetrocke, wor die Spol voll. Dann stoch et en andere Spol op, un schnorr, schnorr, schnorr, dreimol jetrocke, wor och die zweite voll; un su jing et wigger bes en d'r Morje. Do wor all dat Strüh versponne, un alle Spole wore voll Jold.

Wie de Sonn opjing, kom allt dä Künning, un wie hä dat Jold soch, ress hä Muul un Nas op un fraut sich; ävver si Hätz wood nor noch jeerijer noh Jold.

Hä leet die Müllersdochter en en andere Kammer voll Strüh brenge, die noch vill jrößer wor, un befoll ehr, dat och en einer Naach ze spenne, wann ehr et Leeve leev wör.

Dat Mädche woss sich nit ze helfe un kresch; do jing widder de Dör op, un dat kleine Männche trot en un sproch: „Wat jivs du meer, wann ich dir dat Strüh ze Jold spenne?"

„Minge Ring vun dem Finger", antwoodte dat Mädche.

Dat Männche nohm dä Ring, fing widder an met dem Rad ze schnorre un hatt bes zom Morje alles Strüh ze blänkem Jold jesponne.

Dä Künning kunnt sich jar nit mih enkrijje bei dem Anbleck, kräch ävver dä Hals nit voll, sondern leet die Müllersdochter en en noch jrößere Kammer voll Strüh brenge un sproch: „Dat muss du noch dis Naach verspenne. Wann du dat schaffs, su solls du ming Frau wäde."

Hä daach: „Wann sei och nor en Müllersdochter es, en richere Frau fing ich nirjends op d'r Welt!"

Wie dat Mädche allein wor, kom dat Männche et dritte Mol widder un sproch: „Wat jivs du meer, wann ich dismol noch ens dat Strüh spenne?"

„Ich han nix mih, wat ich dir jevve künnt", antwoodte dat Mädche.

„Su versprech meer, wann du Künnijin wees, di eesch Kind!"

„Wä weiß, wat noch alles kütt", daach die Müllersdochter un woss sich och en d'r Nut nit anders ze helfe.

Sei versproch dem Männche, wat et verlange dät, un dat Männche sponn derför noch ens dat Strüh ze Jold.

Un wie am Morje dä Künning kom un alles su fung, wie hä et jewollt hatt, do heelt hä Huhzick met ehr, un die schöne Müllersdochter wood en Künnijin.

Üvver et Johr braat sei e schön Kind op de Welt un daach jar nit mih an dat Männche.

Do trot et racktemang en ehr Kammer un sproch: „Jetz jev meer, wat du versproche häs!"

Die Künnijin verschreckte un bot dem Männche alle Richdümer em Künningrich an, wann et ehr nor dat Kind loße wöllt, ävver dat Männche sproch: „Nä, jet Lebendijes es meer leever wie alle Schätzer vun d'r Welt!"

Do fing die Künnijin su an ze jömere un ze kriesche, dat dat Männche Metleid met ehr kräch.

„Drei Dage well ich dir Zick loße", sproch et, „wann du bes derhin minge Name weiß, su solls du di Kind behalde."

No besonn sich die Künnijin de janze Naach üvver op alle Name, die sei jemols jehoot hatt, un scheckte ne Kureer üvver Land, dä sollt sich üvverall erkundije, wat et söns för Name jöv.

Wie am nöchste Dach dat Männche kom, find sei an met Kaspar, Melchior, Balthasar un saat alle Name, die sei woß, d'r Reih noh op, ävver bei jedem sproch dat Männche: „Su heiß ich nit!"

Am zweite Dach leet sei en d'r Nohberschaff erömfroge, wie die Lück do jenannt wööte, un saat dem Männche die unjewöhnlichste un komischste Name vör: „Heiß du villeich Rebbejespens udder Hämmche udder Schnörbein?"

Ävver allemol antwoodte et: „Su heiß ich nit!"

Am dritte Dach kom dä Kureer widder zoröck un verzallt: „Neue Name han ich keine einzije finge künne. Ävver wie ich an nem huhe

Berch öm en Waldeck kom, wo Fuss un Has sich jode Naach sage, su soch ich do e klein Huus, un vör dem Huus brannt e För, un öm dat För sprung e jeckich Männche, höppte op einem Bein un schreite:

„Hück back ich, morje brau ich,
üvvermorje holl ich dä Künnijin ehr Kind;
och, wie jot, dat nümmes weiß,
dat ich Rumpelstilzje heiß!"

Do künnt ehr üch denke, wie fruh die Künnijin wor, wie sei dä Name hoot, un wie bahl dernoh dat Männche erentrot un frochte: „No, Frau Künnijin, wie heiß ich?", frochte sei eesch: „Heiß du Kunz?"

„Nä!"

„Heiß du Heinz?"

„Nä!"

„Saach bloß, du heiß Rumpelstilzje?"

„Dat hät dir d'r Düvel jesaat! Dat hät dir d'r Düvel jesaat!" schreite dat Männche un stoss mem rächte Foß vör luuter Wot su deef en de Äd, dat et bes an d'r Liev erenfohr.

Dann packte et en singer Rasch dä linke Foß met beidse Häng un ress sich selvs medden durch.

DIE MÄRCHEN AUF HOCHDEUTSCH

KATZE UND MAUS IN GESELLSCHAFT

Eine Katze hatte Bekanntschaft mit einer Maus gemacht und ihr so viel von der großen Liebe und Freundschaft vorgesagt, die sie zu ihr trüge, dass die Maus endlich einwilligte, mit ihr zusammen in einem Hause zu wohnen und gemeinschaftliche Wirtschaft zu führen. „Aber für den Winter müssen wir Vorsorge tragen, sonst leiden wir Hunger", sagte die Katze. „Du, Mäuschen, kannst dich nicht überall hinwagen und gerätst mir am Ende in eine Falle." Der gute Rat ward also befolgt und ein Töpfchen mit Fett angekauft. Sie wussten aber nicht, wo sie es hinstellen sollten; endlich nach langer Überlegung sprach die Katze: „Ich weiß keinen Ort, wo es besser aufgehoben wäre als in der Kirche, da getraut sich niemand etwas wegzunehmen. Wir stellen es unter den Altar und rühren es nicht eher an, als bis wir es nötig haben. Das Töpfchen ward also in Sicherheit gebracht, aber es dauerte nicht lange, so trug die Katze Gelüsten danach und sprach zur Maus: „Was ich dir sagen wollte, Mäuschen, ich bin von meiner Base zu Gevatter gebeten. Sie hat ein Söhnchen zur Welt gebracht, weiß mit braunen Flecken, das soll ich über die Taufe halten. Lass mich heute ausgehen und besorge du das Haus allein." „Ja, ja", antwortete die Maus, „geh in Gottes Namen, wenn du was Gutes issest, so denk an mich: Von dem süßen roten Kinderbettwein tränk' ich auch gerne ein Tröpfchen."

Es war aber alles nicht wahr, die Katze hatte keine Base und war nicht zu Gevatter gebeten. Sie ging geradewegs nach der Kirche, schlich zu dem Fetttöpfchen, fing an zu lecken und leckte die fette Haut ab. Dann machte sie einen Spaziergang auf den Dächern der Stadt, besah sich die Gelegenheit, streckte sich hernach in der Sonne aus und wischte sich den Bart, sooft sie an das Fetttöpfchen dachte. Erst als es Abend war, kam sie wieder nach Haus. "Nun, da bist du ja wieder", sagte die Maus, "du hast gewiss einen lustigen Tag gehabt." „Es ging wohl an", antwortete die Katze. „Was hat denn das Kind für einen Namen bekommen?" fragte die Maus. „Hautab", sagte die Katze ganz trocken. „Hautab", rief die Maus, „das ist ja ein wunderlicher und seltsamer Name, ist der in eurer Familie gebräuchlich?" „Was ist da weiter", sagte die Katze, „er ist nicht schlechter als Bröseldieb, wie deine Paten heißen." Nicht lange danach überkam die Katze wieder ein Gelüsten. Sie sprach zur Maus: „Du musst mir den Gefallen tun und nochmals das Hauswesen allein besorgen, ich bin zum zweiten Mal zu Gevatter gebeten, und da das Kind einen weißen Ring um den Hals hat, so kann ich's nicht absagen." Die gute Maus willigte ein, die Katze aber schlich hinter der Stadtmauer zu der Kirche und fraß den Fetttopf halb aus. "Es schmeckt nichts besser", sagte sie, "als was man selber isst", und war mit ihrem Tagewerk ganz zufrieden. Als sie heimkam, fragte die Maus: „Wie ist denn dieses Kind getauft worden?" „Halbaus", antwortete die Katze. „Halbaus! Was du sagst! Den Namen habe ich mein Lebtag nicht gehört, ich wette, der steht nicht in dem Kalender."

Der Katze wässerte das Maul bald wieder nach dem Leckerwerk. „Aller guten Dinge sind drei", sprach sie zu der Maus, „da soll ich wieder Gevatter stehen, das Kind ist ganz schwarz und hat bloß weiße Pfoten, sonst kein weißes Haar am ganzen Leib, das trifft sich alle paar Jahr nur einmal: Du lässest mich doch ausgehen?" „Hautab! Halbaus!", antwortete die Maus, „es sind so kuriose Namen, die machen mich so nachdenksam." „Da sitzest du daheim in deinem dunkelgrauen Flausrock und deinem langen Haarzopf", sprach die Katze, „und fängst Grillen: Das kommt davon, wenn man bei Tage nicht ausgeht." Die Maus räumte während der Abwesenheit der Katze auf und brachte das Haus in Ordnung, die naschhafte Katze aber fraß den Fetttopf rein aus „Wenn erst alles aufgezehrt ist, so hat man Ruhe", sagte sie zu sich selbst und kam satt und dick erst in der Nacht nach Haus. Die Maus fragte gleich nach dem Namen, den das dritte Kind bekommen hätte. „Er wird dir wohl auch nicht gefallen", sagte die Katze, „er heißt Ganzaus." „Ganzaus!" rief die Maus, „das ist der allerbedenklichste Name, gedruckt ist er mir noch nicht vorgekommen. Ganzaus! Was soll das bedeuten?" Sie schüttelte den Kopf, rollte sich zusammen und legte sich schlafen. Von nun an wollte niemand mehr die Katze zu Gevatter bitten, als aber der Winter herangekommen und draußen nichts mehr zu finden war, gedachte die Maus ihres Vorrats und sprach: „Komm, Katze, wir wollen zu unserm Fetttopfe gehen, den wir uns aufgespart haben, der wird uns schmecken." „Jawohl", antwortete die Katze, „der wird dir schmecken, als wenn du deine feine Zunge zum Fenster hinausstreckst." Sie machten sich auf den Weg, und als sie anlangten, stand zwar der Fetttopf noch an seinem Platz, er war aber leer. „Ach", sagte die Maus, „jetzt merke ich, was geschehen ist, jetzt kommt's an den Tag, du bist mir die wahre Freundin! Aufgefressen hast du alles, wie du zu Gevatter gestanden hast: Erst Haut ab, dann halb aus, dann…" „Willst du schweigen", rief die Katze, „noch ein Wort, und ich fresse dich auf." „Ganz aus", hatte die arme Maus schon auf der Zunge, kaum war es heraus, so tat die Katze einen Satz nach ihr, packte sie und schluckte sie hinunter. Siehst du, so geht's in der Welt.

DIE BREMER STADTMUSIKANTEN

Es hatte ein Mann einen Esel, der schon lange die Säcke unverdrossen zur Mühle getragen hatte, dessen Kräfte aber nun zu Ende gingen, so dass er zur Arbeit immer untauglicher war. Da dachte der Herr daran, ihn aus dem Futter zu schaffen, aber der Esel merkte, dass kein guter Wind wehte, lief fort und machte sich auf den Weg nach Bremen. Dort, meinte er, könnte er ja Stadtmusikant werden. Als er ein Weilchen fortgegangen war, fand er einen Jagdhund auf dem Wege liegen, der jappte wie einer, der sich müde gelaufen hat. „Nun, was jappst du so, Packan?“, fragte der Esel. „Ach“, sagte der Hund, „weil ich alt bin und jeden Tag schwächer werde, auch auf der Jagd nicht mehr fort kann, hat mich mein Herr wollen totschlagen, da hab ich Reißaus genommen; aber womit soll ich nun mein Brot verdienen?“ „Weißt du was“, sprach der Esel, „ich gehe nach Bremen und werde dort Stadtmusikant, geh mit und lass dich auch bei der Musik annehmen. Ich spiele die Laute und du schlägst die Pauken.“ Der Hund war's zufrieden und sie gingen weiter. Es dauerte nicht lange, so saß da eine Katze an dem Weg und machte ein Gesicht wie drei Tage Regenwetter. „Nun, was ist dir in die Quere gekommen, alter Bartputzer?“, sprach der Esel. „Wer kann da lustig sein, wenn's einem an den Kragen geht“, antwortete die Katze, „weil ich nun zu Jahren komme, meine Zähne stumpf werden und ich lieber hinter dem Ofen sitze und spinne als nach Mäusen herumjage, hat mich meine Frau ersäufen wollen; ich habe mich zwar noch fortgemacht, aber nun ist guter Rat teuer: Wo soll ich hin?“ „Geh mit uns nach Bremen, du verstehst dich doch auf die Nachtmusik, da kannst du ein Stadtmusikant werden.“ Die Katze hielt das für gut und ging mit. Darauf kamen die drei Landesflüchtigen an einem Hof vorbei, da saß auf dem Tor der Haushahn und schrie aus Leibeskräften. „Du schreist einem durch Mark und Bein“, sprach der Esel, „was hast du vor?“ „Da hab ich gut Wetter prophezeit“, sprach der Hahn, „weil unserer lieben Frau Tag ist, wo sie dem Christkindlein die Hemdchen gewaschen hat und sie trocknen will; aber weil morgen zum Sonntag Gäste kommen, so hat die Hausfrau doch kein Erbarmen und hat der Köchin gesagt, sie wollte mich morgen in der Suppe essen, und da soll ich mir heut Abend den Kopf abschneiden lassen. Nun schreih' ich aus vollem Hals, solang ich noch kann.“ „Ei was, du Rotkopf“, sagte der Esel, „zieh lieber mit uns fort, wir gehen nach Bremen, etwas Besseres als den Tod findest du überall; du hast eine gute Stimme, und wenn wir zusammen musizieren, so muss es eine Art haben.“ Der Hahn ließ sich den Vorschlag gefallen, und sie gingen alle Viere zusammen fort. Sie konnten aber die Stadt Bremen in einem Tag nicht erreichen und kamen abends in einen Wald, wo sie übernachten wollten. Der Esel und der Hund legten sich unter einen großen Baum, die Katze und der Hahn machten sich in die Äste, der Hahn aber flog bis in die Spitze, wo es am sichersten für ihn war. Ehe er einschlief, sah er sich noch einmal nach allen vier Winden um, es däuchte ihn, er sähe in der Ferne ein Fünkchen brennen, und rief seinen Gesellen zu, es müsste nicht gar weit ein Haus sein, denn es scheine ein Licht. Sprach der Esel: „So müssen wir uns aufmachen und noch hingehen, denn hier ist die Herberge schlecht.“ Der Hund meinte, ein paar Knochen und etwas Fleisch dran täten ihm auch gut. Also machten sie sich auf den Weg nach der Gegend, wo das Licht war, und sahen es bald heller schimmern, und es ward immer größer, bis sie vor ein hell erleuchtetes Räuberhaus kamen. Der Esel, als der Größte, näherte sich dem Fenster und schaute hinein. „Was siehst du, Grauschimmel?“, fragte der Hahn. „Was ich sehe?“, antwortete der Esel. „Einen gedeckten Tisch mit schönem Essen und Trinken, und Räuber sitzen daran und lassen's sich wohl sein.“ „Das wäre was für uns“, sprach der Hahn. „Ja, ja, ach wären wir da!“, sagte der Esel. Da ratschlagten die Tiere, wie sie es anfangen müssten um die Räuber hinauszujagen, und fanden endlich ein Mittel. Der Esel musste sich mit den Vorderfüßen auf das Fenster stellen, der Hund auf des Esels Rücken springen, die Katze auf den Hund klettern, und endlich flog der Hahn hinauf und setzte sich der Katze auf den Kopf. Wie das geschehen war, fingen sie auf ein Zeichen insgesamt an ihre Musik zu machen: Der Esel schrie, der Hund bellte, die Katze miaute, und der Hahn krähte; dann stürzten sie durch das Fenster in die Stube hinein, dass die Scheiben klirrten. Die Räuber fuhren bei dem entsetzlichen Geschrei in die Höhe, meinten nicht anders, als ein Gespenst käme herein und flohen in größter Furcht in den Wald hinaus. Nun setzten sich die vier Gesellen an den Tisch, nahmen mit dem vorlieb, was übriggeblieben war, und aßen, als wenn sie vier Wochen hungern sollten. Wie die vier Spielleute fertig waren, löschten sie das Licht aus und suchten sich eine Schlafstätte, jeder nach seiner Natur und Bequemlichkeit. Der Esel legte sich auf den Mist, der Hund hinter die Türe, die Katze auf den Herd zu der warmen Asche und der Hahn setzte sich auf den Hahnenbalken; und weil sie müde waren von ihrem langen Weg, schliefen sie auch bald ein. Als Mitternacht vorbei war und die Räuber von Weitem sahen, dass kein Licht mehr im Haus brannte, auch alles ruhig schien, sprach der Hauptmann: „Wir hätten uns doch nicht sollen ins Bockshorn jagen lassen“, und hieß einen hingehen und das Haus untersuchen. Der Abgeschickte fand alles still, ging in die Küche, ein Licht anzuzünden, und weil er die glühenden, feurigen Augen der Katze für lebendige Kohlen ansah, hielt er ein Schwefelhölzchen daran, dass es Feuer fangen sollte. Aber die Katze verstand keinen Spaß, sprang ihm ins Gesicht, spie und kratzte. Da erschrak er gewaltig, lief und wollte zur Hintertüre hinaus, aber der Hund, der da lag, sprang auf und biss ihn ins Bein; und als er über den Hof an dem Miste vorbei rannte, gab ihm der Esel noch einen tüchtigen Schlag mit dem Hinterfuß. Der Hahn aber, der vom Lärmen aus dem Schlaf geweckt und munter geworden war, rief vom Balkon herab: „Kikeriki!“ Da lief der Räuber, was er konnte, zu seinem Hauptmann zurück und sprach: „Ach, in dem Haus sitzt eine gräuliche Hexe, die hat mich angehaucht und mit ihren langen Fingern mir das Gesicht zerkratzt; und vor der Türe steht ein Mann mit einem Messer, der hat mich ins Bein gestochen; und auf dem Hof liegt ein schwarzes Ungetüm, das hat mit einer Holzkeule auf mich losgeschlagen; und oben auf dem Dache, da sitzt der Richter, der rief: `Bringt mir den Schelm her.´ Da machte ich, dass ich fort kam.“ Von nun an getrauten sich die Räuber nicht weiter in das Haus, den vier Bremer Musikanten gefiel's aber so wohl darin, dass sie nicht wieder heraus wollten. [Und der das zuletzt erzählt hat, dem ist der Mund noch warm.]

DER WOLF UND DIE SIEBEN JUNGEN GEISSLEIN

Es war einmal eine alte Geiß, die hatte sieben junge Geißlein und hatte sie lieb, wie eine Mutter ihre Kinder liebhat. Eines Tages wollte sie in den Wald gehen und Futter holen, da rief sie alle sieben herbei und sprach: „Liebe Kinder, ich will hinaus in den Wald, seid auf eurer Hut vor dem Wolf, wenn er hereinkommt, so frisst er euch alle mit Haut und Haar. Der Bösewicht verstellt sich oft, aber an seiner rauen Stimme und an seinen schwarzen Füßen werdet ihr ihn gleich erkennen." Die Geißlein sagten: „Liebe Mutter, wir wollen uns schon in Acht nehmen, Ihr könnt ohne Sorge fortgehen." Da meckerte die Alte und machte sich getrost auf den Weg. Es dauerte nicht lange, so klopfte jemand an die Haustür und rief: „Macht auf, ihr lieben Kinder, eure Mutter ist da und hat jedem von euch etwas mitgebracht." Aber die Geißerchen hörten an der rauen Stimme, dass es der Wolf war. „Wir machen nicht auf", riefen sie, „du bist unsere Mutter nicht, die hat eine feine und liebliche Stimme, aber deine Stimme ist rau. Du bist der Wolf." Da ging der Wolf fort zu einem Krämer und kaufte sich ein großes Stück Kreide. Die aß er und machte damit seine Stimme fein. Dann kam er zurück, klopfte an die Haustür und rief: „Macht auf, ihr lieben Kinder, eure Mutter ist da und hat jedem von euch etwas mitgebracht." Aber der Wolf hatte seine schwarze Pfote in das Fenster gelegt, das sahen die Kinder und riefen: „Wir machen nicht auf, unsere Mutter hat keinen schwarzen Fuß wie du. Du bist der Wolf." Da lief der Wolf zu einem Bäcker und sprach: „Ich habe mich an den Fuß gestoßen, streich mir Teig darüber." Und als ihm der Bäcker die Pfote bestrichen hatte, so lief er zum Müller und sprach: „Streu mir weißes Mehl auf meine Pfote." Der Müller dachte: „Der Wolf will einen betrügen" und weigerte sich, aber der Wolf sprach: „Wenn du es nicht tust, so fresse ich dich." Da fürchtete sich der Müller und machte ihm die Pfote weiß. Ja, das sind die Menschen. Nun ging der Bösewicht zum dritten Mal zu der Haustüre, klopfte an und sprach: „Macht mir auf, Kinder, euer liebes Mütterchen ist heimgekommen und hat jedem von euch etwas aus dem Walde mitgebracht." Die Geißerchen riefen: „Zeig uns erst deine Pfote, damit wir wissen, dass du unser liebes Mütterchen bist." Da legte er die Pfote ins Fenster, und als sie sahen, dass sie weiß war, so glaubten sie, es wäre alles wahr, was er sagte, und machten die Türe auf. Wer aber hereinkam, das war der Wolf. Sie erschraken und wollten sich verstecken. Das Eine sprang unter den Tisch, das Zweite ins Bett, das Dritte in den Ofen, das Vierte in die Küche, das Fünfte in den Schrank, das Sechste unter die Waschschüssel, das Siebente in den Kasten der Wanduhr. Aber der Wolf fand sie alle und machte nicht langes Federlesen: Eins nach dem Anderen schluckte er in seinen Rachen; nur das Jüngste in dem Uhrkasten, das fand er nicht. Als der Wolf seine Lust gebüßt hatte, trollte er sich fort, legte sich draußen auf der grünen Wiese unter einen Baum und fing an zu schlafen.

Nicht lange danach kam die alte Geiß aus dem Walde wieder heim. Ach, was musste sie da erblicken: Die Haustüre stand sperrweit auf. Tisch, Stühle und Bänke waren umgeworfen, die Waschschüssel lag in Scherben, Decke und Kissen waren aus dem Bett gezogen. Sie suchte ihre Kinder, aber nirgends waren sie zu finden. Sie rief sie nacheinander beim Namen, aber niemand antwortete. Endlich als sie an das Jüngste kam, da rief eine feine Stimme: „Liebe Mutter, ich stecke im Uhrkasten." Sie holte es heraus, und es erzählte ihr, dass der Wolf gekommen wäre und die anderen alle gefressen hätte. Da könnt ihr denken, wie sie über ihre armen Kinder geweint hat. Endlich ging sie in ihrem Jammer hinaus, und das jüngste Geißlein lief mit. Als sie auf die Wiese kam, so lag da der Wolf an dem Baum und schnarchte, dass die Äste zitterten. Sie betrachtete ihn von allen Seiten und sah, dass in seinem angefüllten Bauch sich etwas regte und zappelte. „Ach Gott", dachte sie, „sollten meine armen Kinder, die er zum Abendbrot hinuntergewürgt hat, noch am Leben sein?" Da musste das Geißlein nach Haus laufen und Schere, Nadel und Zwirn holen. Dann schnitt sie dem Ungetüm den Wanst auf, und kaum hatte sie einen Schnitt getan, so streckte schon ein Geißlein den Kopf heraus, und als sie weiter schnitt, so sprangen nacheinander alle Sechse heraus, und waren noch alle am Leben und hatten nicht einmal Schaden gelitten, denn das Ungetüm hatte sie in der Gier ganz hinuntergeschluckt. Das war eine Freude! Da herzten sie ihre liebe Mutter und hüpften wie ein Schneider, der Hochzeit hält. Die Alte aber sagte: „Jetzt geht und sucht Wackersteine, damit wollen wir dem gottlosen Tier den Bauch füllen, solange es noch im Schlafe liegt." Da schleppten die sieben Geißerchen in aller Eile die Steine herbei und steckten sie ihm in den Bauch, soviel sie hineinbringen konnten. Dann nähte ihn die Alte in aller Geschwindigkeit wieder zu, dass er nichts merkte und sich nicht einmal regte. Als der Wolf endlich ausgeschlafen hatte, machte er sich auf die Beine, und weil ihm die Steine im Magen so großen Durst erregten, so wollte er zu einem Brunnen gehen und trinken. Als er aber anfing zu gehen und sich hin und her zu bewegen, so stießen die Steine in seinem Bauch aneinander und rappelten. Da rief er: „Was rumpelt und pumpelt in meinem Bauch herum? Ich meinte, es wären sechs Geißlein, so sind's lauter Wackerstein." Und als er an den Brunnen kam und sich über das Wasser bückte und trinken wollte, da zogen ihn die schweren Steine hinein und er musste jämmerlich ersaufen. Als die sieben Geißlein das sahen, da kamen sie herbeigelaufen und riefen laut: „Der Wolf ist tot! Der Wolf ist tot!", und tanzten mit ihrer Mutter vor Freude um den Brunnen herum.

DER HASE UND DER IGEL*

Diese Geschichte hört sich ziemlich lügenhaft an, Jungens, aber wahr ist sie doch, denn mein Großvater, von dem ich sie habe, pflegte immer, wenn er sie behaglich erzählte, dabei zu sagen: „Wahr muss sie doch sein, mein Sohn, anders könnte man sie auch gar nicht erzählen." Und die Geschichte hat sich so zugetragen: Es war an einem Sonntagmorgen zur Herbstzeit, gerade als der Buchweizen blühte. Die Sonne war hell am Himmel aufgegangen, der Morgenwind ging warm über die Stoppeln, die Lerchen sangen in der Luft, die Bienen summten im Buchweizen, die Leute gingen in ihrem Sonntagsstaat nach der Kirche, und alle Kreatur war vergnügt, und der Swinegel [Igel] auch. Der Swinegel aber stand vor seiner Tür, hatte die Arme übereinander geschlagen, guckte dabei in den Morgenwind hinaus und summte ein kleines Liedchen vor sich hin, so gut und so schlecht, wie nun eben am lieben Sonntagmorgen ein Swinegel zu singen pflegt. Indem er nun so vor sich hin sang, fiel ihm auf einmal ein, er könnte doch, während seine Frau die Kinder wüsche und anzöge, ein bisschen ins Feld spazieren und nach seinen Steckrüben sehen. Die Steckrüben waren aber dicht bei seinem Haus, und er pflegte mit seiner Familie davon zu essen, darum sah er sie als die Seinigen an. Gesagt, getan. Der Swinegel machte die Haustür hinter sich zu und schlug den Weg nach dem Felde ein.

Er war noch nicht weit vom Hause weg und wollte just um den Schlehenbusch, der dort vor dem Felde steht, nach dem Steckrübenacker abbiegen, als ihm der Hase begegnete, der in ähnlichen Geschäften ausgegangen war, nämlich, um seinen Kohl zu besehen. Als der Swinegel den Hasen sah, bot er ihm einen freundlichen guten Morgen. Der Hase aber, der auf seine Weise ein vornehmer Herr war, und grausam und hochfahrend dabei, antwortete nicht auf des Swinegels Gruß, sondern sagte zum Swinegel, wobei er eine gewaltig höhnische Miene aufsetzte: „Wie kommt es denn, dass du schon so früh am Morgen im Felde herumläufst?" „Ich gehe spazieren", sagte der Swinegel. „Spazieren?", lachte der Hase, „mich deucht, du könntest die Beine auch wohl zu besseren Dingen gebrauchen." Diese Antwort verdross den Swinegel ungeheuer, denn alles konnte er ertragen, aber auf seine Beine ließ er nichts kommen, eben weil sie von Natur aus schief waren. „Du bildest dir wohl ein", sagte nun der Swinegel zum Hasen, „dass du mit deinen Beinen mehr ausrichten kannst?" „Das denke ich", sagte der Hase. „Das käme auf einen Versuch an", meinte der Swinegel, „ich wette, dass wenn wir einen Wettlauf machen, ich an dir vorbeilaufe." „Das ist zum Lachen, du mit deinen schiefen Beinen", sagte der Hase, „aber meinetwegen mag es sein, wenn du so große Lust darauf hast. Was gilt die Wette?" „Einen goldenen Louisdor und eine Buddel Branntwein", sagte der Swinegel. „Angenommen", sprach der Hase, „schlag ein, und dann kann es

*** Das plattdeutsche Märchen wurde von Wilhelm Schröder aufgeschrieben. Die Brüder Grimm übernahmen es als Märchen Nr. 187 in die 5. Auflage ihrer Kinder- und Hausmärchen. Rolly Brings hat das plattdeutsche Märchen ins Kölsche und ins Hochdeutsche übersetzt.**

gleich losgehen." „Nein, so große Eile hat es nicht", meinte der Swinegel, „ich bin noch ganz nüchtern; erst will ich nach Hause gehen und ein bisschen frühstücken. In einer halben Stunde bin ich wieder hier auf dem Platz."

Damit ging der Swinegel, denn der Hase war es zufrieden. Unterwegs dachte der Swinegel bei sich: Der Hase verlässt sich auf seine langen Beine, aber ich will ihn schon kriegen. Er ist zwar ein vornehmer Herr, aber doch nur ein dummer Kerl, und bezahlen soll er doch. Als nun der Swinegel zu Hause ankam, sprach er zu seiner Frau: „Frau, zieh dich schnell an, du musst mit mir aufs Feld hinaus." „Was gibt es denn?", sagte seine Frau. „Ich habe mit dem Hasen gewettet um einen goldenen Louisdor und eine Buddel Branntwein, ich will mit ihm um die Wette laufen, und du sollst mit dabei sein." „O mein Gott, Mann", fing nun dem Swinegel seine Frau an zu jammern, „bist du nicht recht gescheit? Hast du denn ganz den Verstand verloren? Wie kannst du mit dem Hasen um die Wette laufen wollen?" „Halt's Maul, Weib", sagte der Swinegel, „das ist meine Sache. Misch dich nicht in Männergeschäfte! Marsch, zieh dich an und komm mit!" Was sollte Swinegels Frau machen? Sie musste wohl folgen, sie mochte nun wollen oder nicht. Wie sie nun miteinander unterwegs waren, sprach der Swinegel zu seiner Frau: „Nun pass auf, was ich dir sagen will. Siehst du, auf dem langen Acker dort wollen wir unseren Wettlauf machen. Der Hase läuft nämlich in der einen Furche, und ich in der anderen, und von oben fangen wir an zu laufen. Nun hast du weiter nichts zu tun, als dich hier unten in die Furche zu stellen, und wenn der Hase auf der anderen Seite ankommt, so rufst du ihm entgegen: „Ich bin schon hier." Damit waren sie beim Acker angelangt. Der Swinegel wies seiner Frau den Platz an und ging nun den Acker hinauf. Als er oben ankam, war der Hase schon da. „Kann es losgehen?", sagte der Hase. „Jawohl", sagte der Swinegel. „Dann also los!" Und damit stellte sich jeder in seine Furche. Der Hase zählte: „Eins, zwei, drei!", und los ging es wie ein Sturmwind den Acker hinunter. Der Swinegel aber lief nur ungefähr drei Schritte, dann duckte er sich in der Furche und blieb ruhig sitzen. Als nun der Hase in vollem Lauf unten am Acker ankam, rief ihm dem Swinegel seine Frau entgegen: „Ich bin schon hier!" Der Hase stutzte und verwunderte sich nicht wenig; er meinte nicht anders, als wäre es der Swinegel selbst, der ihm zurief, denn bekanntlich sieht dem Swinegel seine Frau just so aus wie ihr Mann. Der Hase aber meinte: „Das geht nicht mit rechten Dingen zu." Er rief: „Noch mal gelaufen, wieder rum!" Und fort ging er wieder wie ein Sturmwind, dass ihm die Ohren um den Kopf flogen. Dem Swinegel seine Frau aber blieb ruhig auf ihrem Platz stehen. Als nun der Hase oben ankam, rief ihm der Swinegel entgegen: „Ich bin schon hier!" Der Hase aber, ganz außer sich vor Ärger, schrie: „Noch einmal gelaufen, wieder rum!" „Mir macht das nichts", antwortete der Swinegel, „meinetwegen, sooft du Lust hast." So lief der Hase noch dreiundsiebzig Mal, und der Swinegel hielt es immer mit ihm aus. Jedes Mal, wenn der Hase unten oder oben ankam, sagte der Swinegel oder seine Frau: „Ich bin schon hier.“ Beim vierundsiebzigsten Male aber kam der Hase nicht mehr bis ans Ende. Mitten auf dem Acker stürzte er zur Erde, das Blut schoss ihm aus dem Halse, und er blieb tot auf dem Platze.

Der Swinegel aber nahm seinen gewonnenen Louisdor und die Buddel Branntwein, rief seine Frau aus der Furche ab, und beide gingen vergnügt miteinander nach Hause. Und wenn sie nicht gestorben sind, so leben sie noch heute. So begab es sich, dass auf der Buxtehuder Heide der Swinegel den Hasen totlief, und seit jener Zeit hat es sich kein Hase wieder einfallen lassen, mit dem Buxtehuder Swinegel um die Wette zu laufen. Die Lehre aber auch dieser Geschichte ist erstens, dass keiner, und wenn er sich auch noch so vornehm dünkt, sich über einen geringen Mann lustig mache, und wenn es auch nur ein Swinegel wäre. Und zweitens, dass es geraten ist, wenn einer freit, dass er sich eine Frau aus seinem Stande nimmt, die geradeso aussieht wie er selber. Wer also ein Swinegel ist, der muss zusehen, dass seine Frau auch ein Swinegel ist, und so weiter.

DER FROSCHKÖNIG ODER DER EISERNE HEINRICH

In den alten Zeiten, wo das Wünschen noch geholfen hat, lebte ein König, dessen Töchter waren alle schön, aber die Jüngste war so schön, dass die Sonne selber, die doch so Vieles gesehen hat, sich verwunderte, sooft sie ihr ins Gesicht schien. Nahe bei dem Schlosse des Königs lag ein großer dunkler Wald, und in dem Wald unter einer alten Linde war ein Brunnen; wenn nun der Tag recht heiß war, so ging das Königskind in den Wald und setzte sich an den Rand des kühlen Brunnens; und wenn sie Langeweile hatte, so nahm sie eine goldene Kugel, warf sie in die Höhe und fing sie wieder; und das war ihr liebstes Spielwerk. Nun trug es sich einmal zu, dass die goldene Kugel der Königstochter nicht in ihr Händchen fiel, das sie in die Höhe gehalten hatte, sondern vorbei auf die Erde schlug und geradezu ins Wasser hineinrollte. Die Königstochter folgte ihr mit den Augen nach, aber die Kugel verschwand, und der Brunnen war tief, so tief, dass man keinen Grund sah. Da fing sie an zu weinen und weinte immer lauter und konnte sich gar nicht trösten. Und wie sie so klagte, rief ihr jemand zu: „Was hast du vor, Königstochter? Du schreist ja, dass sich ein Stein erbarmen möchte.” Sie sah sich um, woher die Stimme käme, da erblickte sie einen Frosch, der seinen dicken hässlichen Kopf aus dem Wasser streckte. „Ach, du bist's, alter Wasserpatscher”, sagte sie, „ich weine über meine goldene Kugel, die mir in den Brunnen hinabgefallen ist.” „Sei still und weine nicht", antwortete der Frosch, „ich kann wohl Rat schaffen, aber was gibst du mir, wenn ich dein Spielwerk wieder heraufhole?" „Was du haben willst, lieber Frosch" sagte sie, „meine Kleider, meine Perlen und Edelsteine, auch noch die goldene Krone, die ich trage." Der Frosch antwortete: „Deine Kleider, deine Perlen und Edelsteine und deine goldene Krone, die mag ich nicht; aber wenn du mich lieb haben willst, und ich soll dein Geselle und Spielkamerad sein, an deinem Tischlein neben dir sitzen, von deinem goldenen Tellerlein essen, aus deinem Becherlein trinken, in deinem Bettlein schlafen: Wenn du mir das versprichst, so will ich hinuntersteigen und dir die goldene Kugel wieder heraufholen." „Ach, ja", sagte sie, „ich verspreche dir alles, was du willst, wenn du mir nur die Kugel wiederbringst." Sie dachte aber: Was der einfältige Frosch schwätzt, der sitzt im Wasser bei Seinesgleichen und quakt und kann keines Menschen Geselle sein. Der Frosch, als er die Zusage erhalten hatte, tauchte seinen Kopf unter, sank hinab, über ein Weilchen kam er wieder heraufgerudert, hatte die Kugel im Maul und warf sie ins Gras. Die Königstochter war voll Freude, als sie ihr schönes Spielwerk wieder erblickte, hob es auf und sprang damit fort. „Warte, warte", rief der Frosch, „nimm mich mit, ich kann nicht so laufen wie du." Aber was half es ihm, dass er ihr sein Quak, Quak so laut nachschrie, als er konnte! Sie hörte nicht darauf, eilte nach Haus und hatte bald den armen Frosch vergessen, der wieder in seinen Brunnen hinabsteigen musste. Am anderen Tage, als sie mit dem König und allen Hofleuten sich zur Tafel gesetzt hatte und von ihrem goldenen Tellerlein aß, da kam, plitsch platsch, plitsch platsch, etwas die Marmortreppe heraufgekrochen, und als es oben angelangt war, klopfte es an der Tür und rief: „Königstochter, jüngste, mach mir auf." Sie lief und wollte sehen, wer draußen wäre, als sie aber aufmachte, so saß der Frosch davor. Da warf sie die Tür hastig zu, setzte sich wieder an den Tisch, und es war ihr ganz angst. Der König sah wohl, dass ihr das Herz gewaltig klopfte, und sprach: „Mein Kind, was fürchtest du dich, steht etwa ein Riese vor der Tür und will dich holen?" „Ach, nein", antwortete sie, „es ist kein Riese, sondern ein garstiger Frosch." „Was will der Frosch von dir?" „Ach, lieber Vater, als ich gestern im Wald bei dem Brunnen saß und spielte, da fiel meine goldene Kugel ins Wasser. Und weil ich so weinte, hat sie der Frosch wieder heraufgeholt, und weil er es durchaus verlangte, so versprach ich ihm, er sollte mein Geselle werden, ich dachte aber nimmermehr, dass er aus seinem Wasser heraus könnte. Nun ist er draußen und will zu mir herein." Indem klopfte es zum zweiten Mal und rief: „Königstochter, jüngste, mach mir auf! Weißt du nicht, was gestern du zu mir gesagt bei dem kühlen Brunnenwasser? Königstochter, jüngste, mach mir auf!" Da sagte der König: „Was du versprochen hast, das musst du auch halten; geh nur und mach ihm auf." Sie ging und öffnete die Türe, da hüpfte der Frosch herein, ihr immer auf dem Fuße nach, bis zu ihrem Stuhl. Da saß er und rief: „Heb mich herauf zu dir." Sie zauderte, bis es endlich der König befahl. Als der Frosch erst auf dem Stuhl war, wollte er auf den Tisch, und als er da saß, sprach er: „Nun schieb mir dein goldenes Tellerlein näher, damit wir zusammen essen." Das tat sie zwar, aber man sah wohl, dass sie es nicht gerne tat. Der Frosch ließ es sich gut schmecken, aber ihr blieb fast jedes Bisslein im Halse. Endlich sprach er: „Ich habe mich satt gegessen und bin müde, nun trag mich in dein Kämmerlein und mach dein seiden Bettlein zurecht, da wollen wir uns schlafen legen." Die Königstochter fing an zu weinen und fürchtete sich vor dem kalten Frosch, den sie nicht anzurühren getraute und der nun in ihrem schönen reinen Bettlein schlafen wollte. Der König aber ward zornig und sprach: „Wer dir geholfen hat, als du in Not warst, den sollst du hernach nicht verachten." Da packte sie ihn mit zwei Fingern, trug ihn hinauf und setzte ihn in eine Ecke. Als sie aber im Bett lag, kam er gekrochen und sprach: „Ich bin müde, ich will schlafen so gut wie du. Heb mich herauf, oder ich sag's deinem Vater." Da ward sie erst bitterböse, holte ihn herauf und warf ihn aus allen Kräften wider die Wand. „Nun wirst du Ruhe haben, du garstiger Frosch." Als er aber herab fiel, war er kein Frosch, sondern ein Königssohn mit schönen und freundlichen Augen. Der war nun nach ihres Vaters Willen ihr lieber Geselle und Gemahl. Da erzählte er ihr, er wäre von einer bösen Hexe verwünscht worden, und niemand hätte ihn aus dem Brunnen erlösen können als sie allein, und morgen wollten sie zusammen in sein Reich gehen. Dann schliefen sie ein, und am anderen Morgen, als die Sonne sie aufweckte, kam ein Wagen herangefahren, mit acht weißen Pferden bespannt, die hatten weiße Straußfedern auf dem Kopf und gingen in goldenen Ketten, und hinten stand der Diener des jungen Königs, das war der treue Heinrich.

Der treue Heinrich hatte sich so betrübt, als sein Herr war in einen Frosch verwandelt worden, dass er drei eiserne Bande hatte um sein Herz legen lassen, damit es ihm nicht vor Weh und Traurigkeit zerspränge. Der Wagen aber sollte den jungen König in sein Reich abholen; der treue Heinrich hob beide hinein, stellte sich wieder hinten auf und war voller Freude über die Erlösung. Und als sie ein Stück Wegs gefahren waren, hörte der Königssohn, dass es hinter ihm krachte, als wäre etwas zerbrochen. Da drehte er sich um und rief: „Heinrich, der Wagen bricht." „Nein, Herr, der Wagen nicht, es ist ein Band von meinem Herzen, das lag in großen Schmerzen, als Ihr in dem Brunnen saßt, als Ihr ein Fretsche (Frosch) wart." Noch einmal und einmal krachte es auf dem Weg, und der Königssohn meinte immer, der Wagen bräche, und es waren doch nur die Bande, die vom Herzen des treuen Heinrich absprangen, weil sein Herr erlöst und glücklich war.

VON DEM FISCHER UND SEINER FRAU*

Da war mal einst ein Fischer und seine Frau, die wohnten zusammen in einem Pisspott dicht an der See – und der Fischer ging alle Tage hin und angelt, und er ging hin lange Zeit. Da saß er einst an der See bei der Angel und sah in das blanke Wasser, und er sah immer nach der Angel. Da ging die Angel zu Grund hin, tief unter, und als er sie herauszieht, so holt er einen großen Butt heraus – der Butt sagt zu ihm: „Ich bitt' dich, dass du mich leben lässt, ich bin kein richtiger Butt, ich bin ein verwünschter Prinz, setz mich wieder in das Wasser und lass mich schwimmen." „Nun", sagte der Mann, „du brauchst nicht so viele Worte zu machen, einen Butt, der sprechen kann, hätte ich doch wohl schwimmen lassen." Da setzte er ihn wieder in das Wasser, und der Butt ging schnell weg zu Grund und ließ einen langen Streifen Blut hinter sich. Der Mann aber ging zu seiner Frau in den Pisspott und erzählte ihr, dass er einen Butt gefangen hätte, der hätte zu ihm gesagt, er wäre ein verwünschter Prinz, darauf hätte er ihn wieder schwimmen lassen. „Hast du dir denn nichts gewünscht?", sagt die Frau. „Ne!", sagt der Mann, „was soll ich mir wünschen?" „Ach", sagt die Frau, „das ist doch übel, immer in einem Pisspott zu wohnen, das ist so stinkig und dreckig hier, geh' du doch hin und wünsch' uns 'ne kleine Hütte!" Dem Mann war das nicht so recht, doch ging er hin nach der See, und als er hinkam, da war die See ganz gelb und grün, da ging er an das Wasser stehen und sagt: „Mantje! Mantje! Timpe Te! Buttje! Buttje in der See! Meine Frau, die Ilsebill, will nicht so als ich wohl will." Da kam der Butt angeschwommen und sagt: „Na, was will sie denn?" „Ach!", sagt der Mann, „ich habe dich doch gefangen gehabt, nun sagt meine Frau, ich hätte mir doch was wünschen sollen, sie mag nicht mehr im Pisspott wohnen, sie wollte gern eine Hütte haben." „Geh' man hin", sagt der Butt, „sie ist schon darin." Da ging der Mann hin, und seine Frau stand in einer Hütte in der Tür und sagt zu ihm: „Komm man herein; sieh, nun ist das doch viel besser!" Und da war eine Stube und Kammer und eine Küche darin, und dahinter war ein kleiner Garten mit allerhand Grünzeug und ein Hof, da waren Hühner und Enten. „Ach", sagt der Mann, „nun wollen wir vergnügt leben." „Ja", sagt die Frau, „wir wollen es versuchen". So ging das nun schon acht oder vierzehn Tage, da sagt die Frau: „Mann! Die Hütte wird mir zu eng, der Hof und Garten ist zu klein, ich will in einem großen steinernen Schloss wohnen; geh' hin zum Butt, er soll uns ein Schloss schaffen." „Ach! Frau", sagt der Mann, „der Butt hat uns erst die Hütte gegeben, ich mag nun nicht schon wieder kommen, den Butt möchte es verdrießen." „I was", sagt die Frau, „ er kann das recht gut und tut das gern, geh' du man hin!" Da ging der Mann hin, und sein Herz war ihm so schwer. Als er aber zu der See kam, war das Wasser ganz violett und grau und dunkelblau, doch war es noch still, da ging er stehen und sagt: „Mantje!

* Das Märchen stammt im Original aus dem Vorpommerschen Sprachraum von dem Maler und Schriftsteller Philipp Otto Runge und ist in seiner Erzählzeit in einer Mischform aus Präsens und Präteritum überliefert. Rolly Brings hat das plattdeutsche Märchen ins Kölsche und ins Hochdeutsche übersetzt.

Mantje! Timpe Te! Buttje, Buttje in der See! Meine Frau, die Ilsebill, will nicht so, als ich wohl will." „Na! Was will sie denn?", sagt der Butt. „Ach", sagt der Mann ganz betrübt, „meine Frau will in einem steinernen Schloss wohnen." „Geh' man hin, sie steht vor der Tür", sagt der Butt. Da ging der Mann hin und seine Frau stand vor einem großen Palast. „Sieh, Mann", sagt sie, „was ist das nun schön!" Damit gingen sie zusammen herein, da waren so viele Bediente, und die Wände waren alle blank, und gold'ne Stühle und Tische waren in der Stube, und hinter dem Schloss war ein Garten und Wald, wohl eine halbe Meile lang, darin waren Hirsche, Rehe und Hasen, und auf dem Hof Kuh- und Pferdeställe. „Ach", sagt der Mann, „nun wollen wir auch in dem schönen Schloss bleiben und zufrieden sein!" „Das wollen wir uns bedenken", sagt die Frau, „und wollen es beschlafen". Damit gingen sie zu Bett. Den andern Morgen wacht die Frau auf, da war schon Tag. Da stößt sie den Mann mit dem Ellbogen in die Seite und sagt: „Mann, steh auf, wir müssen König werden über all das Land." „Ach! Frau", sagt der Mann, „was wollen wir König werden, ich mag nicht König sein." „Na, denn will ich König sein." „Ach! Frau", sagt der Mann, „wie kannst du König sein, der Butt mag das nicht tun." „Mann", sagt die Frau , „geh' stracks hin, ich muss König sein." Da ging der Mann und war ganz betrübt, dass seine Frau König werden will. Und als er an die See kam, war sie schon ganz schwarzgrau, und das Wasser gärte so von unten herauf. Da ging er stehen und sagt: „Mantje! Mantje! Timpe Te! Buttje, Buttje in der See! Meine Frau, die Ilsebill, will nicht so, als ich wohl will." „Na, was will sie denn?", sagt der Butt. „Ach", sagt der Mann, „meine Frau will König werden." „Geh' man hin, sie ist's schon", sagt der Butt. Da ging der Mann hin, und als er nach dem Palast kam, da waren da so viele Soldaten und Pauken und Trompeten, und seine Frau saß auf einem hohen Thron aus Gold und Diamanten und hatte eine große gold'ne Krone auf, und auf beiden Seiten bei ihr da standen sechs Jungfern, immer eine einen Kopf kleiner als die andre. „Ach", sagt der Mann, „bist du nun König?" „Ja", sagt sie, „ich bin König." Und als er sie so eine Weile angesehen hat, so sagt er: „Ach, Frau! Was ist das schön, wenn du König bist, nun wollen wir auch nicht mehr wünschen." „Ne, Mann", sagt sie, „mir dauert das schon zu lange, ich kann das nicht mehr aushalten, König bin ich, nun muss ich auch Kaiser werden!" „Ach! Frau", sagt der Mann, „was willst du Kaiser werden?" „Mann", sagt sie, „geh' zum Butt, ich will Kaiser sein." „Ach, Frau", sagt der Mann," Kaiser kann er nicht machen, ich mag dem Butt das nicht sagen". „Ich bin König", sagt die Frau, „und du bist mein Mann, geh' gleich hin!" Da ging der Mann weg, und als er so ging, dachte er: „Dies geht und geht nicht gut, Kaiser ist zu ausverschämt, der Butt wird am Ende müde." Damit kam er an die See, das Wasser war ganz schwarz und dick, und es ging so ein Windstoß darüber hin, dass das sich so kräuselte, da ging er stehen und sagt: „Mantje! Mantje! Timpe Te! Buttje, Buttje in der

See! Meine Frau, die Ilsebill, will nicht so, als ich wohl will." „Na, was will sie denn?", sagt der Butt. „Ach", sagte er, „meine Frau will Kaiser werden." „Geh' man hin", sagt der Butt, „sie ist's schon." Da ging der Mann hin, und als er dahin kam, so saß seine Frau auf einem sehr hohen Thron, der war von einem Stück Gold, und hatte eine große Krone auf, die war wohl zwei Ellen hoch, bei ihr auf den Seiten standen die Trabanten, immer einer kleiner als der andere, von dem allergrößten Riesen bis zu dem kleinsten Zwerg, der war man so lang wie mein kleiner Finger. Vor ihr da standen so viele Fürsten und Grafen, da ging der Mann unter (sie) stehen und sagt: „Frau! Bist du nun Kaiser?" „Ja", sagt sie, „Ich bin Kaiser." „Ach!" sagt der Mann, und sah sie so recht an, „Frau, was ist das schön, wenn du Kaiser bist." „Mann", sagt sie, „was stehst du da, ich bin nun Kaiser, nun will ich auch Papst werden." „Ach! Frau", sagt der Mann, „was willst du Papst werden, Papst ist man einmal in der Christenheit." „Mann", sagt sie, „ich muss heute noch Papst werden." „Ne, Frau", sagt er, „zum Papst kann der Butt nicht machen, das geht nicht gut." „Mann, was für ein Schnack, kann er Kaiser machen, kann er auch Papst machen, geh' sofort hin!" Da ging der Mann hin, und ihm war ganz flau, die Knie und die Waden schlackerten ihm, und draußen ging der Wind, und das Wasser war, als kocht das, die Schiffe schossen in der Not und tanzten und sprangen auf den Wellen. Doch der Himmel war in der Mitte noch so'n bisschen blau, aber an den Seiten, da zog das so recht rot auf wie ein schweres Gewitter. Da ging er recht verzagt stehen und sagt: „Mantje! Mantje! Timpe Te! Buttje, Buttje in der See! Meine Frau, die Ilsebill, will nicht so, als ich wohl will." „Na, was will sie denn?", sagt der Butt. „Ach!", sagt der Mann, „meine Frau will Papst werden." „Geh' man hin", sagt der Butt, „sie ist's schon." Da ging er hin, und als er dahin kam, saß seine Frau auf einem Thron, der war zwei Meilen hoch, und hatte drei große Kronen auf, und um sie war so viel von geistlichem Staat. Und auf den Seiten bei ihr, da standen zwei Reihen Lichter, das größte so dick und groß als der allergrößte Turm bis zu dem allerkleinsten Küchenlicht. „Frau", sagt der Mann und sah sie so recht an, „bist du nun Papst?" „Ja", sagt sie, „ich bin Papst." „Ach! Frau", sagte der Mann, „was ist das schön, wenn du Papst bist; Frau, nun sei zufrieden, nun du Papst bist, kannst du nichts mehr werden." „Das will ich mir bedenken", sagte die Frau. Da gingen sie beide zu Bett, aber sie war nicht zufrieden, und die Gierigkeit ließ sie nicht schlafen. Sie dachte immer, was sie wohl noch werden will. Mit des ging die Sonne auf; ha, denkt sie, als sie sie aus dem Fenster so heraufkommen sah: Kann ich nicht auch die Sonne aufgehen lassen? Da wurde sie recht so grimmig und stößt ihren Mann an: „Mann, geh' hin zum Butt, ich will werden wie der liebe Gott!" Der Mann war noch meist im Schlaf, aber er erschrak sich so, dass er aus dem Bett fiel. „Ach! Frau", sagte er, „geh' in dich und bleib Papst." „Ne", sagt die Frau und reißt sich das Leibchen auf, „ich bin nicht ruhig und kann das nicht aushalten, wenn ich die Sonne und den Mond aufgehen sehe und kann sie nicht auch aufgehen lassen, ich muss werden wie der liebe Gott!“ „Ach, Frau“, sagt der Mann, „das kann der Butt nicht, Kaiser und Papst kann er machen, aber das kann er nicht.“ „Mann“, sagt sie und sah so richtig garstig aus, „ich will werden wie der liebe Gott, geh’ gleich hin zum Butt!“ Das fuhr dem Mann so durch die Glieder, dass er vor Angst bebte. Draußen aber ging der Sturm, dass alle Bäume und Felsen umwehten, und der Himmel war ganz schwarz, und das donnert und blitzt. Da sah man in der See so schwarze hohe Wellen wie Berge und hatten oben alle eine weiße Krone von Schaum auf, da sagt er: „Mantje! Mantje! Timpe Te! Buttje, Buttje in der See! Meine Frau, die Ilsebill, will nicht so, als ich wohl will.“ „Na, was will sie denn?“, sagt der Butt. „Ach!“, sagt er, „sie will werden wie der liebe Gott.“ „Geh’ man hin, sie sitzt schon wieder im Pisspott.“ Da sitzen sie noch heut’ und diesen Tag.

DAS TAPFERE SCHNEIDERLEIN

An einem Sommermorgen saß ein Schneiderlein auf seinem Tisch am Fenster, war guter Dinge und nähte aus Leibeskräften. Da kam eine Bauersfrau die Straße herab und rief: „Gut Mus feil! Gut Mus feil!“ Das klang dem Schneiderlein lieblich in den Ohren, er steckte sein zartes Haupt zum Fenster hinaus und rief: „Hier herauf, liebe Frau, hier wird sie ihre Ware los.“ Die Frau stieg die drei Treppen mit ihrem schweren Korbe zu dem Schneider herauf und musste die Töpfe sämtlich vor ihm auspacken. Er besah sie alle, hob sie in die Höhe, hielt die Nase dran und sagte endlich: „Das Mus scheint mir gut, wieg’ sie mir doch vier Lot ab, liebe Frau, wenn’s auch ein Viertelpfund ist, kommt es mir nicht darauf an.“ Die Frau, welche gehofft hatte einen guten Absatz zu finden, gab ihm, was er verlangte, ging aber ganz ärgerlich und brummig fort. „Nun, das Mus soll mir Gott gesegnet“, rief das Schneiderlein, „und soll mir Kraft und Stärke geben“, holte das Brot aus dem Schrank, schnitt sich ein Stück über den ganzen Laib und strich das Mus darüber. „Das wird nicht bitter schmecken“, sprach er, „aber erst will ich den Wams fertigmachen, ehe ich anbeiße.“ Er legte das Brot neben sich, nähte weiter und machte vor Freude immer größere Stiche. Indes stieg der Geruch von dem süßen Mus hinauf an die Wand, wo die Fliegen in großer Menge saßen, so dass sie herangelockt wurden und sich scharenweise darauf niederließen. „Ei, wer hat euch eingeladen?“, sprach das Schneiderlein und jagte die ungebetenen Gäste fort. Die Fliegen aber, die kein Deutsch verstanden, ließen sich nicht abweisen, sondern kamen in immer größerer Gesellschaft wieder. Da lief dem Schneiderlein endlich, wie man sagt, die Laus über die Leber, es langte aus seiner Hölle nach einem Tuchlappen, und – „Wart, ich will es euch geben!“ – schlug es unbarmherzig drauf. Als es abzog und zählte, so lagen nicht weniger als sieben vor ihm tot und streckten die Beine. „Bist du so ein Kerl?“, sprach er und musste selbst seine Tapferkeit bewundern. „Das soll die ganze Stadt erfahren.“ Und in der Hast schnitt sich das Schneiderlein einen Gürtel, nähte ihn und stickte mit großen Buchstaben darauf: Siebene auf einen Streich! „Ei was, Stadt!“, sprach er weiter. „Die ganze Welt soll's erfahren!“ Und sein Herz wackelte ihm vor Freude wie ein Lämmerschwänzchen. Der Schneider band sich den Gürtel um den Leib und wollte in die Welt hinaus, weil er meinte, die Werkstätte sei zu klein für seine Tapferkeit. Eh' er abzog, suchte er im Haus herum, ob nichts da wäre, was er mitnehmen könnte, er fand aber nichts als einen alten Käs', den steckte er ein. Vor dem Tore bemerkte er einen Vogel, der sich im Gesträuch gefangen hatte, der musste zu dem Käse in die Tasche. Nun nahm er den Weg tapfer zwischen die Beine, und weil er leicht und behänd' war, fühlte er keine Müdigkeit. Der Weg führte ihn auf einen Berg, und als er den höchsten Gipfel erreicht hatte, so saß da ein gewaltiger Riese und schaute sich ganz gemächlich um. Das Schneiderlein ging beherzt auf ihn zu, redete ihn an und sprach: „Guten Tag, Kamerad, gelt, du sitzest da und besiehst dir die weitläufige Welt? Ich bin eben auf dem Wege dahin und will mich versuchen. Hast du Lust mitzugehen?“ Der Riese sah den Schneider verächtlich an und sprach: „Du Lump! Du miserabler Kerl!“ „Das wäre!“, antwortete das Schneiderlein, knöpfte den Rock auf und zeigte dem Riesen den Gürtel. „Da kannst du lesen, was ich für ein Mann bin.“ Der Riese las: „Siebene auf einen Streich“, meinte, das wären Menschen gewesen, die der Schneider erschlagen hätte, und kriegte ein wenig Respekt vor dem kleinen Kerl. Doch wollte er ihn erst prüfen, nahm einen Stein in die Hand und drückte ihn zusammen, dass das Wasser heraus tropfte. „Das mach mir nach“, sprach der Riese, „wenn du Stärke hast“. „Ist's weiter nichts?“, sagte das Schneiderlein. „Das ist bei unsereinem Spielwerk“, griff in die Tasche, holte den weichen Käs' und drückte ihn, dass der Saft heraus lief. „Gelt“, sprach er, „das war ein wenig besser?“ Der Riese wusste nicht, was er sagen sollte, und konnte es von dem Männlein nicht glauben. Da hob der Riese einen Stein auf und warf ihn so hoch, dass man ihn mit Augen kaum noch sehen konnte. „Nun, du Erpelmännchen, das tu' mir nach.“ „Gut geworfen“, sagte der Schneider, „aber der Stein hat doch wieder zur Erde herabfallen müssen, ich will dir einen werfen, der soll gar nicht wiederkommen“, griff in die Tasche, nahm den Vogel und warf ihn in die Luft. Der Vogel, froh über seine Freiheit, stieg auf, flog fort und kam nicht wieder. „Wie gefällt dir das Stückchen, Kamerad?“ fragte der Schneider. „Werfen kannst du wohl“, sagte der Riese, „aber nun wollen wir sehen, ob du imstande bist, etwas Ordentliches zu tragen.“ Er führte das Schneiderlein zu einem mächtigen Eichbaum, der da gefällt auf dem Boden lag, und sagte: „Wenn du stark genug bist, so hilf mir den Baum aus dem Walde heraustragen." „Gerne", antwortete der kleine Mann, „nimm nur den Stamm auf deine Schulter, ich will die Äste mit dem Gezweig aufheben und tragen, das ist doch das Schwerste." Der Riese nahm den Stamm auf die Schulter, der Schneider aber setzte sich auf einen Ast, und der Riese, der sich nicht umsehen konnte, musste den ganzen Baum und das Schneiderlein noch obendrein forttragen. Es war dahinten ganz lustig und guter Dinge, pfiff das Liedchen 'Es ritten drei Schneider zum Tore hinaus', als wäre das Baumtragen ein Kinderspiel. Der Riese, nachdem er Stück Wegs die schwere Last fortgeschleppt hatte, konnte nicht weiter und rief: „Hör, ich muss den Baum fallenlassen." Der Schneider sprang behände herab, fasste den Baum mit beiden Armen, als wenn er ihn getragen hätte, und sprach zum Riesen: „Du bist ein so großer Kerl und kannst den Baum nicht einmal tragen." Sie gingen zusammen weiter, und als sie an einem Kirschbaum vorbeikamen, fasste der Riese die Krone des Baums, wo die zeitigsten Früchte hingen, bog sie herab, gab sie dem Schneider in die Hand und hieß ihn essen. Das Schneiderlein aber war viel zu schwach, um den Baum zu halten, und als der Riese losließ, fuhr der Baum in die Höhe, und der Schneider ward mit in die Luft geschnellt. Als er wieder ohne Schaden herabgefallen war, sprach der Riese: „Was ist das, hast du nicht Kraft, die schwache Gerte zu halten?" „An der Kraft fehlt es nicht", antwortete das Schneiderlein, „meinst du, das wäre etwas für einen, der Siebene mit einem Streich getroffen hat? Ich bin über den Baum gesprungen, weil die Jäger da unten in das Gebüsch schießen. Spring nach, wenn du's vermagst." Der Riese machte den Versuch, konnte aber nicht über den Baum kommen, sondern blieb in den Ästen hängen, also dass das Schneiderlein auch hier die Oberhand behielt. Der Riese sprach: „Wenn du ein so tapferer Kerl bist, so komm' mit in unsere Höhle und übernachte bei uns."

Das Schneiderlein war bereit und folgte ihm. Als sie in der Höhle anlangten, saßen da noch andere Riesen beim Feuer, und jeder hatte ein gebratenes Schaf in der Hand und aß davon. Das Schneiderlein sah sich um und dachte: „Es ist doch hier viel weitläufiger als in meiner Werkstatt." Der Riese wies ihm ein Bett an und sagte, er sollte sich hineinlegen und ausschlafen. Dem Schneiderlein war aber das Bett zu groß, er legte sich nicht hinein, sondern kroch in eine Ecke. Als es Mitternacht war und der Riese meinte, das Schneiderlein läge in tiefem Schlafe, so stand er auf, nahm eine große Eisenstange und schlug das Bett mit einem Schlag durch und meinte, er hätte dem Grashüpfer den Garaus gemacht. Mit dem frühesten Morgen gingen die Riesen in den Wald und hatten das Schneiderlein ganz vergessen, da kam es auf einmal ganz lustig und verwegen dahergeschritten. Die Riesen erschraken, fürchteten, es schlüge sie alle tot, und liefen in einer Hast fort.

Das Schneiderlein zog weiter, immer seiner spitzen Nase nach. Nachdem es lange gewandert war, kam es in den Hof eines königlichen Palastes, und da es Müdigkeit empfand, so legte es sich ins Gras und schlief ein. Während es dalag, kamen die Leute, betrachteten es von allen Seiten und lasen auf dem Gürtel: Siebene auf einen Streich. „Ach“, sprachen sie, „Was will der große Kriegsheld hier mitten im Frieden? Das muss ein mächtiger Herr sein.“ Sie gingen und meldeten es dem König und meinten, wenn Krieg ausbrechen sollte, wäre das ein wichtiger und nützlicher Mann, den man um keinen Preis fortlassen dürfte. Dem König gefiel der Rat, und er schickte einen von seinen Hofleuten an das Schneiderlein ab, der sollte ihm, wenn es aufgewacht wäre, Kriegsdienste anbieten. Der Abgesandte blieb bei dem Schläfer stehen, wartete, bis er seine Glieder streckte und die Augen aufschlug, und brachte dann seinen Antrag vor. „Eben deshalb bin ich hierhergekommen“, antwortete er, „ich bin bereit, in des Königs Dienste zu treten.“ Also ward er ehrenvoll empfangen und ihm eine besondere Wohnung angewiesen. Die Kriegsleute aber waren dem Schneiderlein aufgesessen und wünschten, es wäre tausend Meilen weg. „Was soll daraus werden?“ sprachen sie untereinander. „Wenn wir Zank mit ihm kriegen und er haut zu, so fallen auf jeden Streich Siebene. Das kann unsereiner nicht bestehen.“ Also fassten sie einen Entschluss, begaben sich allesamt zum König und baten um ihren Abschied. „Wir sind nicht gemacht“, sprachen sie, „neben einem Mann auszuhalten, der Siebene auf einen Streich schlägt.“ Der König war traurig, dass er um des Einen Willen, alle seine treuen Diener verlieren sollte, wünschte, dass seine Augen ihn nie gesehen hätten, und wäre ihn gerne wieder losgewesen. Aber er getraute sich nicht, ihm den Abschied zu geben, weil er fürchtete, er möchte ihn samt seinem Volk totschlagen und sich auf den königlichen Thron setzen. Er sann lange hin und her, endlich fand er einen Rat: Er schickte zu dem Schneiderlein und ließ ihm sagen, weil er ein so großer Kriegsheld sei, so wollte er ihm ein Anerbieten machen.

In einem Walde seines Landes hausten zwei Riesen, die mit Rauben, Morden, Sengen und Brennen großen Schaden stifteten. Niemand dürfte sich ihnen nahen, ohne sich in Lebensgefahr zu setzen. Wenn er diese beiden Riesen überwände und tötete, so wollte er ihm seine einzige Tochter zur Gemahlin geben und das halbe Königreich zur Ehesteuer; auch sollten hundert Reiter mitziehen und ihm Beistand leisten. „Das wäre so etwas für einen Mann, wie du bist“, dachte das Schneiderlein, „eine schöne Königstochter und das halbe Königreich wird einem nicht alle Tage angeboten.“ „Oh ja“, gab er zur Antwort, „die Riesen will ich schon bändigen und habe die hundert Reiter dabei nicht nötig: Wer Siebene auf einen Streich trifft, braucht sich vor Zweien nicht zu fürchten.“ Das Schneiderlein zog aus, und die hundert Reiter folgten ihm. Als er zu dem Rand des Waldes kam, sprach er zu seinen Begleitern: „Bleibt hier nur halten, ich will schon allein mit den Riesen fertig werden.“ Dann sprang er in den Wald hinein und schaute sich rechts und links um. Über ein Weilchen erblickte er beide Riesen. Sie lagen unter einem Baume und schliefen und schnarchten dabei, dass sich die Äste auf und nieder bogen. Das Schneiderlein, nicht faul, las beide Taschen voll Steine und stieg damit auf den Baum. Als es in der Mitte war, rutschte es auf einem Ast, bis es gerade über den Schläfern zu sitzen kam, und ließ dem einen Riesen einen Stein nach dem andern auf die Brust fallen. Der Riese spürte lange nichts, doch endlich wachte er auf, stieß seinen Gesellen an und sprach: „Was schlägst du mich?" „Du träumst", sagte der andere, „ich schlage dich nicht." Sie legten sich wieder zum Schlaf, da warf der Schneider auf den Zweiten einen Stein herab. „Was soll das?", rief der Andere. „Warum wirfst du mich?" „Ich werfe dich nicht", antwortete der Erste und brummte. Sie zankten sich eine Weile herum, doch weil sie müde waren, ließen sie's gut sein, und die Augen fielen ihnen wieder zu. Das Schneiderlein fing sein Spiel von Neuem an, suchte den dicksten Stein aus und warf ihn dem ersten Riesen mit aller Gewalt auf die Brust. „Das ist zu arg!", schrie er, und sprang wie ein Unsinniger auf und stieß seinen Gesellen wider den Bauch, dass dieser zitterte. Der Andere zahlte mit gleicher Münze, und sie gerieten in solche Wut, dass sie Bäume ausrissen, aufeinander losschlugen, so lang, bis sie endlich beide zugleich tot auf die Erde fielen. Nun sprang das Schneiderlein herab. „Ein Glück nur", sprach es, „dass sie den Baum, auf dem ich saß, nicht ausgerissen haben, sonst hätte ich wie ein Eichhörnchen auf einen anderen springen müssen; doch unsereiner ist flüchtig!" Er zog sein Schwert und versetzte jedem ein paar tüchtige Hiebe in die Brust, dann ging es hinaus zu den Reitern und sprach: „Die Arbeit ist getan, ich habe beiden den Garaus gemacht; aber hart ist es hergegangen, sie haben in der Not Bäume ausgerissen und sich gewehrt, doch das hilft alles nichts, wenn einer kommt wie ich, der Siebene auf einen Streich schlägt." „Seid ihr denn nicht verwundet?", fragten die Reiter. „Das hat gute Wege", antwortete der Schneider, „kein Haar haben sie mir gekrümmt." Die Reiter wollten ihm keinen Glauben beimessen und ritten in den Wald hinein; da fanden sie die Riesen in ihrem Blute schwimmend, und ringsherum lagen die ausgerissenen Bäume. Das Schneiderlein verlangte von dem König die versprochene Belohnung, den aber reute sein Versprechen, und er sann auf's Neue, wie er sich den Helden vom Halse schaffen könnte. „Ehe du meine Tochter und das halbe Reich erhältst", sprach er zu ihm, „musst du noch eine Heldentat vollbringen. In dem Walde läuft ein Einhorn, das großen Schaden anrichtet, das musst du erst einfangen." „Vor einem Einhorn fürchte ich mich noch weniger als vor zwei Riesen; Siebene auf einen Streich, das ist meine Sache." Er nahm sich einen Strick und eine Axt mit, ging hinaus in den Wald und hieß abermals die, welche ihm zugeordnet waren, außen warten. Er brauchte nicht lange zu suchen, das Einhorn kam bald daher und sprang geradezu auf den Schneider los, als wollte es ihn ohne Umstände aufspießen. „Sachte, sachte", sprach er, „so geschwind geht das nicht", blieb stehen und wartete, bis das Tier ganz nahe war, dann sprang er behände hinter den Baum. Das Einhorn rannte mit aller Kraft gegen den Baum und spießte sein Horn so fest in den Stamm, dass es nicht Kraft genug hatte, es wieder herauszuziehen, und so war es gefangen. „Jetzt hab ich das Vöglein", sagte der Schneider, kam hinter dem Baum hervor, legte dem Einhorn den Strick erst um den Hals, dann hieb er mit der Axt das Horn aus dem Baum, und als alles in Ordnung war, führte er das Tier ab und brachte es dem König. Der König wollte ihm den verheißenen Lohn noch nicht gewähren und machte eine dritte Forderung. Der Schneider sollte ihm vor der Hochzeit erst ein Wildschwein fangen, das in dem Wald großen Schaden tat; die Jäger sollten ihm Beistand leisten. „Gerne", sprach der Schneider, „das ist ein Kinderspiel". Die Jäger nahm er nicht mit in den Wald, und sie waren's wohl zufrieden, denn das Wildschwein hatte sie schon mehrmals so empfangen, dass sie keine Lust hatten ihm nachzustellen. Als das Schwein den Schneider erblickte, lief es mit schäumendem Munde und wetzenden Zähnen auf ihn zu und wollte ihn zur Erde werfen; der flüchtige Held aber sprang in eine Kapelle, die in der Nähe war, und gleich oben zum Fenster wieder hinaus. Das Schwein war hinter ihm hergelaufen, er aber hüpfte außen herum und schlug die Türe hinter ihm zu; da war das wütende Tier gefangen, das viel zu schwer und unbehilflich war, um zu dem Fenster hinauszuspringen. Das Schneiderlein rief die Jäger herbei, die mussten den Gefangenen mit eigenen Augen sehen. Der Held aber begab sich zum Könige, der nun, er mochte wollen oder nicht, sein Versprechen halten musste und ihm seine Tochter und das halbe Königreich übergab. Hätte er gewusst, dass kein Kriegsheld, sondern ein Schneiderlein vor ihm stand, es wäre ihm noch mehr zu Herzen gegangen. Die Hochzeit ward also mit großer Pracht und kleiner Freude gehalten und aus einem Schneider ein König gemacht. Nach einiger Zeit hörte die junge Königin in der Nacht, wie ihr Gemahl im Träume sprach: „Junge, mach mir den Wams und flick mir die Hosen, oder ich will dir die Elle über die Ohren schlagen." Da merkte sie, in welcher Gasse der junge Herr geboren war, klagte am anderen Morgen ihrem Vater ihr Leid und bat, er möchte ihr von dem Manne helfen, der nichts anderes als ein Schneider wäre. Der König sprach ihr Trost zu und sagte: „Lass in der nächsten Nacht deine Schlafkammer offen, meine Diener sollen außen stehen und, wenn er eingeschlafen ist, ihn binden und auf ein Schiff tragen, das ihn in die weite Welt führt." Die Frau war damit zufrieden. Des Königs Waffenträger aber, der alles mit angehört hatte, war dem jungen Herrn gewogen und hinterbrachte ihm den ganzen Anschlag. „Dem Ding will ich einen Riegel vorschieben", sagte das Schneiderlein.

Abends legte er sich zu gewöhnlicher Zeit mit seiner Frau zu Bett; als sie glaubte, er sei eingeschlafen, stand sie auf, öffnete die Türe und legte sich wieder. Das Schneiderlein, das sich nur stellte, als wenn er schlief, fing an, mit heller Stimme zu rufen: „Junge, mach mir den Wams und flick mir die Hosen, oder ich will dir die Elle über die Ohren schlagen! Ich habe

Siebene mit einem Streich getroffen, zwei Riesen getötet, ein Einhorn fortgeführt und ein Wildschweine gefangen und sollte mich vor denen fürchten, die draußen vor der Kammer stehen!“ Als diese den Schneider also sprechen hörten, überkam sie eine große Furcht, sie liefen, als wenn das wilde Heer hinter ihnen wäre, und keiner wollte sich mehr an ihn wagen. Also war und blieb das Schneiderlein sein Lebtag ein König.

HANS IM GLÜCK

Hans hatte sieben Jahre bei seinem Herrn gedient, da sprach er zu ihm: „Herr, meine Zeit ist herum, nun wollte ich gern wieder Heim zu meiner Mutter, gebt mir meinen Lohn.“ Der Herr antwortete: „Du hast mir treu und ehrlich gedient, wie der Dienst war, so soll der Lohn sein“, und gab ihm ein Stück Gold, das so groß als Hansens Kopf war. Hans zog sein Tüchlein aus der Tasche, wickelte den Klumpen hinein, setzte ihn auf die Schulter und machte sich auf den Weg nach Haus. Wie er so dahinging und immer ein Bein vor das andere setzte, kam ihm ein Reiter in die Augen, der frisch und fröhlich auf einem muntern Pferd vorbeitrabte. „Ach“, sprach Hans ganz laut, „was ist das Reiten ein schönes Ding! Da sitzt einer wie auf einem Stuhl, stößt sich an keinen Stein, spart die Schuh und kommt fort, er weiß nicht wie.“ Der Reiter, der das gehört hatte, hielt an und rief: „Ei, Hans, warum läufst du auch zu Fuß?“ „Ich muss ja wohl“, antwortete er, „da habe ich einen Klumpen heim zu tragen. Er ist zwar aus Gold, aber ich kann den Kopf dabei nicht gerade halten, auch drückt mir's auf die Schulter.“ „Weißt du was“, sagte der Reiter, „wir wollen tauschen: Ich gebe dir mein Pferd, und du gibst mir deinen Klumpen.“ „Von Herzen gern“, sprach Hans, „aber ich sage Euch, Ihr müsst Euch damit schleppen.“ Der Reiter stieg ab, nahm das Gold und half dem Hans hinauf, gab ihm die Zügel fest in die Hände und sprach: „Wenn's nun recht geschwind soll's gehen, so musst du mit der Zunge schnalzen und `hopp, hopp` rufen.“

Hans war seelenfroh, als er auf dem Pferde saß und so frank und frei dahin ritt. Über ein Weilchen fiel ihm ein, es sollte noch schneller gehen, und fing an mit der Zunge zu schnalzen und „hopp, hopp“ zu rufen. Das Pferd setzte sich in starken Trab, und ehe sich's Hans versah, war er abgeworfen und lag in einem Graben, der die Äcker von der Landstraße trennte. Das Pferd wäre auch durchgegangen, wenn es nicht ein Bauer aufgehalten hätte, der des Weges kam und eine Kuh vor sich hertrieb. Hans suchte seine Glieder zusammen und machte sich wieder auf die Beine. Er war aber verdrießlich und sprach zu dem Bauer: „Es ist ein schlechter Spaß das Reiten, zumal wenn man auf so eine Mähre gerät wie diese, die stößt und einen herab wirft, dass man den Hals brechen kann; ich setze mich nun und nimmermehr wieder auf. Da lob ich mir Eure Kuh, da kann einer mit Gemächlichkeit hinterher gehen und hat obendrein seine Milch, Butter und Käse jeden Tag gewiss. Was gäb' ich darum, wenn ich so eine Kuh hätte!" „Nun", sprach der Bauer, „geschieht Euch so ein großer Gefallen, so will ich Euch wohl die Kuh für das Pferd vertauschen." Hans willigte mit tausend Freuden ein; der Bauer schwang sich auf's Pferd und ritt eilig davon. Hans trieb seine Kuh ruhig vor sich her und bedachte den glücklichen Handel. „Hab ich nur ein Stück Brot, und daran wird mir's doch nicht fehlen, so kann ich, so oft mir's beliebt, Butter und Käse dazu essen; hab' ich Durst, so melk' ich meine Kuh und trinke Milch. Herz, was verlangst du mehr?"

Als er zu einem Wirtshaus kam, machte er halt, aß in der großen Freude alles, was er bei sich hatte, sein Mittags- und Abendbrot, rein auf und ließ sich für seine letzten paar Heller ein halbes Glas Bier einschenken. Dann trieb er seine Kuh weiter, immer nach dem Dorfe seiner Mutter zu. Die Hitze ward drückender, ja näher der Mittag kam, und Hans befand sich in einer Heide, die wohl noch eine Stunde dauerte. Da ward es ihm ganz heiß, so dass ihm vor Durst die Zunge am Gaumen klebte. „Dem Ding ist zu helfen", dachte Hans, „jetzt will ich meine Kuh melken und mich an der Milch laben." Er band sie an einen dürren Baum, und da er keinen Eimer hatte, so stellte er seine Ledermütze unter, aber wie er sich auch bemühte, es kam kein Tropfen Milch zum Vorschein. Und weil er sich ungeschickt dabei anstellte, so gab ihm das ungeduldige Tier endlich mit einem der Hinterfüße einen solchen Schlag vor den Kopf, dass er zu Boden taumelte und eine Zeit lang sich gar nicht besinnen konnte, wo er war. Glücklicherweise kam gerade ein Metzger des Weges, der auf einem Schubkarren ein junges Schwein liegen hatte. „Was sind das für Streiche!", rief er und half dem guten Hans auf. Hans erzählte, was vorgefallen war. Der Metzger reichte ihm eine Flasche und sprach: „Da trinkt einmal und erholt Euch. Die Kuh will wohl keine Milch geben, das ist ein altes Tier, das höchstens noch zum Ziehen taugt oder zum Schlachten." „Ei, ei", sprach Hans und strich sich die Haare über den Kopf, „wer hätte das gedacht! Es ist freilich gut, wenn man so ein Tier ins Haus abschlachten kann, was gibt's für Fleisch! Aber ich mache mir aus dem Kuhfleisch nicht viel, es ist mir nicht saftig genug. Ja, wer so ein junges Schwein hätte! Das schmeckt anders, dabei noch die Würste." „Hört, Hans", sprach da der Metzger, „Euch zuliebe will ich tauschen und will Euch das Schwein für die Kuh lassen." „Gott lohn Euch Eure Freundschaft", sprach Hans, übergab ihm die Kuh, ließ sich das Schweinchen vom Karren losmachen und den Strick, woran es gebunden war, in die Hand geben.

Hans zog weiter und überdachte, wie ihm doch alles nach Wunsch ginge, begegnete ihm je eine Verdrießlichkeit, so würde sie doch gleich wieder gutgemacht. Es gesellte sich danach ein Bursch zu ihm, der trug eine schöne weiße Gans unter dem Arm. Sie boten einander die

Zeit, und Hans fing an von seinem Glück zu erzählen und wie er immer so vorteilhaft getauscht hätte. Der Bursch erzählte ihm, dass er die Gans zu einem Kindtaufschmaus brächte. „Hebt einmal", fuhr er fort und packte sie bei den Flügeln, „wie schwer sie ist, die ist aber auch acht Wochen lang genudelt worden. Wer in den Braten beißt, muss sich das Fett von beiden Seiten abwischen." „Ja", sprach Hans und wog sie mit einer Hand, „die hat ihr Gewicht, aber mein Schwein ist auch keine Sau." Indessen sah sich der Bursch nach allen Seiten bedenklich um, schüttelte auch wohl mit dem Kopf. „Hört", fing er darauf an, „mit Eurem Schweine mag's nicht ganz richtig sein. In dem Dorfe, durch das ich gekommen bin, ist eben dem Schulzen eins aus dem Stall gestohlen worden. Ich fürchte, ich fürchte, Ihr habt's da in der Hand. Sie haben Leute ausgeschickt, und es wäre ein schlimmer Handel, wenn sie Euch mit dem Schwein erwischten. Das Geringste ist, dass Ihr ins finstere Loch gesteckt werdet." Dem guten Hans ward bang: „Ach Gott", sprach er, „helft mir aus der Not, Ihr wisst hier herum besser Bescheid, nehmt mein Schwein da und lasst mir Eure Gans." „Ich muss schon etwas aufs Spiel setzen", antwortete der Bursche, „aber ich will doch nicht schuld sein, dass Ihr ins Unglück geratet." Er nahm also das Seil in die Hand und trieb das Schwein schnell auf einen Seitenweg fort; der gute Hans aber ging, seiner Sorgen entledigt, mit der Gans unter dem Arme der Heimat zu. „Wenn ich's recht überlege", sprach er mit sich selbst, „habe ich noch Vorteil bei dem Tausch: Erst den guten Braten, hernach die Menge von Fett, die heraustr äufeln wird, das gibt Gänsefettbrot auf ein Vierteljahr; und endlich die schönen weißen Federn, die lass ich mir in mein Kopfkissen stopfen, und darauf will ich wohl ungewiegt einschlafen. Was wird meine Mutter eine Freude haben!" Als er durch das letzte Dorf gekommen war, stand da ein Scherenschleifer mit seinem Karren, sein Rad schnurrte und er sang dazu: „Ich schleife die Schere und drehe geschwind und hänge mein Mäntelchen nach dem Wind." Hans blieb stehen und sah ihm zu; endlich redete er ihn an und sprach: „Euch geht's wohl, weil Ihr so lustig bei Eurem Schleifen seid." „Ja", antwortete der Scherenschleifer, „das Handwerk hat einen güldenen Boden. Ein rechter Schleifer ist ein Mann, der, sooft er in die Tasche greift, auch Geld darin findet. Aber wo habt Ihr die schöne Gans gekauft?" „Die hab ich nicht gekauft, sondern für mein Schwein eingetauscht." „Und das Schwein?" „Das hab ich für eine Kuh gekriegt." „Und die Kuh?" „Die hab ich für ein Pferd bekommen." „Und das Pferd?" „Dafür hab ich einen Klumpen Gold, so groß als mein Kopf, gegeben." „Und das Gold?" „Ei, das war mein Lohn für sieben Jahre Dienst." „Ihr habt Euch jederzeit zu helfen gewusst", sprach der Schleifer, „könnt Ihr`s nun dahin bringen, dass Ihr das Geld in der Tasche springen hört, wenn Ihr aufsteht, so habt Ihr Euer Glück gemacht." „Wie soll ich das anfangen?" sprach Hans. „Ihr müsst ein Schleifer werden wie ich; dazu gehört eigentlich nichts als ein Wetzstein, das andere findet sich schon von selbst. Da hab ich einen, der ist zwar ein wenig schadhaft, dafür sollt Ihr mir aber auch weiter nichts als Eure Gans geben; wollt Ihr das?" „Wie könnt Ihr noch fragen", antwortete Hans, „ich werde ja zum glücklichsten Menschen auf Erden; habe ich Geld, sooft ich in die Tasche greife, was brauche ich da länger zu sorgen?" Reichte ihm die Gans und nahm den Wetzstein in Empfang. „Nun", sprach der Schleifer und hob einen gewöhnlichen schweren Feldstein, der neben ihm lag, auf, „da habt Ihr noch einen tüchtigen Stein dazu, auf dem sich's gut schlagen lässt und Ihr Eure alten Nägel gut gerade klopfen könnt. Nehmt ihn und hebt ihn ordentlich auf."

Hans lud den Stein auf und ging mit vergnügtem Herzen weiter; seine Augen leuchteten vor Freude: „Ich muss in einer Glückshaut geboren sein", rief er aus, „alles, was ich wünsche, trifft mir ein wie einem Sonntagskind." Indessen, weil er seit Tagesanbruch auf den Beinen gewesen war, begann er müde zu werden; auch plagte ihn der Hunger, da er allen Vorrat auf einmal – in der Freude über die erhandelte Kuh – aufgezehrt hatte. Er konnte endlich nur mit Mühe weitergehen und musste jeden Augenblick haltmachen; dabei drückten Ihn die Steine erbärmlich. Da konnte er sich des Gedankens nicht erwehren, wie gut es wäre, wenn er sie gerade jetzt nicht zu tragen brauchte. Wie eine Schnecke kam er zu einem Feldbrunnen geschlichen, er wollte da ruhen und sich mit einem frischen Trunk laben; damit er aber die Steine im Niedersitzen nicht beschädigte, legte er sie bedächtig neben sich auf den Rand des Brunnens. Darauf setzte er sich nieder und wollte sich zum Trinken bücken, da versah er's, stieß ein klein wenig an, und beide Steine plumpsten hinab. Hans, als er sie mit seinen Augen in die Tiefe hatte versinken sehen, sprang vor Freuden auf, kniete dann nieder und dankte Gott mit Tränen in den Augen, dass er ihm auch diese Gnade noch erwiesen und ihn auf eine so gute Art, und ohne dass er sich einen Vorwurf zu machen brauchte, von den schweren Steinen befreit hätte, die ihm allein noch hinderlich gewesen wären. „So glücklich wie ich", rief er aus, „gibt es keinen Menschen unter der Sonne."

Mit leichtem Herzen und frei von aller Last sprang er nun fort, bis er daheim bei seiner Mutter war.

MÄRCHEN VON EINEM, DER AUSZOG, DAS FÜRCHTEN ZU LERNEN

Ein Vater hatte zwei Söhne, davon war der Älteste klug und gescheit und wusste sich in alles wohl zu schicken, der Jüngste aber war dumm, konnte nichts begreifen und lernen. Und wenn ihn die Leute sahen, sprachen sie: „Mit dem wird der Vater noch seine Last haben!“ Wenn nun etwas zu tun war, so musste es der Älteste allzeit ausrichten. Hieß ihn aber der Vater noch spät oder gar in der Nacht etwas holen und der Weg ging dabei über den Kirchhof oder sonst einen schaurigen Ort, so antwortete er wohl: „Ach nein, Vater, ich gehe nicht dahin, es gruselt mir!“ Denn er fürchtete sich. Oder wenn abends beim Feuer Geschichten erzählt wurden, wobei einem die Haut schaudert, so sprachen die Zuhörer manchmal: „Ach, es gruselt mir!“ Der Jüngste saß in einer Ecke und hörte das mit an und konnte nicht begreifen, was es heißen sollte. „Immer sagen sie: Es gruselt mir! Es gruselt mir. Mir gruselt's nicht. Das wird wohl eine Kunst sein, von der ich auch nichts verstehe.“ Nun geschah es, dass der Vater einmal zu ihm sprach: „Hör du, in der Ecke dort, du wirst groß und stark, du musst auch etwas lernen, womit du dein Brot verdienst, siehst du, wie dein Bruder sich Mühe gibt, aber an dir ist Hopfen und Malz verloren.“ „Ei, Vater“; antwortete er, „ich will gerne was lernen; wenn's anginge, so möchte ich lernen, dass mir's gruselte; davon verstehe ich noch gar nichts.“ Der Älteste lachte, als er das hörte, und dachte bei sich: „Du lieber Gott, was ist mein Bruder ein Dummbart, aus dem wird sein Lebtag nichts. Was ein Häkchen werden will, muss sich beizeiten krümmen.“ Der Vater seufzte und antwortete ihm: „Das Gruseln, das sollst du schon lernen, aber dein Brot wirst du damit nicht verdienen.“ Bald danach kam der Küster zu Besuch ins Haus, da klagte ihm der Vater seine Not und erzählte, wie sein jüngster Sohn in allen Dingen so schlecht beschlagen wäre, er wüsste nichts und lernte nichts. „Denkt euch, als ich ihn fragte, womit er sein Brot verdienen wollte, hat er gar verlangt, das Gruseln zu lernen.“ „Wenn's weiter nichts ist“, antwortete der Küster, „das kann er bei mir lernen; tut ihn nur zu mir, ich will ihn schon abhobeln.“ Der Vater war es zufrieden, weil er dachte: „Der Junge wird doch ein wenig zugestutzt.“ Der Küster nahm ihn also ins Haus, und er musste die Glocke läuten. Nach ein paar Tagen weckte er ihn um Mitternacht, hieß ihn aufstehen, in den Kirchturm steigen und läuten. „Du sollst schon lernen, was Gruseln ist“, dachte er, ging heimlich voraus, und als der Junge oben war und sich umdrehte und das Glockenseil fassen wollte, so sah er auf der Treppe, dem Schallloch gegenüber, eine weiße Gestalt stehen. „Wer da?“, rief er, aber die Gestalt gab keine Antwort, regte und bewegte sich nicht. „Gib Antwort“, rief der Junge, „oder mache, dass du fort kommst, du hast hier in der Nacht nichts zu schaffen.“ Der Küster aber blieb unbeweglich stehen, damit der Junge glauben sollte, es wäre ein Gespenst. Der Junge rief zum zweiten Mal: „Was willst du hier? Sprich, wenn du ein ehrlicher Kerl bist, oder ich werfe dich die Treppe hinab.“ Der Küster dachte: „Das wird so schlimm nicht gemeint sein“, gab keinen Laut von sich und stand, als wenn er von Stein wäre. Da rief ihn der Junge zum dritten Male an, und als das auch vergeblich war, nahm er einen Anlauf und stieß das Gespenst die Treppe hinab, dass es zehn Stufen hinab fiel und in der Ecke liegenblieb. Darauf läutete er die Glocke, ging heim, legte sich, ohne ein Wort zu sagen, ging ins Bett und schlief fort. Die Küsterfrau wartete lange Zeit auf ihren Mann, aber er wollte nicht wiederkommen. Da ward ihr endlich angst, sie weckte den Jungen und fragte: „Weißt du nicht, wo mein Mann geblieben ist? Er ist vor dir auf den Turm gestiegen." „Nein", antwortete der Junge, „aber da hat einer dem Schallloch gegenüber auf der Treppe gestanden, und weil er keine Antwort geben und auch nicht weggehen wollte, so habe ich ihn für einen Spitzbuben gehalten und hinuntergestoßen. Geht nur hin, so werdet Ihr sehen, ob er's gewesen ist, es sollte mir Leid tun." Die Frau sprang fort und fand ihren Mann, der in einer Ecke lag und jammerte und ein Bein gebrochen hatte. Sie trug ihn herab und eilte dann mit lautem Geschrei zu dem Vater des Jungen. „Euer Junge", rief sie, „hat ein großes Unglück angerichtet, meinen Mann hat er die Treppe hinabgeworfen, dass er ein Bein gebrochen hat. Schafft den Taugenichts aus unserm Hause." Der Vater erschrak, kam herbeigelaufen und schalt den Jungen aus. „Was sind das für gottlose Streiche, die muss dir das Böse eingegeben haben." „Vater", antwortete er, „hört nur an, ich bin ganz unschuldig. Er stand da in der Nacht, wie einer, der Böses im Sinn hat. Ich wusste nicht, wer's war und hab ihn dreimal ermahnt zu reden oder wegzugehen." „Ach," sprach der Vater, „mit dir erleb' ich nur Unglück, geh' mir aus den Augen, ich will dich nicht mehr ansehen." „Ja, Vater, recht gerne, wartet nur, bis Tag ist, da will ich ausgehen und das Gruseln lernen, so versteh ich doch eine Kunst, die mich ernähren kann." „Lerne, was du willst", sprach der Vater, „mir ist alles Einerlei. Da hast du fünfzig Taler, damit geh' in die weite Welt und sage keinem Menschen, wo du her bist und wer dein Vater ist, denn ich muss mich deiner schämen." „Ja, Vater, wie Ihr's haben wollt, wenn Ihr nicht mehr verlangt, das kann ich leicht in Acht behalten." Als nun der Tag anbrach, steckte der Junge seine fünfzig Taler in die Tasche, ging hinaus auf die große Landstraße und sprach immer vor sich hin: „Wenn mir's nur gruselte! Wenn mir's nur gruselte!" Da kam ein Mann heran, der hörte das Gespräch, das der Junge mit sich selber führte, und als sie ein Stück weiter waren, dass man den Galgen sehen konnte, sagte der Mann zu ihm: „Siehst du, dort ist der Baum, wo Siebene mit des Seilers Tochter Hochzeit gehalten haben und jetzt das Fliegen lernen. Setz dich drunter und warte bis die Nacht kommt, so wirst du schon das Gruseln lernen." „Wenn weiter nichts dazugehört", antwortete der Junge, „das ist leicht getan; lerne ich aber so geschwind das Gruseln, so sollst du meine fünfzig Taler haben, komm nur morgen früh wieder zu mir." Da ging der Junge zu dem Galgen, setzte sich darunter und wartete, bis der Abend kam. Und weil ihn fror, machte er sich ein Feuer an. Aber um Mitternacht ging der Wind so kalt, dass er trotz des Feuers nicht warm werden wollte. Und als der Wind die Gehenkten gegeneinander stieß, dass sie sich hin und her bewegten, so dachte er: „Du frierst unten bei dem Feuer, was mögen die da oben erst frieren und zappeln." Und weil er mitleidig war, legte er die Leiter an, stieg hinauf, knüpfte einen nach dem anderen los und holte sie alle Siebene herab. Darauf schürte er das Feuer, blies es an und setzte sie ringsherum, dass sie sich wärmen sollten. Aber sie saßen da und regten sich nicht, und das Feuer ergriff ihre Kleider. Da sprach er: „Nehmt euch in Acht, sonst häng' ich euch wieder hinauf." Die Toten aber hörten nicht, schwiegen und ließen ihre Lumpen fort brennen. Da war er bös' und sprach: „Wenn ihr nicht achtgeben wollt, so kann ich euch nicht helfen, ich will nicht mit euch verbrennen", und hing sie nach der Reihe wieder hinauf. Nun setzte er sich zu dem Feuer und schlief ein, und am anderen Morgen, da kam der Mann zu ihm, wollte die fünfzig Taler haben und sprach: „Nun, weißt du, was Gruseln ist?" „Nein", antwortete er, „woher soll ich's wissen? Die da oben haben das Maul nicht aufgetan und waren so dumm, dass sie die paar alten Lappen, die sie am Leibe haben, brennen ließen." Da sah der Mann, dass er die fünfzig Taler heute nicht davontragen würde, ging fort und sprach: „So einer ist mit noch nicht vorgekommen." Der Junge ging auch seines Weges und fing wieder an, vor sich hin zu reden: „Ach, wenn's mir nur gruselte! Ach, wenn's mir nur gruselte!" Das hörte ein Fuhrmann, der hinter ihm her schritt, und fragte: „Wer bist du?" „Ich weiß nicht", antwortete der Junge. Der Fuhrmann fragte weiter: „Wo bist du her?" „Ich weiß nicht." „Wer ist dein Vater?" „Das darf ich nicht sagen." „Was brummst du beständig in den Bart hinein?" „Ei", antwortete der Junge, „ich wollte, dass mir's gruselte, aber niemand kann mir's lehren." „Lass dein dummes Geschwätz", sprach der Fuhrmann, „komm, geh' mit mir, ich will sehen, dass ich dich unterbringe." Der Junge ging mit dem Fuhrmann, und abends gelangten sie zu einem Wirtshaus, wo sie übernachten wollten. Da sprach er beim Eintritt in die Stube wieder ganz laut: „Wenn's mir nur gruselte! Wenn's mir nur gruselte!" Der Wirt, der das hörte, lachte und sprach: „Wenn dich danach lüstet, dazu sollte hier wohl Gelegenheit sein." „Ach, schweig stille", sprach die Wirtsfrau, „so mancher Vorwitzige hat schon sein Leben eingebüßt, es wäre Jammer und Schade um die schönen Augen, wenn die das Tageslicht nicht wiedersehen sollten." Der Junge aber sagte: „Wenn's noch so schwer wäre, ich will's einmal lernen, deshalb bin ich ja ausgezogen." Er ließ dem Wirt auch keine Ruhe, bis dieser erzählte, nicht weit davon stände ein verwünschtes Schloss, wo einer wohl lernen könnte, was Gruseln wäre, wenn er nur drei Nächte darin wachen wollte. Der König hätte dem, der's wagen wollte, seine Tochter zur Frau versprochen, und die wäre die schönste Jungfrau, welche die Sonne beschien; in dem Schlosse steckten auch große Schätze, von bösen Geistern bewacht, die würden dann frei und könnten einen Armen reich genug machen. Schon viele wären wohl hinein-, aber noch keiner wieder herausgekommen. Da ging der Junge am anderen Morgen vor den König und sprach: „Wenn's erlaubt wäre, so wollte ich wohl drei Nächte in dem verwünschten Schlosse wachen." Der König sah ihn an, und weil er ihm gefiel, sprach er:

„Du darfst dir noch Dreierlei ausbitten, aber es müssen leblose Dinge sein, und die darfst du mit ins Schloss nehmen." Da antwortete er: „So bitt' ich um ein Feuer, eine Drehbank und eine Schnitzbank mit dem Messer." Der König ließ ihm das alles bei Tage in das Schloss tragen. Als es Nacht werden wollte, ging der Junge hinauf, machte sich in einer Kammer ein helles Feuer an, stellte die Schnitzbank mit dem Messer daneben, und setzte sich auf die Drehbank. „Ach, wenn mir's nur gruselte!", sprach er. „Aber hier werd ich's auch nicht lernen." Gegen Mitternacht wollte er sich sein Feuer einmal aufschüren. Wie er so hinein blies, da schrie's plötzlich aus einer Ecke: „Au, miau! Was uns friert!" „Ihr Narren", rief er, „was schreit ihr? Wenn euch friert, kommt, setzt euch ans Feuer und wärmt euch." Und wie er das gesagt hatte, kamen zwei große schwarze Katzen in einem gewaltigen Sprunge herbei, setzten sich ihm zu beiden Seiten und sahen ihn mit ihren feurigen Augen ganz wild an. Über ein Weilchen, als sie sich gewärmt hatten, sprachen sie: „Kamerad, wollen wir eins in der Karte spielen?" „Warum nicht?" antwortete er. „Aber zeigt einmal eure Pfoten her." Da steckten sie die Krallen aus. „Ei", sagte er, „was habt ihr lange Nägel! Wartet, die muss ich euch erst abschneiden." Damit packte er sie beim Kragen, hob sie auf die Schnitzbank und schraubte ihnen die Pfoten fest. „Euch habe ich auf die Finger gesehen", sprach er, „da vergeht mir die Lust zum Kartenspiel", schlug sie tot und warf sie hinaus ins Wasser. Als er aber die Zwei zur Ruhe gebracht hatte und sich wieder zu seinem Feuer setzen wollte, da kamen aus allen Ecken und Enden schwarze Katzen und schwarze Hunde an glühenden Ketten, immer mehr und mehr, dass er sich nicht mehr bergen konnte; sie schriehen gräulich, traten ihm auf sein Feuer, zerrten es auseinander und wollten es ausmachen. Das sah er ein Weilchen ruhig mit an, als es ihm aber zu arg ward, fasste er sein Schnitzmesser und rief: „Fort mit dir, du Gesindel", und haute auf sie los. Ein Teil sprang weg, die Anderen schlug er tot und warf sie hinaus in den Teich. Als er wiedergekommen war, blies er aus den Funken sein Feuer frisch an und wärmte sich. Und als er so saß, wollten ihm die Augen nicht länger offen bleiben, und er bekam Lust zu schlafen. Da blickte er um sich und sah in der Ecke ein großes Bett. „Das ist mir eben recht", sprach er und legte sich hinein. Als er aber die Augen zutun wollte, so fing das Bett von selbst an zu fahren und fuhr im ganzen Schloss herum. „Recht so", sprach er, „nur besser zu." Da rollte das Bett fort, als wären sechs Pferde vorgespannt, über Schwellen und Treppen auf und ab. Auf einmal – hopp, hopp! –, warf es um, das Unterste zuoberst, dass es wie ein Berg auf ihm lag. Aber er schleuderte Decken und Kissen in die Höhe, stieg heraus und sagte: „Nun mag fahren, wer Lust hat", legte sich an sein Feuer und schlief, bis es Tag war. Am Morgen kam der König, und als er ihn da auf der Erde liegen sah, meinte er, die Gespenster hätten ihn umgebracht und er wäre tot. Da sprach er: „Es ist doch schade um den schönen Menschen." Das hörte der Junge, richtete sich auf und sprach:

„Soweit ist's noch nicht!" Da verwunderte sich der König, freute sich aber und fragte, wie es ihm gegangen wäre. „Recht gut", antwortete er, „eine Nacht wäre herum, die zwei anderen werden auch herumgehen." Als er zum Wirt kam, da machte der große Augen. „Ich dachte nicht,", sprach er, „dass ich dich wieder lebendig sehen würde. Hast du nun gelernt, was Gruseln ist?" „Nein", sagte er, „es ist alles vergeblich. Wenn mir's nur einer sagen könnte!" Die zweite Nacht ging er abermals hinauf ins alte Schloss, setzte sich zum Feuer und fing sein altes Lied wieder an: „Wenn mir's nur gruselte!" Wie Mitternacht hereinkam, ließ sich ein Lärm und Gepolter hören, erst sachte, dann immer stärker, dann war's ein bisschen still, endlich kam mit lautem Geschrei ein halber Mensch den Schornstein herab und fiel vor ihn hin. „He da!" rief er, „Noch ein halber gehört dazu, das ist zu wenig." Da fing der Lärm von Neuem an, es tobte und heulte und fiel die andere Hälfte auch herab. „Wart", sprach er, „ich will dir erst das Feuer ein wenig anblasen." Wie er das getan hatte und sich wieder umsah, da waren die beiden Stücke zusammengefahren, und saß da ein gräulicher Mann auf seinem Platz. „So haben wir nicht gewettet", sprach der Junge, „die Bank ist mein." Der Mann wollte ihn wegdrängen, aber der Junge ließ sich's nicht gefallen, schob ihn mit Gewalt weg und setzte sich wieder auf seinen Platz. Da fielen noch mehr Männer herab, einer nach dem anderen, die holten neun Totenbeine und zwei Totenköpfe, setzten sie auf und spielten Kegel. Der Junge bekam auch Lust und fragte: „Hört ihr, kann ich mit sein?" „Ja, wenn du Geld hast." „Geld genug", antwortete er, „aber eure Kugeln sind nicht recht rund." Da nahm er die Totenköpfe, setzte sie in die Drehbank und und drehte sie rund. „So, jetzt werden sie besser schöppeln", sprach er. „Heida, nun geht's lustig!" Er spielte mit und verlor etwas von seinem Geld, als es aber zwölf Uhr schlug, war alles vor seinen Augen verschwunden. Er legte sich nieder und schlief ruhig ein. Am anderen Morgen kam der König und wollte sich erkundigen. „Wie ist dir's diesmal ergangen?" fragte er. „Ich habe gekegelt", antwortete er, „und ein paar Heller verloren." „Hat dir denn nicht gegruselt?" „Ei was", sprach er, „lustig hab ich mich gemacht. Wenn ich nur wüsste, was Gruseln wäre." In der dritten Nacht setzte er sich wieder auf seine Bank und sprach ganz verdrießlich: „Wenn es mir nur gruselte!" Als es spät ward, kamen sechs große Männer und brachten eine Totenlade hereingetragen. Da sprach er: „Haha, das ist gewiss mein Vetterchen, das erst vor ein paar Tagen gestorben ist", winkte mit dem Finger und rief: „Komm, Vetterchen, komm!" Sie stellten den Sarg auf die Erde, er aber ging hinzu und nahm den Deckel ab. Da lag ein toter Mann darin. Er fühlte ihm ans Gesicht, aber es war kalt wie Eis. „Wart", sprach er, „ich will dich ein bisschen wärmen", ging ans Feuer, wärmte seine Hand und legte sie ihm auf's Gesicht, aber der Tote blieb kalt. Nun nahm er ihn heraus, setzte sich ans Feuer und legte ihn auf seinen Schoß und rieb ihm die Arme, damit das Blut wieder in Bewegung kommen sollte. Als auch das nichts helfen wollte, fiel ihm ein: Wenn zwei zusammen im Bett liegen, so wärmen sie sich, brachte ihn ins Bett, deckte ihn zu und legte sich neben ihn. Über ein Weilchen ward auch der Tote warm, und fing an sich zu regen. Da sprach der Junge. „Siehst du, Vetterchen, hätt' ich dich nicht gewärmt!" Der Tote aber hub an und rief: „Jetzt will ich dich erwürgen." „Was", sagte er, „ist das mein Dank? Gleich sollst du wieder in deinen Sarg", hub ihn auf, warf ihn hinein und machte den Deckel zu. Da kamen die sechs Männer und trugen ihn wieder fort. „Es will mir nicht gruseln", sagte er, „hier lern ich's mein Lebtag nicht." Da trat ein Mann herein, der war größer als alle anderen und sah fürchterlich aus; er war aber alt und hatte einen langen weißen Bart. „Oh du Wicht", rief er, „nun sollst du bald lernen, was Gruseln ist, denn du sollst sterben." „Nicht so schnell", antwortete der Junge, „soll ich sterben, so muss ich auch dabei sein." „Dich will ich schon packen", sprach der Unhold. „Sachte, sachte, mach dich nicht so breit; so stark wie du bin ich auch, und wohl noch stärker." „Das wollen wir sehen", sprach der Alte, „bist du stärker als ich, so will ich dich gehen lassen; komm, wir wollen's versuchen." Da führte er ihn durch dunkle Gänge zu einem Schmiedefeuer, nahm eine Axt und schlug den einen Amboss mit einem Schlag in die Erde. „Das kann ich noch besser", sprach der Junge und ging zu dem anderen Amboss; der Alte stellte sich neben ihn und wollte zusehen, und sein weißer Bart hing herab. Da fasste der Junge die Axt, spaltete den Amboss auf einen Hieb und klemmte den Bart des Alten mit hinein. „Nun hab ich dich", sprach der Junge, „jetzt ist das Sterben an dir." Dann fasste er eine Eisenstange und schlug auf den Alten los, bis er wimmerte und bat, er möchte aufhören, er wollte ihm große Reichtümer geben. Der Junge zog die Axt raus und ließ ihn los. Der Alte führte ihn wieder ins Schloss zurück und zeigte ihm in einem Keller drei Kasten voll Gold. „Davon", sprach er „ist ein Teil den Armen, der andere dem König, der dritte dein." Indem schlug es zwölfe, und der Geist verschwand, also dass der Junge im Finstern stand. „Ich werde mir doch heraushelfen können", sprach er, tappte herum, fand den Weg in die Kammer und schlief dort bei seinem Feuer ein. Am anderen Morgen kam der König und sagte: „Nun wirst du gelernt haben, was Gruseln ist?" „Nein", antwortete er, „was ist's nur? Mein toter Vetter war da, und ein bärtiger Mann ist gekommen, der hat mir da unten viel Geld gezeigt, aber was Gruseln ist, hat mir keiner gesagt." Da sprach der König: „Du hast das Schloss erlöst und sollst meine Tochter heiraten." „Das ist all recht gut", antwortete er, „aber ich weiß noch immer nicht, was Gruseln ist." Da ward das Gold heraufgebracht und die Hochzeit gefeiert, aber der junge König, so lieb er seine Gemahlin hatte und so vergnügt er war, sagte doch immer: „Wenn mir nur gruselte, wenn mir nur gruselte." Das verdross sie endlich. Ihr Kammermädchen sprach: „Ich will Hilfe schaffen, das Gruseln soll er schon lernen." Sie ging hinaus zum Bach, der durch den Garten floss, und ließ sich einen ganzen Eimer voll Gründlinge holen. Nachts, als der junge König schlief, musste seine Gemahlin ihm die Decke wegziehen und den Eimer voll kalt Wasser mit den Gründlingen über ihn herschütten, dass die kleinen Fische um ihn herumzappelten. Da wachte er auf und rief: „Ach, was gruselt mir, was gruselt mir, liebe Frau! Ja, nun weiß ich, was Gruseln ist."

DAUMERLINGS WANDERSCHAFT

Ein Schneider hatte einen Sohn, der war klein geraten und nicht größer als ein Daumen; darum hieß er auch der Daumerling. Er hatte aber Courage im Leibe und sagte zu seinem Vater: „Vater, ich soll und muss in die Welt hinaus." „Recht, mein Sohn", sprach der Alte, nahm eine lange Stopfnadel und machte am Licht einen Knoten von Siegellack daran, „da hast du auch einen Degen mit auf den Weg." Nun wollte das Schneiderlein noch einmal mitessen und hüpfte in die Küche um zu sehen, was die Mutter zu guter Letzt gekocht hätte. Es war aber eben angerichtet, und die Schüssel stand auf dem Herd. Da sprach es: „Frau Mutter, was gibt's heute zu essen?" - „Sieh du selbst zu", sagte die Mutter. Da sprang Daumerling auf den Herd und guckte in die Schüssel. Weil er aber den Hals zu weit hineinstreckte, fasste ihn der Dampf von der Speise und trieb ihn zum Schornstein hinaus. Eine Weile ritt er auf dem Dampf in der Luft herum, bis er endlich wieder auf die Erde herabsank. Nun war das Schneiderlein draußen in der weiten Welt, zog umher, ging auch bei einem Meister in die Arbeit, aber das Essen war ihm nicht gut genug. „Frau Meisterin, wenn Sie uns kein besser Essen gibt", sagte der Daumerling, „so gehe ich fort und schreibe morgen früh mit Kreide an Ihre Haustüre: Kartoffeln zu viel, Fleisch zu wenig. Adies, Herr Kartoffelkönig." „Was willst du wohl, Grashüpfer?", sagte die Meisterin, ward bös, ergriff einen Lappen und wollte nach ihm schlagen. Das Schneiderlein aber kroch behände unter den Fingerhut, guckte unten hervor und streckte der Frau Meisterin die Zunge heraus. Sie hob den Fingerhut auf und wollte ihn packen, aber der kleine Daumerling hüpfte in die Lappen, und wie die Meisterin die Lappen auseinander warf und ihn suchte, machte er sich in den Tischritz. „He, he, Frau Meisterin", rief er und steckte den Kopf in die Höhe, und wenn sie zuschlagen wollte, sprang er in die Schublade hinunter. Endlich aber erwischte sie ihn doch und jagte ihn zum Haus hinaus. Das Schneiderlein wanderte und kam in einen großen Wald. Da begegneten ihm ein Haufen Räuber, die hatten vor, des Königs Schatz zu bestehlen. Als sie das Schneiderlein sahen, dachten sie: „So ein kleiner Kerl kann durch ein Schlüsselloch kriechen und uns als Dietrich dienen." „He da", rief einer, „du Riese Goliath, willst du mit zur Schatzkammer gehen? Du kannst dich hineinschleichen und das Geld heraus werfen.“ Der Daumerling besann sich, endlich sagte er: „Ja“, und ging mit zu der Schatzkammer. Da besah er die Türe oben und unten, ob kein Ritz darin wäre. Nicht lange, so entdeckte er einen, der breit genug war, um ihn einzulassen. Er wollte auch gleich hindurch, aber eine von den beiden Schildwachen, die vor der Tür standen, bemerkte ihn und sprach zu der anderen: „Was kriecht da für eine hässliche Spinne? Ich will sie tot treten.“ „Lass das arme Tier gehen“, sagte der Andere, „es hat dir ja nichts getan.“ Nun kam der Daumerling durch den Ritz glücklich in die Schatzkammer, öffnete das Fenster, unter welchem die Räuber standen, und warf ihnen einen Taler nach dem anderen hinaus. Als das Schneiderlein in der besten Arbeit war, hörte es den König kommen, der seine Schatzkammer besehen wollte, und verkroch sich eilig. Der König merkte, dass viele harte Taler fehlten, konnte aber nicht begreifen, wer sie sollte gestohlen haben, da Schlösser und Riegel in gutem Stand waren, und alles wohl verwahrt schien. Da ging er wieder fort und sprach zu den zwei Wachen: „Habt acht, es ist einer hinter dem Geld her.“ Als der Daumerling nun seine Arbeit von Neuem anfing, hörten sie das Geld drinnen sich regen und klingen: klipp, klapp, klipp klapp. Sie sprangen geschwind hinein und wollten den Dieb greifen. Aber das Schneiderlein, das sie kommen hörte, war noch geschwinder, sprang in eine Ecke und deckte einen Taler über sich, so dass nichts von ihm zu sehen war. Dabei neckte es noch die Wachen und rief: „Hier bin ich.“ Die Wachen liefen dahin, wie sie aber ankamen, war es schon in eine andere Ecke unter einen Taler gehüpft und rief: „He, hier bin ich.“ Die Wachen sprangen eilends herbei, Daumerling aber war längst in einer dritten Ecke und rief: „He, hier bin ich.“ Und so hatte es sie zu Narren und trieb sie so lange in der Schatzkammer herum, bis sie müde waren und davon gingen. Nun warf es die Taler nach und nach alle hinaus. Den Letzten schnellte es mit aller Macht, hüpfte dann selber noch behändiglich darauf und flog mit ihm durchs Fenster hinab. Die Räuber machten ihm große Lobsprüche: „Du bist ein gewaltiger Held“, sagten sie, „willst du unser Hauptmann werden?“ Daumerling bedankte sich aber und sagte, er wollte erst die Welt sehen. Sie teilten nun die Beute, das Schneiderlein aber verlangte nur einen Kreuzer, weil es nicht mehr tragen konnte. Darauf schnallte er seinen Degen wieder um den Leib, sagte den Räubern guten Tag und nahm den Weg zwischen die Beine. Es ging bei einigen Meistern in Arbeit, aber sie wollte ihm nicht schmecken. Endlich verdingte es sich als Hausknecht in einem Gasthof. Die Mägde aber konnten es nicht leiden; denn, ohne dass sie ihn sehen konnten, sah er alles, was sie heimlich taten, und gab bei der Herrschaft an, was sie von den Tellern genommen und aus dem Keller für sich weggeholt hatten. Da sprachen sie: „Wart, wir wollen dir's eintränken“, und verabredeten untereinander, ihm einen Schabernack anzutun. Als die eine Magd bald hernach im Garten mähte und den Daumerling da herumspringen und an den Kräutern auf und ab kriechen sah, mähte sie ihn mit dem Gras schnell zusammen, band alles in ein großes Tuch und warf es heimlich den Kühen vor. Nun war eine große Schwarze darunter, die schluckte ihn mit hinab, ohne ihm weh zu tun. Unten gefiel's ihm aber schlecht; denn es war da ganz finster, und brannte auch kein Licht. Als die Kuh gemelkt wurde, da rief er: „Strip, strap, stroll, ist der Eimer bald voll?" Doch bei dem Geräusch des Melkens wurde er nicht verstanden. Hernach trat der Hausherr in den Stall und sprach: „Morgen soll die Kuh da geschlachtet werden." Da ward dem Daumerling angst, dass er mit heller Stimme rief: „Lasst mich erst heraus, ich sitze ja drin." Der Herr hörte das wohl, wusste aber nicht, wo die Stimme herkam. „Wo bist du?", fragte er. „In der Schwarzen", antwortete er, aber der Herr verstand nicht, was das heißen sollte und ging fort. Am anderen Morgen ward die Kuh geschlachtet. Glücklicherweise traf bei dem Zerhacken und Zerlegen den Daumerling kein Hieb, aber er geriet unter das Wurstfleisch. Wie nun der Metzger herbei trat und seine Arbeit anfing, schrie er aus Leibeskräften: „Hackt nicht zu tief, hackt nicht zu tief, ich stecke ja drunter." Vor dem Lärmen der Hackmesser hörte das kein Mensch. Nun hatte der arme Daumerling seine Not, aber die Not macht Beine, und da sprang er so behänd zwischen den Hackmessern durch, dass ihn keins anrührte, und er mit heiler Haut davonkam. Aber entspringen konnte er auch nicht. Es war keine andere Auskunft, er musste sich mit den Speckbrocken in eine Blutwurst hinunter stopfen lassen. Da war das Quartier etwas enge, und dazu ward er noch in den Schornstein zum Räuchern aufgehängt, wo ihm Zeit und Weile gewaltig lang wurden. Endlich im Winter wurde er heruntergeholt, weil die Wurst einem Gast sollte vorgesetzt werden. Als nun die Frau Wirtin die Wurst in Scheiben schnitt, nahm er sich in acht, dass er den Kopf nicht zu weit vorstreckte, damit ihm nicht etwa der Hals mit abgeschnitten würde. Endlich ersah er seinen Vorteil, machte sich Luft und sprang heraus. In dem Hause aber, wo es ihm so übel ergangen war, wollte das Schneiderlein nicht länger mehr bleiben, sondern begab sich gleich wieder auf die Wanderung. Doch seine Freiheit dauerte nicht lange. Auf dem offenen Feld kam es einem Fuchs in den Weg, der schnappte es in Gedanken auf. „Ei, Herr Fuchs", rief's Schneiderlein, „ich bin's ja, der in Eurem Halse steckt, lasst mich wieder frei." „Du hast Recht", antwortete der Fuchs, „an dir habe ich doch so viel als nichts; versprichst du mir die Hühner in deines Vaters Hof, so will ich dich loslassen." „Von Herzen gern", antwortete der Daumerling, „die Hühner sollst du alle haben, das gelobe ich dir." Da ließ ihn der Fuchs wieder los und trug ihn selber heim. Als der Vater sein liebes Söhnlein wieder sah, gab er dem Fuchs gerne all die Hühner, die er hatte. „Dafür bring ich dir auch ein schönes Stück Geld mit", sprach der Daumerling und reichte ihm den Kreuzer, den er auf seiner Wanderschaft erworben hatte. „Warum hat aber der Fuchs die armen Piephühner zu fressen kriegt?" „Ei, du Narr, deinem Vater wir jawohl sein Kind lieber sein, als die Hühner auf dem Hof."

TISCHCHEN DECK DICH, GOLDESEL UND KNÜPPEL AUS DEM SACK

Vor Zeiten war ein Schneider, der drei Söhne hatte und nur eine einzige Ziege. Aber die Ziege, weil sie alle zusammen mit ihrer Milch ernährte, musste ihr gutes Futter haben und täglich hinaus auf die Weide geführt werden. Die Söhne taten das auch nach der Reihe. Einmal brachte sie der Älteste auf den Kirchhof, wo die schönsten Kräuter standen, ließ sie da fressen und herumspringen. Abends, als es Zeit war heimzugehen, fragte er: „Ziege, bist du satt?" Die Ziege antwortete: „Ich bin so satt, ich mag kein Blatt: meh! meh!" „So komm nach Haus", sprach der Junge, fasste sie am Strickchen, führte sie in den Stall und band sie fest. „Nun", sagte der alte Schneider, „hat die Ziege ihr gehöriges Futter?" „Oh", antwortete der Sohn, „die ist so satt, sie mag kein Blatt." Der Vater wollte sich selbst überzeugen, ging hinab in den Stall, streichelte das liebe Tier und fragte: „Ziege, bist du auch satt?" Die Ziege antwortete: „Wovon sollt` ich satt sein? Ich sprang nur über Gräbelein und fand kein einzig Blättelein: meh, meh!" „Was muss ich hören!", rief der Schneider, lief hinauf und sprach zu dem Jungen: „Ei, du Lügner, sagst, die Ziege wäre satt und hast sie hungern lassen?", und in seinem Zorne nahm er die Elle von der Wand und jagte ihn mit Schlägen hinaus. Am anderen Tag war die Reihe am zweiten Sohn, der suchte an der Gartenhecke einen Platz aus, wo lauter gute Kräuter standen, und die Ziege fraß sie alle rein ab. Abends, als er heim wollte, fragte er: „Ziege, bist du satt?" Die Ziege antwortete: „Ich bin so satt, ich mag kein Blatt: meh! meh!" „So komm nach Haus", sprach der Junge, zog sie heim und band sie im Stalle fest. „Nun", sagte der alte Schneider, „hat die Ziege ihr gehöriges Futter?" „Oh", antwortete der Sohn, „die ist so satt, sie mag kein Blatt." Der Schneider wollte sich darauf nicht verlassen, ging hinab in den Stall und fragte: „Ziege, bist du auch satt?" Die Ziege antwortete: „Wovon sollt' ich satt sein? Ich sprang nur über Gräbelein und fand kein einzig Blättelein: meh! meh!"

„Der gottlose Bösewicht!" schrie der Schneider, „so ein frommes Tier hungern zu lassen!", lief hinauf und schlug mit der Elle den Jungen zur Haustüre hinaus. Die Reihe kam jetzt an den dritten Sohn, der wollte seine Sache gut machen, suchte Buschwerk mit dem schönsten Laube aus und ließ die Ziege daran fressen. Abends, als er heim wollte, fragte er: „Ziege, bist du auch satt?" Die Ziege antwortete: „Ich bin so satt, ich mag kein Blatt: meh! meh!" „So komm nach Haus", sagte der Junge, führte sie in den Stall und band sie fest. „Nun", sagte der alte Schneider, „hat die Ziege ihr gehöriges Futter?" „Oh", antwortete der Sohn, „die ist so satt, sie mag kein Blatt." Der Schneider traute nicht, ging hinab und fragte: „Ziege, bist du auch satt?" Das boshafte Tier antwortete: „Wovon sollt' ich satt sein? Ich sprang nur über Gräbelein und fand kein einzig Blättelein: meh! meh!" „Oh du Lügenbrut!" rief der Schneider, „Einer so gottlos und pflichtvergessen wie der Andere. Ihr sollt mich nicht länger zum Narren haben!" und vor Zorn ganz außer sich sprang er hinauf und gerbte dem armen Jungen mit der Elle den Rücken so gewaltig, dass er zum Haus hinaus sprang. Der alte Schneider war nun mit seiner Ziege allein. Am anderen Morgen ging er hinab in den Stall, liebkoste die Ziege und sprach: „Komm, mein liebes Tierlein, ich will dich selber zur Weide führen." Er nahm sie am Strick und brachte sie zu grünen Hecken und unter Schafrippe, und was sonst die Ziegen gern fressen. „Da kannst du dich einmal nach Herzenslust sättigen", sprach er zu ihr und ließ sie weiden bis zum Abend. Da fragte er: „Ziege, bist du satt?" Sie antwortete: „Ich bin so satt, ich mag kein Blatt: meh! meh!" „So komm nach Haus", sagte der Schneider, führte sie in den Stall und band sie fest. Als er wegging, kehrte er sich noch einmal um und sagte: „Nun bist du doch einmal satt!" Aber die Ziege machte es ihm nicht besser und rief: „Wie sollt` ich satt sein? Ich sprang nur über Gräbelein und fand kein einzig Blättelein: meh! meh!" Als der Schneider das hörte, stutzte er und sah wohl, dass er seine drei Söhne ohne Ursache verstoßen hatte. „Wart", rief er, „du undankbares Geschöpf, dich fortzujagen ist noch zu wenig, ich will dich zeichnen, dass du dich unter ehrbaren Schneidern nicht mehr darfst sehen lassen". In einer Hast sprang er hinauf, holte sein Bartmesser, seifte der Ziege den Kopf ein und schor sie so glatt wie seine flache Hand. Und weil die Elle zu ehrenvoll gewesen wäre, holte er die Peitsche und versetzte ihr solche Hiebe, dass sie in gewaltigen Sprüngen davonlief. Der Schneider, als er so ganz einsam in seinem Haus saß, verfiel in große Traurigkeit und hätte seine Söhne gerne wieder gehabt, aber niemand wusste, wo sie hingeraten waren.

Der Älteste war zu einem Schreiner in die Lehre gegangen. Da lernte er fleißig und unverdrossen, und als seine Zeit herum war, dass er wandern sollte, schenkte ihm der Meister ein Tischchen, das gar kein besonderes Ansehen hatte und von gewöhnlichem Holz war. Aber es hatte eine gute Eigenschaft. Wenn man es hinstellte und sprach: „Tischchen, deck dich", so war das gute Tischchen auf einmal mit einem saubern Tüchlein bedeckt, und stand da ein Teller und Messer und Gabel daneben und Schüsseln mit Gesottenem und Gebratenem, die so viel Platz hatten, und ein großes Glas mit Wein leuchtete, dass einem das Herz lachte. Der junge Gesell' dachte: „Damit hast du genug für dein Lebtag", zog guter Dinge in der Welt umher und bekümmerte sich gar nicht darum, ob ein Wirtshaus gut oder schlecht und ob etwas darin zu finden war oder nicht. Wenn es ihm gefiel, so kehrte er gar nicht ein, sondern im Felde, im Wald auf einer Wiese, wo er Lust hatte, nahm er sein Tischchen vom Rücken, stellte es vor sich und sprach: „Deck dich!", so war alles da, was sein Herz begehrte. Endlich kam es ihm in den Sinn, er wollte zu seinem Vater zurückkehren; sein Zorn würde sich gelegt haben, und mit dem Tischchen deck dich würde er ihn gern wieder aufnehmen. Es trug sich zu, dass er auf dem Heimweg abends in ein Wirtshaus kam, das mit Gästen angefüllt war. Sie hießen ihn willkommen und luden ihn ein, sich zu ihnen zu setzen; und mit ihnen zu essen; sonst würde er schwerlich noch was bekommen. „Nein", antwortete der Schreiner, „die paar Bissen will ich euch nicht vor dem Munde nehmen, lieber sollt ihr meine Gäste sein." Sie lachten und meinten, er triebe einen Spaß mit ihnen. Er aber stellte sein hölzernes Tischchen mitten in die Stube und sprach: „Tischchen, deck dich." Augenblicklich war es mit Speisen besetzt, so gut wie sie der Wirt nicht hätte herbeischaffen können, und wovon der Geruch den Gästen lieblich in die Nase stieg. „Zugegriffen, liebe Freunde", sprach der Schreiner, und die Gäste, als sie sahen, wie es gemeint war, ließen sich nicht zweimal bitten, rückten heran, zogen ihre Messer und griffen tapfer zu. Und was sie am meisten verwunderte: Wenn eine Schüssel leer geworden war, so stellte sich gleich von selbst eine volle an ihren Platz. Der Wirt stand in seiner Ecke und sah dem Dinge zu; er wusste gar nicht, was er sagen sollte, dachte aber: „Einen solchen Koch könntest du in deiner Wirtschaft wohl brauchen." Der Schreiner und seine Gesellschaft waren lustig bis in die späte Nacht; endlich legten sie sich schlafen, und der junge Geselle ging auch zu Bett und stellte sein Wünschtischchen an die Wand. Dem Wirte aber ließen seine Gedanken keine Ruhe; es fiel ihm ein, dass in seiner Rumpelkammer ein altes Tischchen stände, das gerade so aussähe. Das holte er ganz sachte herbei und vertauschte es mit dem Wunschtischchen. Am anderen Morgen zahlte der Schreiner sein Schlafgeld, packte sein Tischchen auf, dachte gar nicht daran, dass er ein falsches hätte und ging seiner Wege. Zu Mittag kam er bei seinem Vater an, der ihn mit großer Freude empfing. „Nun, mein lieber Sohn, was hast du gelernt?" sagte er zu ihm. „Vater, ich bin ein Schreiner geworden." „Ein gutes Handwerk", erwiderte der Alte, „aber was hast du von deiner Wanderschaft mitgebracht?" „Vater, das Beste, was ich mitgebracht habe, ist das Tischchen." Der Schneider betrachtete es von allen Seiten und sagte: „Daran hast du kein Meisterstück gemacht, das ist ein altes und schlechtes Tischchen." „Aber es ist ein Tischchen deck dich", antwortete der Sohn, „wenn ich es hinstelle und sage ihm, es sollte sich decken, so stehen gleich die schönsten Gerichte darauf und ein Wein dabei, der das Herz erfreut. Ladet nur alle Verwandte und Freunde ein, die sollen sich einmal laben und erquicken; denn das Tischchen macht sie alle satt." Als die Gesellschaft beisammen war, stellte er sein Tischchen mitten in die Stube und sprach: „Tischchen, deck dich." Aber das Tischchen regte sich nicht und blieb so leer wie ein anderer Tisch, der die Sprache nicht versteht. Da merkte der arme Geselle, dass ihm das Tischchen vertauscht war, und schämte sich, dass er wie ein Lügner da stand. Die Verwandten aber lachten ihn aus und mussten ungetrunken und ungegessen wieder heim wandern. Der Vater holte seine Lappen wieder herbei und schneiderte fort, der Sohn aber ging bei einem Meister in die Arbeit. Der zweite Sohn war zu einem Müller gekommen und bei ihm in die Lehre gegangen. Als er seine Lehre herum hatte, sprach der Meister: „Weil du dich so wohl gehalten hast, so schenke ich dir einen Esel von einer besonderen Art, er zieht nicht am Wagen und trägt auch keine Säcke." „Wozu ist er dann nütze?", fragte der junge Geselle. „Er speit Gold", antwortete der Müller, „wenn du ihn auf ein Tuch stellst und sprichst: ‚Bricklebrit', so speit dir das gute Tier Goldstücke aus, hinten und vorn." „Das ist eine schöne Sache", sprach der Geselle, dankte dem Meister und zog in die Welt. Wenn er Gold nötig hatte, brauchte er nur zu seinem Esel „Bricklebrit" zu sagen, so regnete es Goldstücke, und er hatte weiter keine Mühe, als sie von der Erde aufzuheben. Wo er hinkam, war ihm das Beste gut genug und je teurer, je lieber; denn er hatte immer einen vollen Beutel. Als er sich eine Zeitlang in der Welt umgesehen hatte, dachte er: „Du musst deinen Vater aufsuchen. Wenn du mit dem Goldesel kommst, so wird er seinen Zorn vergessen und dich gut aufnehmen." Es trug sich aber zu, dass er in dasselbe Wirtshaus geriet, in welchem seinem Bruder das Tischchen vertauscht war. Er führte seinen Esel an der Hand, und der Wirt wollte ihm das Tier abnehmen, der junge Geselle aber sprach: „Gebt Euch keine Mühe, meinen Grauschimmel führe ich selbst in den Stall und binde ihn auch selbst an; denn ich muss wissen, wo er steht." Dem Wirt kam das wunderlich vor, und er meinte, einer, der seinen Esel selbst besorgen müsste, hätte nicht viel zu verzehren. Als aber der Fremde in die Tasche griff, zwei Goldstücke herausholte und sagte, er sollte nun etwas Gutes für ihn einkaufen, so machte er große Augen, lief und suchte das Beste, das er auftreiben konnte. Nach der Mahlzeit fragte der Gast, was er schuldig wäre; der Wirt wollte die doppelte Kreide nicht sparen und sagte, noch ein paar Goldstücke müsste er zulegen. Der Geselle griff in die Tasche, aber sein Gold war eben zu Ende. „Wartet einen Augenblick, Herr Wirt", sprach er, „ich will nur gehen und Gold holen", nahm aber das Tischtuch mit. Der Wirt wusste nicht, was das heißen sollte, war neugierig, schlich ihm nach, und da der Gast die Stalltüre zuriegelte, so guckte er durch ein Astloch. Der Fremde breitete unter dem Esel das Tuch aus, rief „Bricklebrit", und augenblicklich fing das Tier an, Gold zu speien von hinten und vorn, dass es ordentlich auf die Erde herabregnete. „Ei der Tausend", sagte der Wirt, „da sind die Dukaten bald geprägt! So ein Geldbeutel ist nicht übel!" Der Gast bezahlte seine Zeche und legte sich schlafen, der Wirt aber schlich in der Nacht herab in den Stall, führte den Münzmeister weg und band einen anderen Esel an seine Stelle. Den folgenden Morgen in der Frühe zog der Geselle mit seinem Esel ab und meinte, er hätte seinen Goldesel. Mittags kam er bei seinem Vater an, der sich freute, als er ihn wiedersah und ihn gerne aufnahm. „Was ist aus dir geworden, mein Sohn?", fragte der Alte. „Ein Müller, lieber Vater", antwortete er. „Was hast du von deiner Wanderschaft mitgebracht?" „Weiter nichts als einen Esel." „Esel gibt's hier genug", sagte der Vater, „da wäre mir doch eine gute Ziege lieber gewesen." „Ja", antwortete der Sohn, „aber es ist kein gemeiner Esel, sondern ein Goldesel. Wenn ich sage: ‚Bricklebrit', so speit Euch das gute Tier ein ganzes Tuch voll Goldstücke. Lasst nur alle Verwandte herbeirufen, ich mache sie alle zu reichen Leuten." „Das lass ich mir gefallen", sagte der Schneider, „dann brauch ich mich mit der Nadel nicht weiter zu quälen", sprang selbst fort und rief die Verwandten herbei. Sobald sie beisammen waren, hieß sie der Müller Platz machen, breitete sein Tuch aus und brachte den Esel in die Stube. „Jetzt gebt acht", sagte er und rief: „Bricklebrit", aber es waren keine Goldstücke, was herab fiel, und es zeigte sich, dass das Tier nichts von der Kunst verstand; denn es bringt's nicht jeder Esel so weit. Da machte der arme Müller ein langes Gesicht, sah, dass er betrogen war, und bat die Verwandten um Verzeihung, die so arm heimgingen, als sie gekommen waren. Es blieb nichts übrig: Der Alte musste wieder nach der Nadel greifen, und der Junge sich bei einem Müller verdingen. Der dritte Bruder war zu einem Drechsler in die Lehre gegangen, und weil es ein kunstreiches Handwerk ist, musste er am längsten lernen. Seine Brüder aber meldeten ihm in einem Briefe, wie schlimm es ihnen ergangen wäre, und wie sie der Wirt noch am letzten Abende um ihre schönsten Wünschdinge gebrachte hätte. Als der Drechsler nun ausgelernt hatte und wandern sollte, so schenkte ihm sein Meister, weil er sich wohlbehalten, einen Sack und sagte: „Es liegt ein Knüppel darin." „Den Sack kann ich umhängen, und er kann mir gute Dienste leisten, aber was soll der Knüppel darin? Der macht ihn nur schwer." „Das will ich dir sagen", antwortete der Meister, „hat dir jemand etwas zu Leid getan, so sprich nur: \`Knüppel, aus dem Sack\`, so springt dir der Knüppel heraus unter die Leute und tanzt ihnen so lustig auf dem Rücken herum, dass sie sich acht Tage lang nicht regen und bewegen können; und eher lässt er nicht ab, als bis du sagst: \`Knüppel, in den Sack\`" Der Gesell' dankte ihm, hing den Sack um, und wenn ihm jemand zu nahe kam und auf den Leib wollte, so sprach er: „Knüppel, aus dem Sack", alsbald sprang der Knüppel heraus und klopfte einem nach dem anderen den Rock oder Wams gleich auf dem Rücken aus und wartete nicht erst, bis er ihn ausgezogen hatte; und das ging so geschwind, dass, eh' sich's einer versah, die Reihe schon an ihm war. Der junge Drechsler langte zur Abendzeit in dem Wirtshaus an, wo seine Brüder waren betrogen worden. Er legte seinen Ranzen vor sich auf den Tisch und fing an zu erzählen, was er alles Merkwürdiges in der Welt gesehen habe. „Ja", sagte er, „man findet wohl ein Tischchen deck dich, einen Goldesel und dergleichen: Lauter gute Dinge, die ich nicht verachte, aber das ist alles nichts gegen den Schatz, den ich mir erworben habe und mit mir da in meinem Sack führe." Der Wirt spitzte die Ohren. „Was in aller Welt mag das sein?", dachte er, „der Sack ist wohl mit lauter Edelsteinen angefüllt; den sollte ich billig auch noch haben; denn aller guten Dinge sind drei." Als Schlafenszeit war, streckte sich der Gast auf die Bank und legte seinen Sack als Kopfkissen unter. Der Wirt, als er meinte, der Gast läge in tiefem Schlaf, ging herbei, rückte und zog ganz sachte und vorsichtig an dem Sack, ob er ihn vielleicht wegziehen und einen anderen unterlegen könnte. Der Drechsler aber hatte schon lange darauf gewartet; wie nun der Wirt eben einen herzhaften Ruck tun wollte, rief er: „Knüppel, aus dem Sack." Alsbald fuhr das Knüppelchen heraus, dem Wirt auf den Leib, und rieb ihm die Nähte, dass es eine Art hatte. Der Wirt schrie zum Erbarmen, aber je lauter er schrie, desto kräftiger schlug der Knüppel ihm den Takt dazu auf dem Rücken, bis er endlich zur Erde fiel. Da sprach der Drechsler: „Wo du das Tischchen deck dich und den Goldesel nicht wieder herausgibst, so soll der Tanz von Neuem angehen." „Ach nein", rief der Wirt ganz kleinlaut, „ich gebe alles gerne wieder heraus, lasst nur den verwünschten Kobold wieder in den Sack kriechen." Da sprach der Geselle: „Ich will Gnade für Recht ergehen lassen, aber hüte dich vor Schaden!" Dann rief er: „Knüppel, in den Sack!" und ließ ihn ruhen. Der Drechsler zog am anderen Morgen mit dem Tischchen deck dich und dem Goldesel heim zu seinem Vater. Der Schneider freute sich, als er ihn wieder sah, und fragte auch ihn, was er in der Fremde gelernt hätte. „Lieber Vater", antwortete er, „ich bin ein Drechsler geworden." „Ein kunstreiches Handwerk", sagte der Vater, „was hast du von der Wanderschaft mitgebracht?" „Ein kostbares Stück, lieber Vater", antwortete der Sohn, „einen Knüppel in dem Sack." „Was!", rief der Vater, „einen Knüppel! Das ist der Mühe wert. Den kannst du dir von jedem Baume abhauen." „Aber einen solchen nicht, lieber Vater: Sage ich `Knüppel aus dem Sack`, so springt der Knüppel heraus und macht mit dem, der es nicht gut mit mir meint, einen schlimmen Tanz und lässt nicht eher nach, als bis er auf der Erde liegt und um gut' Wetter bittet. Seht Ihr, mit diesem Knüppel habe ich das Tischchen deck dich und den Goldesel wieder herbeigeschafft, die der diebische Wirt meinen Brüdern abgenommen hat. Jetzt lasst sie beide rufen und ladet alle Verwandten ein: Ich will sie speisen und tränken und will ihnen die Taschen noch mit Gold füllen." Der alte Schneider wollte nicht recht trauen, brachte aber doch die Verwandten zusammen. Da deckte der Drechsler ein Tuch in die Stube, führte den Goldesel herein und sagte zu seinem Bruder: „Nun lieber Bruder, sprich mit ihm." Der Müller sagte: „Bricklebrit", und augenblicklich sprangen die Goldstücke auf das Tuch herab, als käme ein Platzregen, und der Esel hörte nicht eher auf, als bis alle so viel hatten, dass sie nicht mehr tragen konnten. (Ich sehe dir's an, du wärst auch gerne dabei gewesen). Dann holte der Drechsler das Tischchen und sagte: „Lieber Bruder, nun sprich mit ihm." Und kaum hatte der Schreiner: „Tischchen deck dich" gesagt, so war es gedeckt und mit den schönsten Schüsseln reichlich besetzt. Da ward eine Mahlzeit gehalten, wie der gute Schneider noch keine in seinem Haus erlebt hatte, und die ganze Verwandtschaft blieb beisammen bis in die Nacht, und waren alle lustig und vergnügt. Der Schneider verschloss Nadel und Zwirn, Elle und Bügeleisen in den Schrank und lebte mit seinen drei Söhnen in Freude und Herrlichkeit. Wo ist aber die Ziege hingekommen, die schuld war, dass der Schneider seine drei Söhne fortjagte? Das will ich dir sagen. Sie schämte sich, dass sie einen kahlen Kopf hatte, lief in eine Fuchshöhle und verkroch sich hinein. Als der Fuchs nach Hause kam, funkelten ihm ein Paar große Augen aus der Dunkelheit entgegen, dass er erschrak und wieder zurücklief. Der Bär begegnete ihm, und da der Fuchs ganz verstört aussah, so sprach er: „Was ist dir, Bruder Fuchs, was machst du für ein Gesicht?“ „Ach“, antwortete der Rote, „ein grimmig Tier sitzt in meiner Höhle und hat mich mit feurigen Augen angeglotzt.“ „Das wollen wir bald austreiben“, sprach der Bär, ging mit zu der Höhle und schaute hinein; als er aber die feurigen Augen erblickte, wandelte ihn ebenfalls Furcht an. Er wollte mit dem grimmigen Tier nichts zu tun haben und nahm Reißaus. Die Biene begegnete ihm, und da sie merkte, dass es ihm in seiner Haut nicht wohl zu Mute war, sprach sie: „Bär, du machst ja ein gewaltig verdrießlich Gesicht, wo ist deine Lustigkeit geblieben?“ „Du hast gut reden“, antwortete der Bär, „es sitzt ein grimmiges Tier mit Glotzaugen in dem Haus des Roten, und wir können es nicht herausjagen.“ Die Biene sprach: „Du dauerst mich, Bär, ich bin ein armes, schwaches Geschöpf, das ihr im Wege nicht anguckt, aber ich glaube doch, dass ich euch helfen kann.“ Sie flog in die Fuchshöhle, setzte sich der Ziege auf den glatten geschorenen Kopf und stach sie so gewaltig, dass sie aufsprang, „meh! meh!“ schrie und wie toll in die Welt hineinlief; und niemand weiß auf die Stunde, wo sie hingelaufen ist.

HÄNSEL UND GRETEL

Vor einem großen Walde lebte ein armer Holzhacker mit seiner Frau und seinen zwei Kindern; das Bübchen hieß Hänsel und das Mädchen Gretel. Er hatte wenig zu beißen und zu brechen, und einmal, als große Teuerung ins Land kam, konnte er auch das täglich Brot nicht mehr schaffen. Wie er sich nun abends im Bette Gedanken machte und sich vor Sorgen herumwälzte, seufzte er und sprach zu seiner Frau: „Was soll aus uns werden? Wie können wir unsere armen Kinder ernähren, da wir für uns selbst nichts mehr haben?“ „Weißt du was, Mann“, antwortete die Frau, „wir wollen morgen in aller Frühe die Kinder hinaus in den Wald führen, wo er am dicksten ist. Da machen wir ihnen ein Feuer an und geben jedem noch ein Stückchen Brot, dann gehen wir an unsere Arbeit und lassen sie allein. Sie finden den Weg nicht wieder nach Haus, und wir sind sie los.“ „Nein, Frau“, sagte der

Mann, „das tue ich nicht; wie sollt' ich's übers Herz bringen, meine Kinder im Walde allein zu lassen, die wilden Tiere würden bald kommen und sie zerreißen." „Oh, du Narr", sagte sie, „dann müssen wie alle vier Hungers sterben, du kannst nur die Bretter für die Särge hobeln", und ließ ihm keine Ruhe, bis er einwilligte. „Aber die armen Kinder dauern mich doch", sagte der Mann. Die zwei Kinder hatten vor Hunger auch nicht einschlafen können und hatten gehört, was die Stiefmutter zum Vater gesagt hatte. Gretel weinte bittere Tränen und sprach zu Hänsel: „Nun ist's um uns geschehen." „Still, Gretel", sprach Hänsel, „gräme dich nicht, ich will uns schon helfen." Und als die Alten eingeschlafen waren, stand er auf, zog sein Röcklein an, machte die Untertüre auf und schlich sich hinaus. Da schien der Mond ganz helle, und die weißen Kieselsteine, die vor dem Haus lagen, glänzten wie lauter Batzen. Hänsel bückte sich und steckte so viel in sein Rocktäschlein, als nur hinein wollten. Dann ging er wieder zurück, sprach zu Gretel: „Sei getrost, liebes Schwesterchen, und schlaf nur ruhig ein, Gott wird uns nicht verlassen", und legte sich wieder in sein Bett. Als der Tag anbrach, noch ehe die Sonne aufgegangen war, kam schon die Frau und weckte die beiden Kinder: „Steht auf, ihr Faulenzer, wir wollen in den Wald gehen und Holz holen." Dann gab sie jedem ein Stückchen Brot und sprach: „Da habt ihr etwas für den Mittag, aber esst's nicht vorher auf, weiter kriegt ihr nichts." Gretel nahm das Brot unter die Schürze, weil Hänsel die Steine in der Tasche hatte. Danach machten sie sich alle zusammen auf den Weg nach dem Wald. Als sie ein Weilchen gegangen waren, stand Hänsel still und guckte nach dem Haus zurück und tat das wieder und immer wieder. Der Vater sprach: „Hänsel, was guckst du da und bleibst zurück, hab Acht und vergiss deine Beine nicht." „Ach, Vater", sagte Hänsel, „ich sehe nach meinem weißen Kätzchen, das sitzt oben auf dem Dach und will mir Ade sagen." Die Frau sprach: „Narr, das ist dein Kätzchen nicht, das ist die Morgensonne, die auf den Schornstein scheint." Hänsel aber hatte nicht nach dem Kätzchen gesehen, sondern immer einen von den blanken Kieselsteinen aus seiner Tasche auf den Weg geworfen. Als sie mitten in den Wald gekommen waren, sprach der Vater: „Nun sammelt Holz, ihr Kinder, ich will ein Feuer anmachen, damit ihr nicht friert." Hänsel und Gretel trugen Reisig zusammen, einen kleinen Berg hoch. Das Reisig ward angezündet, und als die Flamme recht hoch brannte, sagte die Frau: „Nun legt euch ans Feuer, ihr Kinder, und ruht euch aus, wir gehen in den Wald und hauen Holz. Wenn wir fertig sind, kommen wir wieder und holen euch ab." Hänsel und Gretel saßen am Feuer, und als der Mittag kam, aß jedes sein Stücklein Brot. Und weil sie die Schläge der Holzaxt hörten, so glaubten sie, ihr Vater wäre in der Nähe. Es war aber nicht die Holzaxt, es war ein Ast, den er an einen dürren Baum gebunden hatte und den der Wind hin und her schlug. Und als sie so lange gesessen hatten, fielen ihnen die Augen vor Müdigkeit zu, und sie schliefen fest ein. Als sie endlich erwachten, war es schon finstere Nacht. Gretel fing an zu weinen und sprach: „Wie sollen wir nun aus dem Wald kommen!“ Hänsel aber tröstete sie: „Wart nur ein Weilchen, bis der Mond aufgegangen ist, dann wollen wir den Weg schon finden.“ Und als der volle Mond aufgestiegen war, so nahm Hänsel sein Schwesterchen an der Hand und ging den Kieselsteinen nach, sie schimmerten wie neugeschlagene Batzen und zeigten ihnen den Weg. Sie gingen die ganze Nacht hindurch und kamen bei anbrechendem Tag wieder zu ihres Vaters Haus. Sie klopften an die Tür, und als die Frau aufmachte und sah, dass es Hänsel und Gretel war, sprach sie: „Ihr bösen Kinder, was habt ihr so lange im Walde geschlafen, wir haben geglaubt, ihr wolltet gar nicht wiederkommen.“ Der Vater aber freute sich, denn es war ihm zu Herzen gegangen, dass er sie so allein zurückgelassen hatte. Nicht lange danach war wieder Not in allen Ecken, und die Kinder hörten, wie die Stiefmutter nachts im Bette zu dem Vater sprach: „Alles ist wieder aufgezehrt, wir haben noch einen halben Laib Brot, hernach hat das Lied ein Ende. Die Kinder müssen fort, wir wollen sie tiefer in den Wald hineinführen, damit sie den Weg nicht wieder hinausfinden; es ist sonst keine Rettung für uns.“ Dem Mann fiel's schwer auf's Herz, und er dachte: „Es wäre besser, dass du den letzten Bissen mit deinen Kindern teiltest.“ Aber die Frau hörte auf nichts, was er sagte, schalt ihn und machte ihm Vorwürfe. Wer A sagt, muss auch B sagen , und weil er das erste Mal nachgegeben hatte, so musste er es auch zum zweiten Mal. Die Kinder aber waren noch wach gewesen und hatten das Gespräch mit angehört. Als die Alten schliefen, stand Hänsel wieder auf, wollte hinaus und Kieselsteine auflesen, wie das vorige Mal, aber die Frau hatte die Tür verschlossen, und Hänsel konnte nicht heraus. Aber er tröstete sein Schwesterchen und sprach: „Weine nicht, Gretel, und schlaf nur ruhig, der liebe Gott wird uns schon helfen.“ Am frühen Morgen kam die Frau und holte die Kinder aus dem Bette. Sie erhielten ihr Stückchen Brot, das war aber noch kleiner als das vorige Mal. Auf dem Wege nach dem Wald bröckelte es Hänsel in der Tasche, stand oft still und warf ein Bröcklein auf die Erde. „Hänsel, was stehst du und guckst dich um“, sagte der Vater, „geh' deiner Wege.“ „Ich seh nach meinem Täubchen, das sitzt auf dem Dach und will mir Ade sagen“, antwortete Hänsel. „Narr“, sagte die Frau, „das ist dein Täubchen nicht, das ist die Morgensonne, die auf den Schornstein oben scheint.“ Hänsel aber warf nach und nach alle Bröcklein auf den Weg. Die Frau führte die Kinder noch tiefer in den Wald, wo sie ihr Lebtag noch nicht gewesen waren. Da ward wieder ein großes Feuer angemacht, und die Mutter sagte: „Bleibt nur da sitzen, ihr Kinder, und wenn ihr müde seid, könnt ihr ein wenig schlafen. Wir gehen in den Wald und hauen Holz, und abends, wenn wir fertig sind, kommen wir und holen euch ab.“ Als es Mittag war, teilte Gretel ihr Brot mit Hänsel, der sein Stück auf den Weg gestreut hatte. Dann schliefen sie ein, und der Abend verging, aber niemand kam zu den armen Kindern. Sie erwachten erst in der finsteren Nacht, und Hänsel tröstete sein Schwesterchen und sagte: „Warte nur, Gretel, bis der Mond aufgeht, dann werden wir die Brotbröcklein sehen, die ich ausgestreut habe, die zeigen uns den Weg nach Haus." Als der Mond kam, machten sie sich auf, aber sie fanden kein Bröcklein mehr, denn die vieltausend Vögel, die im Walde und im Felde umherfliegen, die hatten sie weggepickt. Hänsel sagte zu Gretel: „Wir werden den Weg schon finden", aber sie fanden ihn nicht. Sie gingen die ganze Nacht und noch einen Tag von Morgen bis Abend, aber sie kamen aus dem Wald nicht heraus, und waren so hungrig, denn sie hatten nichts als die paar Beeren, die auf der Erde standen. Und weil sie so müde waren, dass die Beine sie nicht mehr tragen wollten, so legten sie sich unter einen Baum und schliefen ein. Nun war's schon der dritte Morgen, dass sie ihres Vaters Haus verlassen hatten. Sie fingen wieder an zu gehen, aber sie gerieten immer tiefer in den Wald, und wenn nicht bald Hilfe kam, so mussten sie verschmachten. Als es Mittag war, sahen sie ein schönes schneeweißes Vöglein auf einem Ast sitzen, das sang so schön, dass sie stehen blieben und ihm zuhörten. Und als es fertig war, schwang es seine Flügel und flog vor ihnen her, und sie gingen ihm nach, bis sie zu einem Häuschen gelangten, auf dessen Dach es sich setzte, und als sie ganz nah herankamen, so sahen sie, dass das Häuschen aus Brot gebaut war und mit Kuchen gedeckt; aber die Fenster waren von hellem Zucker. „Da wollen wir uns dranmachen", sprach Hänsel, „und eine gesegnete Mahlzeit halten. Ich will ein Stück vom Dach essen, Gretel, du kannst vom Fenster essen, das schmeckt süß." Hänsel reichte in die Höhe und brach sich ein wenig vom Dach ab, um zu versuchen, wie es schmeckte, und Gretel stellte sich an die Scheiben und knusperte daran. Da rief eine feine Stimme aus der Stube heraus: „Knusper, knusper, kneischen, wer knuspert an meinem Häuschen?" Die Kinder antworteten: „Der Wind, der Wind, das himmlische Kind." Und aßen weiter, ohne sich irremachen zu lassen. Hänsel, dem das Dach sehr gut schmeckte, riss sich ein großes Stück davon herunter, und Gretel stieß eine ganze runde Fensterscheibe heraus, setzte sich nieder und tat sich wohl damit. Da ging auf einmal die Türe auf, und eine steinalte Frau, die sich auf eine Krücke stützte, kam herausgeschlichen. Hänsel und Gretel erschraken so gewaltig, dass sie fallen ließen, was sie in den Händen hielten. Die Alte aber wackelte mit dem Kopfe und sprach: „Ei, ihr lieben Kinder, wer hat euch hierher gebracht? Kommt nur herein und bleibt bei mir, es geschieht euch kein Leid." Sie fasste beide an der Hand und führte sie in ihr Häuschen. Da ward gutes Essen aufgetragen, Milch und Pfannekuchen mit Zucker, Äpfel und Nüsse. Hernach wurden zwei schöne Bettlein weiß gedeckt, und Hänsel und Gretel legten sich hinein und meinten, sie wären im Himmel. Die Alte hatte sich nur so freundlich angestellt, sie war aber eine böse Hexe, die den Kindern auflauerte, und hatte das Brothäuslein bloß gebaut, um sie herbeizulocken. Wenn eins in ihre Gewalt kam, so machte sie es tot, kochte es und aß es, und das war ihr ein Festtag. Die Hexen haben rote Augen und können nicht weit sehen, aber sie haben eine feine Witterung, wie die Tiere, und merken's, wenn Menschen herankommen. Als Hänsel und Gretel in ihre Nähe kamen, lachte sie boshaft und sprach höhnisch: „Die habe ich, die sollen mir nicht wieder entwischen." Frühmorgens, ehe die Kinder erwacht waren, stand sie schon auf, und als sie beide so lieblich ruhen sah, mit den vollen roten Backen, so murmelten sie vor sich hin: „Das wird ein guter Bissen werden." Da packte sie Hänsel mit ihrer dürren Hand und trug ihn in einen kleinen Stall und sperrte ihn mit einer Gittertüre ein; er mochte schreien, wie er wollte, es half ihm nichts. Dann ging sie zur Gretel, rüttelte sie wach und rief: „Steh auf, Faulenzerin, trag Wasser und koch deinem Bruder was Gutes, der sitzt draußen im Stall und soll fett werden. Wenn er fett ist, so will ich ihn essen." Gretel fing an, bitterlich zu weinen, aber es war alles vergeblich, sie musste tun, was die böse Hexe verlangte. Nun ward dem armen Hänsel das beste Essen gekocht, aber Gretel bekam nichts als Krebsschalen. Jeden Morgen schlich die Alte zu dem Ställchen und rief: „Hänsel, streck deine Finger heraus, damit ich fühle, ob du bald fett bist." Hänsel streckte ihr aber ein Knöchlein heraus, und die Alte, die trübe Augen hatte, konnte es nicht sehen, und meinte, es wären Hänsels Finger, und verwunderte sich, dass er gar nicht fett werden wollte. Als vier Wochen herum waren und Hänsel immer mager blieb, da übernahm sie die Ungeduld, und sie wollte nicht länger warten. „Heda, Gretel", rief sie dem Mädchen zu, „sei flink und trag Wasser: Hänsel mag fett oder mager sein, morgen will ich ihn schlachten und kochen." Ach, wie jammerte das arme Schwesterchen, als es das Wasser tragen musste, und wie flossen ihm die Tränen über die Backen herunter. „Lieber Gott, hilf uns doch", rief sie aus, „hätten uns nur die wilden Tiere im Wald gefressen, so wären wir doch zusammen gestorben." „Spar nur dein Geplärre", sagte die Alte. „Es hilft dir alles nichts." Frühmorgens musste Gretel hinaus, den Kessel mit Wasser aufhängen und Feuer anzünden. „Erst wollen wir backen", sagte die Alte, „ich habe den Backofen schon eingeheizt und den Teig geknetet." Sie stieß das arme Gretel hinaus zu dem Backofen, aus dem die Feuerflammen schon herausschlugen. „Kriech hinein", sagte die Hexe, „und sieh zu, ob recht eingeheizt ist, damit wir das Brot hineinschieben können." Und wenn Gretel darin war, wollte sie den Ofen zumachen, und Gretel sollte darin braten, und dann wollte sie's auch aufessen. Aber Gretel merkte, was sie im Sinn hatte, und sprach: „Ich weiß nicht, wie ich's aufmachen soll; wie komm ich da hinein?" „Dumme Gans", sagte die Alte, „die Öffnung ist groß genug, siehst du wohl, ich könnte selbst hinein", krabbelte heran und steckte den Kopf in den Backofen. Da gab ihr Gretel einen Stoß, dass sie weit hinein fuhr, machte die eiserne Tür zu und schob den Riegel vor. Hu! Da fing sie an zu heulen, ganz grauslich; aber Gretel lief fort, und die gottlose Hexe musste elendiglich verbrennen. Gretel aber lief schnurstracks zum Hänsel, öffnete sein Ställchen und rief: „Hänsel, wir sind erlöst, die alte Hexe ist tot."

Da sprang Hänsel heraus, wie ein Vogel aus dem Käfig, wenn ihm die Türe aufgemacht wird. Wie haben sie sich gefreut, sind sich um den Hals gefallen, sind herumgesprungen und haben sich geküsst! Und weil sie sich nicht mehr zu fürchten brauchten, so gingen sie in das Haus der Hexe hinein, da standen in allen Ecken Kasten mit Perlen und Edelsteinen. „Die sind noch besser als Kieselsteine", sprach Hänsel und steckte in seine Taschen, was hinein wollte, und Gretel sagte: „Ich will auch etwas mit nach Haus bringen", und füllte sich sein Schürzchen voll. „Aber jetzt wollen wir fort", sagte Hänsel, „damit wir aus dem Hexenwald herauskommen." Als sie aber ein paar Stunden gegangen waren, gelangten sie an ein großes Wasser. „Wir können nicht hinüber", sprach Hänsel. „ich sehe keinen Steg und keine Brücke." „Hier fährt auch kein Schiffchen", antwortete Gretel, „aber da schwimmt eine weiße Ente, wenn ich die bitte, so hilft sie uns hinüber." Da rief sie: „Entchen, Entchen, da stehen Gretel und Hänsel. Kein Steg und keine Brücke, nimm uns auf deinen weißen Rücken." Das Entchen kam auch heran, und Hänsel setzte sich auf und bat sein Schwesterchen, sich zu ihm zu setzen. „Nein", antwortete Gretel, „es wird dem Entchen zu schwer, es soll uns nacheinander hinüberbringen." Das tat das gute Tierchen, und als sie glücklich drüben waren und ein Weilchen fort gingen, da kam ihnen der Wald immer bekannter und immer bekannter vor, und endlich erblickten sie von Weitem ihres Vaters Haus. Da fingen sie an zu laufen, stürzten in die Stube hinein und fielen ihrem Vater um den Hals. Der Mann hatte keine frohe Stunde gehabt, seitdem er die Kinder im Walde gelassen hatte, die Frau aber war gestorben. Gretel schüttete ihr Schürzchen aus, dass die Perlen und Edelsteine in der Stube herum sprangen, und Hänsel warf eine Handvoll nach der andern aus seiner Tasche dazu. Da hatten alle Sorgen ein Ende, und sie lebten in lauter Freude zusammen.

BRÜDERCHEN UND SCHWESTERCHEN

Brüderchen nahm sein Schwesterchen an der Hand und sprach: „Seit die Mutter tot ist, haben wir keine gute Stunde mehr; die Stiefmutter schlägt uns alle Tage, und wenn wir zu ihr kommen, stößt sie uns mit den Füßen fort. Die harten Brotkrusten, die übrigbleiben, sind unsere Speise, und dem Hündlein unter dem Tisch geht's besser: Dem wirft sie doch manchmal einen guten Bissen zu. Dass Gott erbarm, wenn das unsere Mutter wüsste! Komm, wir wollen miteinander in die weite Welt gehen." Sie gingen den ganzen Tag über Wiesen, Felder und Steine, und wenn es regnete, sprach das Schwesterchen: „Gott und unsere Herzen, die weinen zusammen!" Abends kamen sie in einen großen Wald und waren zu müde von Jammer, Hunger und dem langen Weg, dass sie sich in einen hohlen Baum setzten und einschliefen. Am anderen Morgen, als sie aufwachten, stand die Sonne schon hoch am Himmel und schien heiß in den Baum hinein. Da sprach das Brüderchen: „Schwesterchen, mich dürstet, wenn ich ein Brünnlein wüsste, ich ging und tränk einmal; ich mein, ich hört eins rauschen." Brüderchen stand auf, nahm Schwesterchen an der Hand, und sie wollten das Brünnlein suchen. Die böse Stiefmutter aber war eine Hexe und hatte wohl gesehen, wie die beiden Kinder fortgegangen waren, war ihnen nachgeschlichen, heimlich, wie die Hexen schleichen, und hatte alle Brunnen im Walde verwünscht. Als sie nun ein Brünnlein fanden, das so glitzerig über die Steine sprang, wollte das Brüderchen daraus trinken; aber das Schwesterchen hörte, wie es im Rauschen sprach: „Wer aus mir trinkt, wird ein Tiger." Da rief das Schwesterchen: „Ich bitte dich, Brüderchen, trink nicht, sonst wirst du ein wildes Tier und zerreißest mich." Das Brüderchen trank nicht, ob es gleich so großen Durst hatte, und sprach: „Ich will warten bis zur nächsten Quelle." Als sie zum zweiten Brünnlein kamen, hörte das Schwesterchen, wie auch dieses sprach: „Wer aus mir trinkt, wird ein Wolf, wer aus mir trinkt, wird ein Wolf." Da rief das Schwesterchen: „Brüderchen, ich bitte dich, trink nicht, sonst wirst du ein Wolf und frisst mich." Das Brüderchen trank nicht und sprach: „Ich will warten, bis wir zur nächsten Quelle kommen, aber dann muss ich trinken, du magst sagen, was du willst: Mein Durst ist gar zu groß." Und als sie zum dritten Brünnlein kamen, hörte das Schwesterlein, wie es im Rauschen sprach: „Wer aus mir trinkt, wird ein Reh; wer aus mir trinkt, wird ein Reh." Das Schwesterchen sprach: „Ach Brüderchen, ich bitte dich, trink nicht, sonst wirst du ein Reh und läufst mir fort." Aber das Brüderchen hatte sich gleich beim Brünnlein niedergekniet, hinabgebeugt und von dem Wasser getrunken, und wie die ersten Tropfen auf seine Lippen gekommen waren, lag es da als ein Rehkälbchen. Nun weinte das Schwesterchen über das arme, verwünschte Brüderchen, und das Rehchen weinte auch und saß so traurig neben ihm. Da sprach das Mädchen endlich: „Sei still, liebes Rehchen, ich will dich ja nimmermehr verlassen." Dann band es sein goldenes Strumpfband ab und tat es dem Rehchen um den Hals, und rupfte Binsen und flocht ein weiches Seil daraus. Daran band es das Tierchen und führte es weiter und ging immer tiefer in den Wald hinein. Und als sie lange, lange gegangen waren, kamen sie endlich an ein kleines Haus, und das Mädchen schaute hinein, und weil es leer war, dachte es: „Hier können wir bleiben und wohnen." Da suchte es dem Rehchen Laub und Moos zu einem weichen Lager, und jeden Morgen ging es aus und sammelte sich Wurzeln, Beeren und Nüsse, und für das Rehchen brachte es zartes Gras mit, das fraß es ihm aus der Hand, war vergnügt und spielte vor ihm herum. Abends, wenn das Schwesterchen müde war und sein Gebet gesagt hatte, legte es seinen Kopf auf den Rücken des Rehkälbchens, das war sein

Kissen, darauf es sanft einschlief. Und hätte das Brüderchen nur seine menschliche Gestalt gehabt, so wäre ein herrliches Leben gewesen. Das dauerte eine Zeit lang, dass sie so allein in der Wildnis waren. Es trug sich aber zu, dass der König des Landes eine große Jagd in dem Wald hielt. Da schallte das Hörnerblasen, Hundegebell und das lustige Geschrei der Jäger durch die Bäume, und das Rehlein hörte es und wäre gar zu gerne dabei gewesen. „Ach“, sprach es zum Schwesterlein, „lass mich hinaus in die Jagd, ich kann's nicht länger mehr aushalten“, und bat so lange, bis es einwilligte. „Aber“, sprach es zu ihm, „komm mir ja abends wieder, vor den wilden Jägern schließ ich mein Türlein; und damit ich dich kenne, so klopf und sprich: Mein Schwesterlein, lass mich herein; und wenn du nicht so sprichst, so schließ ich mein Türlein nicht auf.“ Nun sprang das Rehchen hinaus und es war ihm so wohl und so lustig in freier Luft. Der König und seine Jäger sahen das schöne Tier und setzten ihm nach, aber sie konnten es nicht einholen, und wenn sie meinten, sie hätten es gewiss, da sprang es über das Gebüsch weg und war verschwunden. Als es dunkel ward, lief es zu dem Häuschen, klopfte und sprach: „Mein Schwesterlein, lass mich herein.“ Da ward ihm die kleine Tür aufgetan, es sprang hinein und ruhte sich die ganze Nacht auf seinem weichen Lager aus. Am anderen Morgen fing die Jagd von Neuem an, und als das Rehlein wieder das Hüfthorn hörte und das 'Hoho!' der Jäger, da hatte es keine Ruhe und sprach: „Schwesterchen, mach mir auf, ich muss hinaus.“ Das Schwesterchen öffnete ihm die Türe und sprach: „Aber zu Abend musst du wieder da sein und dein Sprüchlein sagen.“ Als der König und seine Jäger das Rehlein mit dem goldenen Halsband wieder sahen, jagten sie ihm alle nach, aber es war ihnen zu schnell und behänd. Das währte den ganzen Tag, endlich aber hatten es die Jäger abends umzingelt, und einer verwundete es ein wenig am Fuß, so dass es hinken musste und langsam fortlief. Da schlich ihm ein Jäger nach bis zu dem Häuschen und hörte, wie es rief: „Mein Schwesterlein, lass mich herein“, und sah, dass die Tür ihm aufgetan und alsbald wieder zugeschlossen ward. Der Jäger behielt das alles wohl im Sinn, ging zum König und erzählte ihm, was er gesehen und gehört hatte. Da sprach der König: „Morgen soll noch einmal gejagt werden.“ Das Schwesterchen aber erschrak gewaltig, als es sah, dass sein Rehkälbchen verwundet war. Es wusch ihm das Blut ab, legte Kräuter auf und sprach: „Geh' auf dein Lager, lieb' Rehchen, dass du wieder heil wirst.“ Die Wunde aber war so gering, dass das Rehchen am Morgen nichts mehr davon spürte. Und als es die Jagdlust wieder draußen hörte, sprach es: „Ich kann es nicht aushalten, ich muss dabei sein; so bald soll mich keiner kriegen.“ Das Schwesterchen weinte und sprach: „Nun werden sie dich töten, und ich bin hier allein im Wald und bin verlassen von aller Welt. Ich lass dich nicht hinaus. „So sterb ich hier vor Betrübnis“, antwortete das Rehchen“, wenn ich das Hüfthorn höre, so mein ich, ich müsst' aus den Schuhen springen!“ Da konnte das Schwesterchen nicht anders und schloss ihm mit schwerem Herzen die Tür auf, und das Rehchen sprang gesund und fröhlich in den Wald. Als es der König erblickte, sprach er zu seinen Jägern: „Nun jagt ihm nach den ganzen Tag bis in die Nacht, aber dass ihm keiner etwas zu Leide tut.“ Sobald die Sonne untergegangen war, sprach der König zum Jäger: „Nun komm und zeige mir das Waldhäuschen.“ Und als er vor dem Türlein war, klopfte er an und rief: „Lieb‘ Schwesterlein, lass mich herein.“ Da ging die Tür auf, und der König trat herein, und da stand ein Mädchen, das war so schön, wie er noch keins gesehen hatte. Das Mädchen erschrak, als es sah, dass nicht sein Rehlein, sondern ein Mann hereinkam, der eine goldene Krone auf dem Haupt hatte. Aber der König sah es freundlich an, reichte ihm die Hand und sprach: „Willst du mit mir gehen auf mein Schloss und meine liebe Frau sein?“ „Ach ja“, antwortete das Mädchen, „aber das Rehchen muss auch mit, das verlass ich nicht.“ Da sprach der König: „Es soll bei dir bleiben, solange du lebst, und soll ihm an nichts fehlen.“ Indem kam es herbeigesprungen, da band es das Schwesterchen wieder an das Binsenseil, nahm es selbst in die Hand und ging mit ihm aus dem Waldhäuschen fort. Der König nahm das schöne Mädchen auf sein Pferd und führte es in sein Schloss, wo die Hochzeit mit großer Pracht gefeiert wurde, und war es nun die Frau Königin und lebten sie lange Zeit vergnügt zusammen; das Rehlein ward gehegt und gepflegt und sprang in dem Schlossgarten herum. Die böse Stiefmutter aber, um derentwillen die Kinder in die Welt hineingegangen waren, die meinte nicht anders, als wäre das Schwesterchen von den wilden Tieren im Walde zerrissen worden und das Brüderchen als ein Rehkalb von den Jägern totgeschossen. Als sie nun hörte, dass sie so glücklich waren und es ihnen wohl ging, da wurden Neid und Missgunst in ihrem Herzen rege und ließen ihr keine Ruhe, und sie hatte keinen anderen Gedanken, als wie sie die beiden doch noch ins Unglück bringen könnte. Ihre rechte Tochter, die hässlich war wie die Nacht und nur ein Auge hatte, die machte ihr Vorwürfe und sprach: „Eine Königin zu werden, das Glück hätte mir gebührt.“ „Sei nur still“, sagte die Alte und sprach zufrieden: „Wenn’s Zeit ist, will ich schon bei der Hand sein.“ Als nun die Zeit herangerückt war und die Königin ein schönes Knäblein zur Welt gebracht hatte und der König gerade auf der Jagd war, nahm die alte Hexe die Gestalt der Kammerfrau an, trat in die Stube, wo die Königin lag, und sprach zu der Kranken: „Kommt, das Bad ist fertig, das wird Euch wohl tun und frische Kräfte geben. Geschwind, eh es kalt wird.“ Ihre Tochter war auch bei der Hand, sie trugen die schwache Königin in die Badstube und legten sie in die Wanne; dann schlossen sie die Tür ab und liefen davon. In der Badstube hatten sie ein rechtes Höllenfeuer angemacht, dass die junge schöne Königin bald ersticken musste. Als das vollbracht war, nahm die Alte ihre Tochter, setzte ihr eine Haube auf und legte sie ins Bett an der Königin Stelle. Sie gab ihr auch die Gestalt und das Ansehen der Königin, nur das verlorene Auge konnte sie ihr nicht wiedergeben. Damit es aber der König nicht merkte, musste sie sich auf die Seite legen, wo sie kein Auge hatte. Am Abend, als er heimkam und hörte, dass ihm ein Söhnlein geboren war, freute er sich herzlich und wollte an das Bett seiner lieben Frau gehen und sehen, was sie machte. Da rief die Alte geschwind: „Beileibe, lasst die Vorhänge zu, die Königin darf noch nicht ins Licht sehen und muss Ruhe haben." Der König ging zurück und wusste nicht, dass eine falsche Königin im Bette lag. Als es aber Mitternacht war und alles schlief, da sah die Kinderfrau, die in der Kinderstube neben der Wiege saß und allein noch wachte, wie die Türe aufging und die rechte Königin herein trat. Sie nahm das Kind aus der Wiege, legte es in ihren Arm und gab ihm zu trinken. Dann schüttelte sie ihm das Kisschen, legte es wieder hinein und deckte es mit dem Deckbettchen zu. Sie vergaß aber auch das Rehchen nicht, ging in die Ecke, wo es lag, und streichelte ihm über den Rücken. Darauf ging sie ganz stillschweigend wieder zur Türe hinaus, und die Kinderfrau fragte am anderen Morgen die Wächter, ob jemand während der Nacht ins Schloss gegangen wäre, aber sie antworteten: „Nein, wir haben niemand gesehen." So kam sie viele Nächte und sprach niemals ein Wort dabei; die Kinderfrau sah sie immer, aber sie getraute sich nicht, jemand etwas davon zu sagen. Als nun so eine Zeit verflossen war, da hub die Königin in der Nacht an zu reden und sprach: „Was macht mein Kind? Was macht mein Reh? Nun komm ich noch zweimal und dann nimmermehr." Die Kinderfrau antwortet ihr nicht, aber als sie wieder verschwunden war, ging sie zum König und erzählte ihm alles. Sprach der König: „Ach Gott, was ist das! Ich will in der nächsten Nacht bei dem Kinde wachen." Abends ging er in die Kinderstube, aber um Mitternacht erschien die Königin wieder und sprach: „Was macht mein Kind? Was macht mein Reh? Nun komm ich noch einmal und dann nimmermehr." Und pflegte dann des Kindes, wie sie gewöhnlich tat, ehe sie verschwand. Der König getraute sich nicht, sie anzureden, aber er wachte auch in der folgenden Nacht. Sie sprach abermals: „Was macht mein Kind? Was macht mein Reh? Nun komm ich noch diesmal und dann nimmermehr." Da konnte sich der König nicht zurückhalten, sprang zu ihr und sprach: „Du kannst niemand anderes sein als meine liebe Frau." Da antwortete sie: „Ja, ich bin deine liebe Frau", und hatte in dem Augenblick durch Gottes Gnade das Leben wiedererhalten, war frisch, rot und gesund. Darauf erzählte sie dem König den Frevel, den die böse Hexe und ihre Tochter an ihr verübt hatten. Der König ließ beide vor Gericht führen, und es ward ihnen das Urteil gesprochen. Die Tochter ward in den Wald geführt, wo sie die wilden Tiere zerrissen, die Hexe aber ward ins Feuer gelegt und musste jammervoll verbrennen. Und wie sie zu Asche verbrannt war, verwandelte sich das Rehkälbchen und erhielt seine menschliche Gestalt wieder; Brüderchen und Schwesterchen aber lebten glücklich zusammen bis an ihr Ende.

SCHNEEWITTCHEN *

Es war einmal mitten im Winter, und die Schneeflocken fielen wie Federn vom Himmel herab, da saß eine Königin am Fenster, das einen Rahmen von schwarzem Ebenholz hatte, und nähte. Und wie sie so nähte und nach dem Schnee aufblickte, stach sie sich mit der Nadel in den Finger, und es fielen drei Tropfen Blut in den Schnee. Und weil das Rote im weißen Schnee so schön aussah, dachte sie bei sich: „Hätt' ich ein Kind so weiß wie Schnee, so rot wie Blut und so schwarz wie das Holz an dem Rahmen." Bald darauf bekam sie ein Töchterlein, das war so weiß wie Schnee, so rot wie Blut und so schwarzhaarig wie Ebenholz, und ward darum das Schneewittchen genannt. Und wie das Kind geboren war, starb die Königin. Nach einem Jahr nahm sich der König eine andere Gemahlin. Es war eine schöne Frau, aber sie war stolz und übermütig und konnte nicht leiden, dass sie an Schönheit von jemand sollte übertroffen werden. Sie hatte einen wunderbaren Spiegel, wenn sie vor den trat und sich darin beschaute, sprach sie: „Spieglein, Spieglein an der Wand, wer ist die Schönste im ganzen Land?", so antwortete der Spiegel: „Frau Königin, Ihr seid die Schönste im Land." Da war sie zufrieden, denn sie wusste, dass der Spiegel die Wahrheit sagte. Schneewittchen aber wuchs heran und wurde immer schöner, und als es sieben Jahr' alt war, war es so schön wie der klare Tag und schöner als die Königin selbst. Als diese einmal ihren Spiegel fragte: „Spieglein, Spieglein an der Wand, wer ist die Schönste im ganzen Land?", so antwortete er: „Frau Königin, Ihr seid die Schönste hier, aber Schneewittchen ist tausendmal schöner als Ihr." Da erschrak die Königin und ward gelb und grün vor Neid. Von Stund an, wenn sie Schneewittchen erblickte, kehrte sich ihr das Herz im Leibe herum, so hasste sie das Mädchen. Und der Neid und Hochmut wuchsen wie ein Unkraut in ihrem Herzen immer höher, dass sie Tag und Nacht keine Ruhe mehr hatte. Da rief sie einen Jäger und sprach: „Bring das Kind hinaus in den Wald, ich will's nicht mehr vor meinen Augen sehen. Du sollst es töten und mir Lunge und Leber zum Wahrzeichen mitbringen." Der Jäger gehorchte und führte es hinaus, und als er den Hirschfänger gezogen hatte und Schneewittchens unschuldiges Herz durchbohren wollte, fing es an zu weinen und sprach: „Ach, lieber Jäger, lass mir mein Leben; ich will in den wilden Wald laufen und nimmermehr wieder heimkommen." Und weil es so schön war, hatte der Jäger Mitleid und sprach: „So lauf hin, du armes Kind." „Die wilden Tiere werden dich bald gefressen haben", dachte er und doch war's ihm, als wär ein Stein von seinem Herzen gewälzt, weil er es nicht zu töten brauchte. Und als gerade ein junger Frischling dahergesprungen kam, stach er ihn ab, nahm Lunge und Leber heraus und brachte sie als Wahrzeichen der Königin mit. Der Koch musste sie in Salz kochen, und das boshafte Weib aß sie auf und meinte, sie hätte Schneewittchens Lunge

* Originaltitel von Grimm: Sneewittchen

und Leber gegessen. Nun war das arme Kind in dem großen Wald mutterselig allein, und ward ihm so angst, dass es alle Blätter an den Bäumen ansah und nicht wusste, wie es sich helfen sollte. Da fing es an zu laufen und lief über die spitzen Steine und durch die Dornen, und die wilden Tiere sprangen an ihm vorbei, aber sie taten ihm nichts. Es lief, solange nur die Füße noch fort konnten, bis es bald Abend werden wollte, da sah es ein kleines Häuschen und ging hinein, sich zu ruhen. In dem Häuschen war alles klein, aber so zierlich und reinlich, dass es nicht zu sagen ist. Da stand ein weiß gedecktes Tischlein mit sieben kleinen Tellern, jedes Tellerlein mit einem Löffelein, ferner sieben Messerlein und Gäblein und sieben Becherlein. An der Wand waren sieben Bettlein nebeneinander aufgestellt und schneeweiße Laken darüber gedeckt. Schneewittchen, weil es so hungrig und durstig war, aß von jedem Tellerlein ein wenig Gemüs' und Brot und trank aus jedem Becherlein einen Tropfen Wein; denn es wollte nicht einem allein alles wegnehmen. Hernach, weil es so müde war, legte es sich in ein Bettchen, aber keins passte. Das Eine war zu lang, das Andere zu kurz, bis endlich das Siebente recht war, und darin blieb es liegen, befahl sich Gott und schlief ein. Als es ganz dunkel geworden war, kamen die Herren von dem Häuslein, das waren die sieben Zwerge, die in den Bergen nach Erz hackten und gruben. Sie zündeten ihre sieben Lichtlein an, und wie es nun hell im Häuslein ward, sahen sie, dass jemand darin gewesen war, denn es stand nicht alles so in der Ordnung, wie sie es verlassen hatten. Der Erste sprach: „Wer hat auf meinem Stühlchen gesessen?" Der Zweite: „Wer hat von meinem Tellerchen gegessen?" Der Dritte: „Wer hat von meinem Brötchen genommen?" Der Vierte: „Wer hat von meinem Gemüschen gegessen?" Der Fünfte: „Wer hat mit meinem Gäbelchen gestochen?" Der Sechste: „Wer hat mit meinem Messerchen geschnitten?" Der Siebente: „Wer hat aus meinem Becherlein getrunken?" Dann sah sich der Erste um und sah, dass auf seinem Bett eine kleine Delle war, da sprach er: „Wer hat in mein Bettchen getreten?" Die Anderen kamen gelaufen und riefen: „In meinem hat auch jemand gelegen." Der Siebente aber, als er in sein Bett sah, erblickte Schneewittchen, das lag darin und schlief. Nun rief er die Anderen, die kamen herbeigelaufen und schriehen vor Verwunderung, holten ihre sieben Lichtlein und beleuchteten Schneewittchen. „Ei, du mein Gott! Ei, du mein Gott!" riefen sie. „Was ist das Kind so schön!" Und hatten so große Freude, dass sie es nicht aufweckten, sondern im Bettlein weiterschlafen ließen. Der siebente Zwerg aber schlief bei seinen Gesellen, bei jedem eine Stunde, da war die Nacht herum. Als es Morgen war, erwachte Schneewittchen, und wie es die sieben Zwerge sah, erschrak es. Sie waren aber freundlich und fragten: „Wie heißt du?" „Ich heiße Schneewittchen", antwortete es. „Wie bist du in unser Haus gekommen?", sprachen weiter die Zwerge. Da erzählte es ihnen, dass seine Stiefmutter es hätte wollen umbringen lassen, der Jäger hätte ihm aber das Leben geschenkt, und da wär es gelaufen den ganzen Tag, bis es endlich ihr Häuslein gefunden hätte. Die Zwerge sprachen: „Willst du unsern Haushalt versehen, kochen, betten, waschen, nähen und stricken, und willst du alles ordentlich und reinlich halten, so kannst du bei uns bleiben, und es soll dir an nichts fehlen." „Ja", sagte Schneewittchen, „von Herzen gern", und blieb bei ihnen. Es hielt ihnen das Haus in Ordnung; morgens gingen sie in die Berge und suchten Erz und Gold, abends kamen sie wieder, und da musste ihr Essen bereit sein. Den Tag über war das Mädchen allein, da warnten es die guten Zwerglein und sprachen: „Hüte dich vor deiner Stiefmutter, die wird bald wissen, dass du hier bist; lass ja niemand herein." Die Königin aber, nachdem sie Schneewittchens Lunge und Leber glaubte gegessen zu haben, dachte nicht anders, als sie wäre wieder die Erste und Allerschönste, trat vor ihren Spiegel und sprach: „Spieglein, Spieglein an der Wand, wer ist die Schönste im ganzen Land?" Da antwortete der Spiegel: „Frau Königin, Ihr seid die Schönste hier, aber Schneewittchen über den Bergen bei den sieben Zwergen ist noch tausend Mal schöner als Ihr." Da erschrak sie, denn sie wusste, dass der Spiegel keine Unwahrheit sprach, und merkte, dass der Jäger sie betrogen hatte und Schneewittchen noch am Leben war. Und da sann und sann sie auf's Neue, wie sie es umbringen wollte; denn solange sie nicht die Schönste war im ganzen Land, ließ ihr der Neid keine Ruhe. Und als sie sich endlich etwas ausgeruht hatte, färbte sie sich das Gesicht und kleidete sich wie eine alte Krämerin und war ganz unkenntlich. In dieser Gestalt ging sie über die sieben Berge zu den sieben Zwergen, klopfte an die Türe und rief: „Schöne Ware feil! Schöne Ware feil!" Schneewittchen guckte zum Fenster heraus und rief: „Guten Tag, liebe Frau, was habt Ihr zu verkaufen?" „Gute Ware, schöne Ware", antwortete sie, „Schnürriemen von allen Farben", und holte einen hervor, der aus bunter Seite geflochten war. „Die ehrliche Frau kann ich hereinlassen", dachte Schneewittchen, riegelte die Türe auf und kaufte sich den hübschen Schnürriemen. „Kind", sprach die Alte, „wie du aussiehst! Komm, ich will dich einmal ordentlich schnüren." Schneewittchen hatte kein Arg, stellte sich vor sie und ließ sich mit dem neuen Schnürriemen schnüren; aber die Alte schnürte geschwind und schnürte so fest, dass dem Schneewittchen der Atem verging und es für tot hinfiel. „Nun bist du die Schönste gewesen", sprach sie und eilte hinaus. Nicht lange darauf, zur Abendzeit, kamen die sieben Zwerge nach Haus, aber wie erschraken sie, als sie ihr liebes Schneewittchen auf der Erde liegen sahen; und es regte und bewegte sich nicht, als wäre es tot. Sie hoben es in die Höhe, und weil sie sahen, dass es zu fest geschnürt war, schnitten sie den Schnürriemen entzwei. Da fing es an ein wenig zu atmen, und ward nach und nach wieder lebendig. Als die Zwerge hörten, was geschehen war, sprachen sie: „Die alte Krämerfrau war niemand als die gottlose Königin. Hüte dich und lass keinen Menschen herein, wenn wir nicht bei dir sind." Das böse Weib aber, als es nach Haus gekommen war, ging vor den Spiegel und fragte: „Spieglein,

Spieglein an der Wand, wer ist die Schönste im ganzen Land?“ Da antwortete er wie sonst: „Frau Königin, Ihr seid die Schönste hier, aber Schneewittchen über den Bergen bei den sieben Zwergen ist noch tausend Mal schöner als Ihr!“ Als sie das hörte, lief alles Blut zum Herzen, so erschrak sie, denn sie sah wohl, dass Schneewittchen wieder lebendig geworden war. „Nun aber“, sprach sie, „will ich etwas aussinnen, das dich zugrunde richten soll“, und mit Hexenkünsten, die sie verstand, machte sie einen giftigen Kamm. Dann verkleidete sie sich und nahm die Gestalt eines anderen alten Weibes an. So ging sie hin über die sieben Berge zu den sieben Zwergen, klopfte an die Türe und rief: „Gute Ware feil! Gute Ware feil!“ Schneewittchen schaute heraus und sprach: „Geht nur weiter, ich darf niemand hereinlassen.“ „Das Ansehen wird dir doch erlaubt sein“, sprach die Alte, zog den giftigen Kamm heraus und hielt ihn in die Höhe. Da gefiel er dem Kinde so gut, dass es sich betören ließ und die Türe öffnete. Als sie des Kaufs einig waren, sprach die Alte: „Nun will ich dich einmal ordentlich kämmen.“ Das arme Schneewittchen dachte an nichts und ließ die Alte gewähren, aber kaum hatte sie den Kamm in die Haare gesteckt, als das Gift darin wirkte und das Mädchen ohne Besinnung niederfiel. „Du Ausbund von Schönheit“, sprach das boshafte Weib, „jetzt ist's um dich geschehen“, und ging fort. Zum Glück aber war es bald Abend, wo die sieben Zwerglein nach Haus kamen. Als sie Schneewittchen wie tot auf der Erde liegen sahen, hatten sie gleich die Stiefmutter in Verdacht, suchten nach und fanden den giftigen Kamm, und kaum hatten sie ihn herausgezogen, so kam Schneewittchen wieder zu sich und erzählte, was vorgegangen war. Da warnten sie es noch einmal, auf seiner Hut zu sein und niemand die Türe zu öffnen. Die Königin stellte sich daheim vor den Spiegel und sprach: „Spieglein, Spieglein an der Wand, wer ist die Schönste im ganzen Land?“ Da antwortete er wie vorher: „Frau Königin, Ihr seid die Schönste hier, aber Schneewittchen über den Bergen bei den sieben Zwergen ist doch noch tausend Mal schöner als Ihr.“ Als sie den Spiegel so reden hörte, zitterte und bebte sie vor Zorn. „Schneewittchen soll sterben“, rief sie, „und wenn es mein eig'nes Leben kostet.“ Darauf ging sie in eine ganz verborg'ne einsame Kammer, wo niemand hinkam, und machte da einen giftigen, giftigen Apfel. Äußerlich sah er schön aus, mit roten Backen, dass jeder, der ihn erblickte, Lust danach bekam, aber wer ein Stückchen davon aß, der musste sterben. Als der Apfel fertig war, färbte sie sich das Gesicht und verkleidete sich in eine Bauersfrau, und so ging sie über die sieben Berge zu den sieben Zwergen. Sie klopfte an, Schneewittchen streckte den Kopf zum Fenster heraus und sprach: „Ich darf keinen Menschen einlassen, die sieben Zwerge haben mir's verboten.“ „Mir auch recht“, antwortete die Bäurin, „meine Äpfel will ich schon loswerden. Da, einen will ich dir schenken.“ „Nein“, sprach Schneewittchen, „ich darf nichts annehmen.“ „Fürchtest du dich vor Gift?“, sprach die Alte. „Siehst du, da schneide ich den Apfel in zwei Teile; den roten Backen isst du, den weißen will ich essen." Der Apfel war aber so künstlich gemacht, dass der rote Backen allein vergiftet war. Schneewittchen schaute den schönen Apfel an, und als es sah, dass die Bäurin davon aß, so konnte es nicht länger widerstehen, streckte die Hand hinaus und nahm die giftige Hälfte. Kaum aber hatte es einen Bissen davon im Mund, so fiel es tot zur Erde nieder. Da betrachtete es die Königin mit grausigen Blicken und lachte überlaut und sprach: „Weiß wie Schnee, rot wie Blut, schwarz wie Ebenholz! Diesmal können dich die Zwerge nicht wieder erwecken." Und als sie daheim den Spiegel befragte: „Spieglein, Spieglein an der Wand, wer ist die Schönste im ganzen Land?", so antwortete er endlich: „Frau Königin, Ihr seid die Schönste im Land." Da hatte ihr neidisches Herz Ruhe, so gut ein neidisches Herz Ruhe haben kann. Die Zwerglein, wie sie abends nach Haus kamen, fanden Schneewittchen auf der Erde liegen, und es ging kein Atem mehr aus seinem Mund, und es war tot. Sie hoben es auf, suchten, ob sie was Giftiges fänden, schnürten es auf, kämmten ihm die Haare, wuschen es mit Wasser und Wein, aber es half alles nichts; das liebe Kind war tot und blieb tot. Sie legten es auf eine Bahre und setzten sich alle Siebene daran und beweinten es, und weinten drei Tage lang. Da wollten sie es begraben, aber es sah noch so frisch aus wie ein lebender Mensch und hatte noch seine schönen roten Backen. Sie sprachen: „Das können wir nicht in die schwarze Erde versenken", und ließen einen durchsichtigen Sarg von Glas machen, dass man es von allen Seiten sehen konnte, legten es hinein und schrieben mit goldenen Buchstaben seinen Namen darauf, und dass es eine Königstochter wäre. Dann setzten sie den Sarg hinaus auf den Berg, und einer von ihnen blieb immer dabei und bewachte ihn. Und die Tiere kamen auch und beweinten Schneewittchen, erst eine Eule, dann ein Rabe, zuletzt ein Täubchen. Nun lag Schneewittchen lange, lange Zeit in dem Sarg und verweste nicht, sondern sah aus, als wenn es schliefe, denn es war noch so weiß wie Schnee, so rot wie Blut und so schwarz wie Ebenholz. Es geschah aber, dass ein Königssohn in den Wald geriet und zu dem Zwergenhaus kam, da zu übernachten. Er sah auf dem Berg den Sarg und das schöne Schneewittchen darin, und las, was mit goldenen Buchstaben darauf geschrieben war. Da sprach er zu den Zwergen: „Lasst mir den Sarg, ich will euch geben, was ihr dafür haben wollt." Aber die Zwerge antworteten: „Wir geben ihn nicht um alles Gold in der Welt." Da sprach er: „So schenkt mir ihn, denn ich kann nicht leben, ohne Schneewittchen zu sehen, ich will es ehren und hochachten wie mein Liebstes." Wie er so sprach, empfanden die guten Zwerge Mitleid mit ihm und gaben ihm den Sarg. Der Königssohn ließ ihn nun von seinen Dienern auf den Schultern forttragen. Da geschah es, dass sie über einen Strauch stolperten, und von dem Schüttern fuhr der giftige Apfelgrütz, den Schneewittchen abgebissen hatte, aus dem Hals. Und nicht lange, so öffnete es die Augen, hob den Deckel vom Sarg in die Höhe und richtete sich auf und war wieder lebendig. „Ach Gott, wo bin ich?", rief es. Der Königssohn sagte voller Freude: „Du bist bei mir“, und erzählte, was sich zugetragen hatte, und sprach: „Ich habe dich lieber als alles auf der Welt; komm mit mir in meines Vaters Schloss, du sollst meine Gemahlin werden.“ Da war ihm Schneewittchen gut und ging mit ihm, und ihre Hochzeit ward mit großer Pracht und Herrlichkeit angeordnet. Zu dem Fest wurde aber auch Schneewittchens gottlose Stiefmutter eingeladen. Wie sie sich nun mit schönen Kleider angetan hatte, trat sie vor den Spiegel und sprach: „Spieglein, Spieglein an der Wand, wer ist die Schönste im ganzen Land?“ Der Spiegel antwortete: „Frau Königin, Ihr seid die Schönste hier, aber die junge Königin ist tausend Mal schöner als Ihr.“ Da stieß das böse Weib einen Fluch aus, und ward ihr so angst, so angst, dass sie sich nicht zu lassen wusste. Sie wollte zuerst gar nicht auf die Hochzeit kommen; doch es ließ ihr keine Ruhe, sie musste fort und die junge Königin sehen. Und wie sie hinein trat, erkannte sie Schneewittchen, und vor Angst und Schrecken stand sie da und konnte sich nicht regen. Aber es waren schon eiserne Pantoffeln über Kohlenfeuer gestellt und wurden mit Zangen hereingetragen und vor sie hingestellt. Da musste sie in die rotglühenden Schuhe treten und so lange tanzen, bis sie tot zur Erde fiel.

RAPUNZEL

Es war einmal ein Mann und eine Frau, die wünschten sich schon lange vergeblich ein Kind. Endlich machte sich die Frau Hoffnung, der liebe Gott werde ihren Wunsch erfüllen. Die Leute hatten in ihrem Hinterhaus ein kleines Fenster, daraus konnte man einen prächtigen Garten sehen, der voll der schönsten Blumen und Kräuter stand; er war aber von einer hohen Mauer umgeben, und niemand wagte hineinzugehen, weil er einer Zauberin gehörte, die große Macht hatte und von aller Welt gefürchtet ward. Eines Tages stand die Frau an diesem Fenster und sah in den Garten hinab, da erblickte sie ein Beet, das mit den schönsten Rapunzeln bepflanzt war; und sie sahen so frisch und grün aus, dass sie lüstern ward und das größte Verlangen empfand, von den Rapunzeln zu essen. Das Verlangen nahm jeden Tag zu, und da sie wusste, dass sie keine davon bekommen konnte, so fiel sie ganz ab, sah blass und elend aus. Da erschrak der Mann und fragte: „Was fehlt dir, liebe Frau? „Ach“, antwortete sie, „wenn ich keine Rapunzeln aus dem Garten hinter unserm Haus zu essen kriege, so sterbe ich.“ Der Mann, der sie lieb hatte, dachte: „Eh du deine Frau sterben lässt, holst du ihr von den Rapunzeln, es mag kosten, was es will.“ In der Abenddämmerung stieg er also über die Mauer in den Garten der Zauberin, stach in aller Eile eine Handvoll Rapunzeln und brachte sie seiner Frau. Sie machte sich sogleich Salat daraus und aß sie in voller Begierde auf. Sie hatten ihr aber so gut, so gut geschmeckt, dass sie den andern Tag noch dreimal soviel Lust bekam. Sollte sie Ruhe haben, so musste der Mann noch einmal in den Garten steigen. Er machte sich also in der Abenddämmerung wieder hinab, als er aber die Mauer hinabgeklettert war, erschrak er gewaltig, denn er sah die Zauberin vor sich stehen. „Wie kannst du es wagen", sprach sie mit zornigem Blick, „in meinen Garten zu steigen und wie ein Dieb mir meine Rapunzeln zu stehlen? Das soll dir schlecht bekommen." „Ach", antwortete er, „lasst Gnade vor Recht ergehen, ich habe mich nur aus Not dazu entschlossen. Meine Frau hat Eure Rapunzeln aus dem Fenster erblickt und empfindet ein so großes Gelüsten, dass sie sterben würde, wenn sie nicht davon zu essen bekäme." Da ließ die Zauberin in ihrem Zorne nach und sprach zu ihm: „Verhält es sich so, wie du sagst, so will ich dir gestatten, Rapunzeln mitzunehmen, soviel du willst, allein ich mache eine Bedingung: Du musst mir das Kind geben, das deine Frau zur Welt bringen wird. Es soll ihm gut gehen , und ich will für es sorgen wie eine Mutter." Der Mann sagte in der Angst alles zu, und als die Frau in Wochen kam, so erschien sogleich die Zauberin, gab dem Kind den Namen Rapunzel und nahm es mit sich fort. Rapunzel ward das schönste Kind unter der Sonne. Als es zwölf Jahre alt war, schloss es die Zauberin in einen Turm, der in einem Walde lag und weder Treppe noch Türe hatte, nur ganz oben war ein kleines Fensterchen. Wenn die Zauberin hinein wollte, so stellte sie sich unten hin und rief: „Rapunzel, Rapunzel, lass mir dein Haar herunter." Rapunzel hatte lange prächtige Haare, fein wie gesponnen Gold. Wenn sie nun die Stimme der Zauberin vernahm, so band sie ihre Zöpfe los, wickelte sie oben um einen Fensterhaken, und dann fielen die Haare zwanzig Ellen tief herunter, und die Zauberin stieg daran hinauf. Nach ein paar Jahren trug es sich zu, dass der Sohn des Königs durch den Wald ritt und an dem Turm vorüber kam. Da hörte er einen Gesang, der war so lieblich, dass er still hielt und horchte. Das war Rapunzel, die in ihrer Einsamkeit sich die Zeit damit vertrieb, ihre süße Stimme erschallen zu lassen. Der Königssohn wollte zu ihr hinaufsteigen und suchte nach einer Türe des Turms, aber es war keine zu finden. Er ritt heim, doch der Gesang hatte ihm so sehr das Herz gerührt, dass er jeden Tag hinaus in den Wald ging und zuhörte. Als er einmal so hinter einem Baum stand, sah er, dass eine Zauberin herankam und hörte, wie sie hinaufrief: „Rapunzel, Rapunzel, lass mir dein Haar herunter." Da ließ Rapunzel die Haarflechten herab, und die Zauberin stieg zu ihr hinauf. „Ist das die Leiter, auf welcher man hinaufkommt, so will ich auch einmal mein Glück versuchen." Und den folgenden Tag, als es anfing dunkel zu werden, ging er zu dem Turme und rief: „Rapunzel, Rapunzel, lass mir dein Haar herunter." Alsbald fielen die Haare herab, und der Königssohn stieg hinauf. Anfangs erschrak Rapunzel gewaltig, als ein Mann zu ihr hereinkam, wie ihre Augen noch nie einen erblickt hatten, doch der Königssohn fing an, ganz freundlich mit ihr zu reden und erzählte ihr, dass von ihrem Gesang sein Herz so sehr sei bewegt worden, dass es ihm keine Ruhe gelassen und er sie selbst habe sehen müssen. Da verlor Rapunzel ihre Angst, und als er sie fragte, ob sie ihn zum Manne nehmen wollte, und sie sah, dass er jung und schön war, so dachte sie: „Der wird mich lieber haben als die alte Frau Gothel", und sagte ja und legte ihre Hand in seine Hand. Sie sprach: „Ich will gerne mit dir gehen, aber ich weiß nicht, wie ich herabkommen kann. Wenn du kommst, so bring jedes Mal einen Strang Seide mit, daraus will ich eine Leiter flechten, und wenn die fertig ist, so steige ich herunter, und du nimmst mich auf dein Pferd." Sie verabredeten, dass er bis dahin alle Abend zu ihr kommen sollte, denn bei Tag kam die Alte. Die Zauberin merkte auch nichts davon, bis einmal Rapunzel anfing und zu ihr sagte: „Sag Sie mir doch, Frau Gothel, wie kommt es nur, Sie wird mir viel schwerer heraufzuziehen als der junge Königssohn, der ist in einem Augenblick bei mir." „Ach, du gottloses Kind", rief die Zauberin, „was muss ich von dir hören, ich hätte dich von aller Welt geschieden, und du hast mich doch betrogen!" In ihrem Zorne packte sie die schönen Haare der Rapunzel, schlug sie ein paar Mal um ihre linke Hand, griff eine Schere mit der rechten, und ritsch, ratsch waren sie abgeschnitten, und die schönen Flechten lagen auf der Erde. Und sie war so unbarmherzig, dass sie die arme Rapunzel in eine Wüstenei brachte, wo sie in großem Jammer und Elend leben musste. Denselben Tag aber, wo sie Rapunzel verstoßen hatte, machte abends die Zauberin die abgeschnittenen Flechten oben am Fensterhaken fest, und als der Königssohn kam und rief: „Rapunzel, Rapunzel, lass dein Haar herunter", so ließ sie die Haare hinab. Der Königssohn stieg hinauf, aber er fand oben nicht seine liebste Rapunzel, sondern die Zauberin, die ihn mit bösen und giftigen Blicken ansah. „Aha", rief sie höhnisch, „du willst die Frau Liebste holen, aber der schöne Vogel sitzt nicht mehr im Nest und singt nicht mehr, die Katze hat ihn geholt und wird dir auch noch die Augen auskratzen. Für dich ist Rapunzel verloren, du wirst sie nie wieder erblicken." Der Königssohn geriet außer sich vor Schmerz, und in der Verzweiflung sprang er den Turm herab. Das Leben brachte er davon, aber die Dornen, in die er fiel, zerstachen ihm die Augen. Da irrte er blind im Walde umher, aß nichts als Wurzel und Beeren und tat nichts als jammern und weinen über den Verlust seiner liebsten Frau. So wanderte er einige Jahre im Elend umher und geriet endlich in die Wüstenei, wo Rapunzel mit den Zwillingen, die sie geboren hatte, einem Knaben und Mädchen, kümmerlich lebte. Er vernahm eine Stimme, und sie däuchte ihn so bekannt; da ging er darauf zu, und wie er herankam, erkannte ihn Rapunzel und fiel ihm um den Hals und weinte. Zwei von ihren Tränen benetzten seine Augen, da wurden sie wieder klar, und er konnte damit sehen wie sonst. Er führte sie in sein Reich, wo er mit Freude empfangen ward, und sie lebten noch lange glücklich und vergnügt.

DORNRÖSCHEN

Vorzeiten waren ein König und eine Königin, die sprachen jeden Tag: „Ach, wenn wir doch ein Kind hätten!“, und kriegten immer keins. Da trug sich zu, als die Königin einmal im Bade saß, dass ein Frosch aus dem Wasser ans Land kroch und zu ihr sprach: „Die Wunsch wird erfüllt werden, ehe ein Jahr vergeht, wirst du eine Tochter zur Welt bringen.“ Was der Frosch gesagt hatte, das geschah, und die Königin gebar ein Mädchen, das war so schön, dass der König vor Freude sich nicht zu lassen wusste und ein großes Fest anstellte. Er lud nicht bloß seine Verwandte, Freunde und Bekannte, sondern auch die weisen Frauen dazu ein, damit sie dem Kind hold und gewogen wären. Es waren ihrer Dreizehn in seinem Reiche, weil er aber nur zwölf goldene Teller hatte, von welchen sie essen sollten, so musste eine von ihnen daheim bleiben. Das Fest ward mit aller Pracht gefeiert, und als es zu Ende war, beschenkten die weisen Frauen das Kind mit ihren Wundergaben: die Eine mit Tugend, die Andere mit Schönheit, die Dritte mit Reichtum, und so mit allem, was auf der Welt zu wünschen ist. Als elfe ihre Sprüche eben getan hatten, trat plötzlich die Dreizehnte herein. Sie wollte sich dafür rächen, dass sie nicht eingeladen war, und ohne jemand zu grüßen oder nur anzusehen, rief sie mit lauter Stimme: „Die Königstochter soll sich in ihrem fünfzehnten Jahr an einer Spindel stechen und tot hinfallen.“ Und ohne ein Wort weiter zu sprechen, kehrte sie sich um und verließ den Saal. Alle waren erschrocken, da trat die Zwölfte hervor, die ihren Wunsch noch übrig hatte, und weil sie den bösen Spruch nicht aufheben, sondern nur ihn mildern konnte, so sagte sie: „Es soll aber kein Tod sein, sondern ein hundertjähriger tiefer Schlaf, in welchen die Königstochter fällt.“ Der König, der sein liebes Kind vor dem Unglück gern bewahren wollte, ließ den Befehl ausgehen, dass alle Spindeln im ganzen Königreich sollten verbrannt werden. An dem Mädchen aber wurden die Gaben der weisen Frauen sämtlich erfüllt, denn es war so schön, sittsam, freundlich und verständig, dass es jedermann, der es ansah, liebhaben musste. Es geschah, dass an dem Tage, wo es gerade fünfzehn Jahr' alt ward, der König und die Königin nicht zu Haus waren und das Mädchen ganz allein im Schloss zurückblieb. Da ging es allerorten herum, besah Stuben und Kammern, wie es Lust hatte, und kam endlich auch an einen alten Turm. Es stieg die enge Wendeltreppe hinauf und gelangte zu einer kleinen Türe. In dem Schloss steckte ein verrosteter Schlüssel, und als es umdrehte, sprang die Türe auf, und saß da in einem kleinen Stübchen eine alte Frau mit einer Spindel und spann emsig ihren Flachs. „Guten Tag, du altes Mütterchen“, sprach die Königstochter, „was machst du da?“ „Ich spinne“, sagte die Alte und nickte mit dem Kopf. „Was ist das für ein Ding, das so lustig herumspringt?“, sprach das Mädchen, nahm die Spindel und wollte auch spinnen. Kaum hatte sie aber die Spindel angerührt, so ging der Zauberspruch in Erfüllung und sie stach sich damit in den Finger. In dem Augenblick aber, wo sie den Stich empfand, fiel sie auf das Bett nieder, das da stand, und lag in einem tiefen Schlaf. Und dieser Schlaf verbreitete sich über das ganze Schloss: Der König und die Königin, die eben heimgekommen waren und in den Saal getreten waren, fingen an einzuschlafen und der ganze Hofstaat mit ihnen. Da schliefen auch die Pferde im Stall, die Hunde im Hofe, die Tauben auf dem Dache, die Fliegen an der Wand, ja, das Feuer, das auf dem Herd flackerte, ward still und schlief ein, und der Braten hörte auf zu brutzeln, und der Koch, der den Küchenjungen, weil er etwas versehen hatte, in den Haaren ziehen wollte, ließ ihn los und schlief. Und der Wind legte sich, und auf den Bäumen vor dem Schloss regte sich kein Blättchen mehr. Rings um das Schloss aber begann eine Dornenhecke zu wachsen, die jedes Jahr höher ward und endlich das ganze Schloss umzog und darüber hinauswuchs, dass gar nichts mehr davon zu sehen war, selbst nicht die Fahne auf dem Dach. Es ging aber die Sage in dem Land von dem schönen schlafenden Dornröschen, denn so ward die Königstochter genannt, also dass von Zeit zu Zeit Königssöhne kamen und durch die Hecke in das Schloss dringen wollten. Es war ihnen aber nicht möglich, denn die Dornen, als hätten sie Hände, hielten fest zusammen, und die Jünglinge blieben darin hängen, konnten sich nicht wieder losmachen und starben eines jämmerlichen Todes. Nach langen, langen Jahren kam wieder einmal ein Königssohn in das Land und hörte, wie ein alter Mann von der Dornenhecke erzählte, es sollte ein Schloss dahinter stehen, in welchem eine wunderschöne Königstochter, Dornröschen genannt, schon seit hundert Jahren schliefe, und mit ihr schliefe der König und die Königin und der ganze Hofstaat. Er wusste auch von seinem Großvater, dass schon viele Königssöhne gekommen wären und versucht hätten, durch die Dornenhecke zu dringen, aber sie wären darin hängengeblieben und eines traurigen Todes gestorben. Da sprach der Jüngling: „Ich fürchte mich nicht, ich will hinaus und das schöne Dornröschen sehen.“ Der gute Alte mochte ihm abraten, wie er wollte, er hörte nicht auf seine Worte. Nun waren aber gerade die hundert Jahre verflossen, und der Tag war gekommen, wo Dornröschen wieder erwachen sollte. Als der Königssohn sich der Dornenhecke näherte, waren es lauter große schöne Blumen, die taten sich von selbst auseinander und ließen ihn unbeschädigt hindurch, und hinter ihm taten sie sich wieder als eine Hecke zusammen. Im Schlosshof sah er die Pferde und scheckigen Jagdhunde liegen und schlafen, auf dem Dache saßen die Tauben und hatten das Köpfchen unter den Flügel gesteckt. Und als er ins Haus kam, schliefen die Fliegen an der Wand. Der Koch in der Küche hielt noch die Hand, als wollte er den Jungen anpacken, und die Magd saß vor dem schwarzen Huhn, das sollte gerupft werden. Da ging er weiter und sah im Saale den ganzen Hofstaat liegen und schlafen, und oben bei dem Throne lag der König und die Königin. Da ging er noch weiter, und alles war so still, dass einer seinen Atem hören konnte, und endlich kam er zu dem Turm und öffnete die Türe zu der kleinen Stube, in welcher Dornröschen schlief. Da lag es und war so schön, dass er die Augen nicht abwenden konnte, und er bückte sich und gab ihm einen Kuss. Wie er es mit dem Kuss berührt hatte, schlug Dornröschen die Augen auf und blickte ihn freundlich an. Da gingen sie zusammen herab, und der König erwachte und die Königin und der ganze Hofstaat und sahen einander mit großen Augen an. Und die Pferde im Hof standen auf und rüttelten sich, die Jagdhunde sprangen und wedelten, die Tauben auf dem Dache zogen das Köpfchen unterm Flügel hervor, sahen umher und flogen ins Feld, die Fliegen an den Wänden krochen weiter; das Feuer in der Küche erhob sich, flackerte und kochte das Essen, der Braten fing wieder an zu brutzeln, der Koch gab dem Jungen eine Ohrfeige, dass er schrie und die Magd rupfte das Huhn fertig. Und da wurde die Hochzeit des Königssohns mit dem Dornröschen in aller Pracht gefeiert, und sie lebten vergnügt bis an ihr Ende.

DER ARME UND DER REICHE

Vor alten Zeiten, als der liebe Gott noch selber auf Erden unter den Menschen wandelte, trug es sich zu, dass er eines Abends müde war, und ihn die Nacht überfiel, bevor er zu einer Herberge kommen konnte. Nun standen auf dem Weg vor ihm zwei Häuser einander gegenüber, das eine groß und schön, das andere klein und ärmlich anzusehen, und gehörte das Große einem Reichen, das Kleine einem armen Manne. Da dachte unser Herr Gott: „Dem Reichen werde ich nicht beschwerlich fallen: Bei ihm will ich übernachten". Der Reiche, als er an seine Türe klopfen hörte, machte das Fenster auf und fragte den Fremdling, was er suche. Der Herr antwortete: „Ich bitte um ein Nachtlager." Der Reiche guckte den Wandersmann vom Haupt bis zu den Füßen an, und weil der liebe Gott schlichte Kleider trug und nicht aussah wie einer, der viel Geld in der Tasche hat, schüttelte er mit dem Kopf und sprach: „Ich kann Euch nicht aufnehmen, meine Kammern liegen voll Kräuter und Samen, und sollte ich einen Jeden beherbergen, der an meine Türe klopft, so könnte ich selber den Bettelstab in die Hand nehmen. Sucht Euch anderswo ein Auskommen." Schlug damit sein Fenster zu und ließ den lieben Gott stehen. Also kehrte ihm der liebe Gott den Rücken und ging hinüber zu dem kleinen Haus. Kaum hatte er angeklopft, so klinkte der Arme schon sein Türchen auf und bat den Wandersmann einzutreten. „Bleibt die Nacht über bei mir", sagte er, „es ist schon finster, und heute könnt Ihr doch nicht weiter kommen." Das gefiel dem lieben Gott, und er trat zu ihm ein. Die Frau des Armen reichte ihm die Hand, hieß ihn willkommen und sagte, er möchte sich's bequem machen und vorliebnehmen, sie hätten nicht viel, aber was es wäre, gäben sie von Herzen gerne. Dann setzte sie Kartoffeln ans Feuer, und derweil sie kochten, melkte sie ihre Ziege, damit sie ein wenig Milch dazu hätten. Und als der Tisch gedeckt war, setzte sich der liebe Gott nieder und aß mit ihnen, und schmeckte ihm die schlechte Kost gut; denn es waren vergnügte Gesichter dabei. Nachdem sie gegessen hatten, und Schlafenszeit war, rief die Frau heimlich ihren Mann und sprach: „Hör, lieber Mann, wir wollen uns heute Nacht eine Streu machen, damit der arme Wanderer sich in unser Bett legen und ausruhen kann. Er ist den ganzen Tag über gegangen, da wird einer müde." „Von Herzen gern", antwortete er, „ich will's ihm anbieten", ging zu dem lieben Gott und bat ihn, wenn's ihm recht wäre, möchte er sich in ihr Bett legen und seine Glieder ordentlich ausruhen. Der liebe Gott wollte den beiden Alten ihr Lager nicht nehmen, aber sie ließen nicht ab, bis er es endlich tat und sich in ihr Bett legte. Sich selbst aber machten sie eine Streu auf der Erde. Am nächsten Morgen standen sie vor Tag schon auf und kochten dem Gast ein Frühstück, so gut sie es hatten. Als nun die Sonne durchs Fensterlein schien, und der liebe Gott aufgestanden war, aß er wieder mit ihnen und wollte dann seines Weges ziehen. Als er in der Türe stand, kehrte er sich um und sprach: „Weil ihr so mitleidig und fromm seid, so wünscht euch Dreierlei, das will ich euch erfüllen." Da sagte der Arme: „Was soll ich mir sonst wünschen als die ewige Seligkeit, und dass wir zwei, solang wir leben, gesund dabei bleiben und unser notdürftiges tägliches Brot haben; für's Dritte weiß ich mir nichts zu wünschen." Der liebe Gott sprach: „Willst du dir nicht ein neues Haus für das alte wünschen?" „Oh ja", sagte der Mann, „wenn ich das auch noch erhalten kann, so wär' mir's wohl lieb." Da erfüllte der Herr ihre Wünsche, verwandelte ihr altes Haus in ein neues, gab ihnen noch mal seinen Segen und zog weiter. Es war schon voller Tag, als der Reiche aufstand. Er legte sich ins Fenster und sah gegenüber ein neues reinliches Haus mit roten Ziegeln, wo sonst eine alte Hütte gestanden hatte. Da machte er große Augen, rief seine Frau herbei und sprach: „Sag mir, was ist geschehen? Gestern Abend stand die alte elende Hütte, und heute steht da ein schönes neues Haus. Lauf hinüber und höre, wie das gekommen ist." Die Frau ging und fragte den Armen aus. Er erzählte ihr: „Gestern Abend kam ein Wanderer, der suchte Nachtherberge, und heute Morgen beim Abschied hat er uns drei Wünsche gewährt, die ewige Seligkeit, Gesundheit in diesem Leben und das notdürftige tägliche Brot dazu und zuletzt noch statt unserer alten Hütte ein schönes neues Haus." Die Frau des Reichen lief eilig zurück und erzählte ihrem Manne, wie alles gekommen war. Der Mann sprach: „Ich möchte mich zerreißen und zerschlagen: Hätte ich das nur gewusst! Der Fremde ist zuvor hier gewesen und hat bei uns übernachten wollen, ich habe ihn aber abgewiesen." „Eil' dich", sprach die Frau, „und setz dich auf dein Pferd, so kannst du den Mann noch einholen, und dann musst du dir auch drei Wünsche gewähren lassen." Der Reiche befolgte den guten Rat, jagte mit seinem Pferd davon und holte den lieben Gott noch ein. Er redete fein und lieblich und bat, er möchte es nicht übelnehmen, dass er nicht gleich wäre eingelassen worden, er hätte den Schlüssel zur Haustüre gesucht, derweil wäre er weggegangen. Wenn er des Weges zurückkäme, müsste er bei ihm einkehren. „Ja", sprach der liebe Gott, „wenn ich einmal zurückkomme, will ich es tun." Da fragte der Reiche, ob er nicht auch drei Wünsche tun dürfte, wie sein Nachbar. „Ja", sagte der liebe Gott, das dürfte er wohl, es wäre aber nicht gut für ihn, und er sollte sich lieber nichts wünschen. Der Reiche meinte, er wolle sich schon etwas aussuchen, das zu seinem Glück gereiche, wenn er nur wüsste, dass es erfüllt würde. Sprach der liebe Gott: „Reit heim, und drei Wünsche, die du tust, die sollen in Erfüllung gehen." Nun hatte der Reiche, was er verlangte, ritt heimwärts und fing an nachzusinnen, was er sich wünschen sollte. Wie er sich so bedachte und die Zügel fallen ließ, fing das Pferd an zu springen, so dass er immerfort in seinen Gedanken gestört wurde und sie gar nicht zusammen bringen konnte. Er klopfte ihm an den Hals und sagte: „Sei ruhig, Liese", aber sein Pferd machte auf's Neue Männerchen. Da ward er zuletzt ärgerlich und rief ganz ungeduldig: „So wollt' ich, dass du den Hals zerbrächst!" Wie er das Wort ausgesprochen hatte, plumps, fiel er auf die Erde, und lag das Pferd tot und regte sich nicht mehr; damit war der erste Wunsch erfüllt. Weil er aber von Natur geizig war, wollte er das Sattelzeug nicht im Stich lassen, schnitt's ab, hing's auf seinen Rücken und musste nun zu Fuß gehen. „Du hast noch zwei Wünsche übrig", dachte er und tröstete sich damit. Wie er nun langsam durch den Sand dahinging, und zu Mittag die Sonne heiß brannte, ward's ihm so warm und verdrießlich zu Mut. Der Sattel drückte ihn auf den Rücken, auch war ihm noch immer nicht eingefallen, was er sich wünschen sollte. „Wenn ich mir auch alle Reiche und Schätze der Welt wünsche", sprach er zu sich selbst, „so fällt mir hernach noch allerlei ein, dieses und jenes, das weiß ich im Voraus. Ich will's aber so einrichten, dass mir gar nichts mehr übrig zu wünschen bleibt." Dann seufzte er und sprach: „Ja, wenn ich der bayrische Bauer wäre, der auch drei Wünsche frei hätte, der wusste sich zu helfen, der wünschte sich zuerst recht viel Bier, und zweitens so viel Bier, als er trinken könnte, und drittens noch ein Fass Bier dazu." Manchmal meinte er, jetzt hätte er es gefunden, aber hernach schien's ihm doch zu wenig. Da kam ihm so in die Gedanken, was es seine Frau jetzt gut hätte, die säße daheim in einer kühlen Stube und ließe sich's wohlschmecken. Das ärgerte ihn ordentlich, und ohne dass er's wusste, sprach er so hin: „Ich wollte, die säße daheim auf dem Sattel und könnte nicht herunter, statt dass ich ihn da auf meinem Rücken schleppe." Und wie das letzte Wort aus seinem Munde kam, so war der Sattel von seinem Rücken verschwunden, und er merkte, dass sein zweiter Wunsch auch in Erfüllung gegangen war. Da ward ihm erst recht heiß, er fing an zu laufen und wollte sich daheim ganz einsam in seine Kammer hinsetzen und auf etwas Großes für den letzten Wunsch sinnen. Wie er aber ankommt und die Stubentür aufmacht, sitzt da seine Frau mittendrin auf dem Sattel und kann nicht herunter, jammert und schreit. Da sprach er: „Gib dich zufrieden, ich will dir alle Reichtümer der Welt herbeiwünschen, nur bleib da sitzen." Sie schalt ihn aber einen Schafskopf und sprach: „Was helfen mir alle Reichtümer der Welt, wenn ich auf dem Sattel sitze; du hast mich darauf gewünscht, du musst mir auch wieder herunterhelfen." Er mochte wollen oder nicht, er musste den dritten Wunsch tun, dass sie vom Sattel ledig wäre und heruntersteigen könnte; und der Wunsch ward alsbald erfüllt. Also hatte er nichts davon als Ärger, Mühe, Scheltworte und ein verlor'nes Pferd; die Armen aber lebten vergnügt, still und fromm, bis an ihr seliges Ende.

DIE LEBENSZEIT

Als Gott die Welt geschaffen hatte und allen Kreaturen ihre Lebenszeit bestimmen wollte, kam der Esel und fragte: Herr, wie lange soll ich leben?" „Dreißig Jahre", antwortete Gott, „ist dir das recht?" „Ach, Herr", erwiderte der Esel, „das ist eine lange Zeit. Bedenke mein mühseliges Dasein: Vom Morgen bis in die Nacht schwere Lasten tragen, Kornsäcke in die Mühle schleppen, damit andere das Brot essen, mit nichts als mit Schlägen und Fußtritten ermuntert und aufgefrischt zu werden! Erlass mir einen Teil der langen Zeit!" Da erbarmte sich Gott und schenkte ihm achtzehn Jahre. Der Esel ging getröstet weg, und der Hund erschien. „Wie lange willst du leben?", sprach Gott zu ihm, „dem Esel sind dreißig Jahre zu viel, du aber wirst damit zufrieden sein." „Herr", antwortete der Hund, „ist das dein Wille? Bedenke, was ich laufen muss, das halten meine Füße so lange nicht aus; und habe ich erst die Stimme zum Bellen verloren und die Zähne zum Beißen, was bleibt mir übrig, als aus einer Ecke in die andere zu laufen und zu knurren?" Gott sah, dass er recht hatte und erließ ihm zwölf Jahre. Darauf kam der Affe. „Du willst wohl gerne dreißig Jahre leben?", sprach der Herr zu ihm. „Du brauchst nicht zu arbeiten wie der Esel und der Hund und bist immer guter Dinge." „Ach, Herr", antwortete er, „das sieht so aus, ist aber anders. Wenn's Hirsenbrei regnet, habe ich keinen Löffel. Ich soll immer lustige Streiche machen, Gesichter machen, damit die Leute lachen, und wenn sie mir einen Apfel reichen, und ich beiße hinein, so ist er sauer. Wie oft steckt die Traurigkeit hinter dem Spaß! Dreißig Jahre halte ich das nicht aus." Gott war gnädig und erließ ihm zehn Jahre. Endlich erschien der Mensch, war freudig, gesund und frisch und bat Gott, ihm seine Zeit zu bestimmen. „Dreißig Jahre sollst du leben", sprach der Herr, „ist dir das genug?“ „Welch eine kurze Zeit!“, rief der Mensch. „Wenn ich mein Haus gebaut habe, und das Feuer auf meinem eigenen Herde brennt, wenn ich Bäume gepflanzt habe, die blühen und Früchte tragen, und ich meines Lebens froh zu werden gedenke, so soll ich sterben! O Herr, verlängere meine Zeit!“ „Ich will dir die achtzehn Jahre des Esels zulegen“, sagte Gott. „Das ist nicht genug“, erwiderte der Mensch. „Du sollst auch die zwölf Jahre des Hundes haben.“ „Immer noch zu wenig.“ „Wohlan“, sagte Gott, „ich will dir noch die zehn Jahre des Affen geben, aber mehr erhältst du nicht.“ Der Mensch ging fort, war aber nicht zufrieden gestellt. Also lebt der Mensch siebenzig Jahr. Die ersten dreißig sind seine menschlichen Jahre, die gehen schnell dahin; da ist er gesund, heiter, arbeitet mit Lust und freut sich seines Daseins. Hierauf folgen die achtzehn Jahre des Esels, da wird ihm eine Last nach der anderen aufgelegt: Er muss das Korn tragen, das andere nährt, und Schläge und Tritte sind der Lohn seiner treuen Dienste. Dann kommen die zwölf Jahre des Hundes, da liegt er in den Ecken, knurrt und hat keine Zähne mehr zum Beißen. Und wenn diese Zeit vorüber ist, so machen die zehn Jahre des Affen den Beschluss. Da ist der Mensch schwachköpfig und närrisch, treibt alberne Dinge und wird ein Spott der Kinder.

DIE STERNTALER

Es war einmal ein kleines Mädchen, dem war Vater und Mutter gestorben, und es war so arm, dass es kein Kämmerchen mehr hatte, darin zu wohnen, und kein Bettchen mehr, darin zu schlafen, und endlich gar nichts mehr als die Kleider auf dem Leib und ein Stückchen Brot in der Hand, das ihm ein mitleidiges Herz geschenkt hatte. Es war aber gut und fromm. Und weil es von aller Welt verlassen war, ging es im Vertrauen auf den lieben Gott hinaus ins Feld. Da begegnete ihm ein armer Mann, der sprach: „Ach, gib mir etwas zu essen, ich bin so hungrig.“ Es reichte ihm das ganze Stückchen Brot und sagte: „Gott segne dir's“, und ging weiter. Da kam ein Kind das jammerte und sprach: „Es friert mich so an meinem Kopfe, schenk mir etwas, womit ich ihn bedecken kann.“ Da tat es seine Mütze ab und gab sie ihm. Und als es noch eine Weile gegangen war, kam wieder ein Kind und hatte kein Leibchen an und fror; da gab es ihm seins. Und noch weiter, da bat eins um ein Röckchen, das gab es auch von sich hin. Endlich gelangte es in einen Wald, und es war schon dunkel geworden, da kam noch eins und bat um ein Hemdlein, und das fromme Mädchen dachte: „Es ist dunkle Nacht, da sieht dich niemand, du kannst wohl dein Hemd weggeben“, und zog das Hemd ab und gab es auch noch hin. Und wie es so stand und gar nichts mehr hatte, fielen auf einmal die Sterne vom Himmel und waren lauter harte blanke Taler. Und ob es gleich sein Hemdlein weggegeben, so hatte es ein neues an, und das war vom allerfeinsten Linnen. Da sammelte es sich die Taler hinein und war reich für sein Lebtag.

DER TREUE JOHANNES

Es war einmal ein alter König, der war krank und dachte: „Es wird wohl das Totenbett sein, auf dem ich liege.“ Da sprach er: „Lasst mir den getreuen Johannes kommen.“ Der getreue Johannes war sein liebster Diener und hieß so, weil er ihm sein Lebtag so treu gewesen war. Als er nun vor das Bett kam, sprach der König zu ihm: „Getreuester Johannes, ich fühle, dass mein Ende herannaht, und da habe ich keine andere Sorge als um meinen Sohn. Er ist noch in jungen Jahren, wo er sich nicht immer zu raten weiß, und wenn du mir nicht versprichst, ihn zu unterrichten in allem, was er wissen muss, und sein Pflegevater zu sein, so kann ich meine Augen nicht in Ruhe schließen.“ Da antwortete der getreue Johannes: „Ich will ihn nicht verlassen und will ihm mit Treue dienen, wenn's auch mein Leben kostet.“ Da sagte der alte König: „So sterb ich getrost und in Frieden.“ Und sprach dann weiter: „Nach meinem Tode sollst du ihm das ganze Schloss zeigen, alle Kammern, Säle und Gewölbe, und alle Schätze, die darin liegen. Aber die letzte Kammer in dem langen Gange sollst du ihm nicht zeigen, worin das Bild der Königstochter vom goldenen Dache verborgen steht. Wenn er das Bild erblickt, wir er eine heftige Liebe zu ihr empfinden und wird in Ohnmacht niederfallen und wird ihretwegen in große Gefahren geraten; davor sollst du ihn hüten.“ Und als der treue Johannes nochmals dem alten König die Hand darauf gegeben hatte, ward dieser still, legte sein Haupt auf das Kissen und starb. Als der alte König zu Grabe getragen war, da erzählte der treue Johannes dem jungen König, was er seinem Vater auf dem Sterbelager versprochen hatte und sagte: „Das will ich gewisslich halten und will dir treu sein, wie ich ihm gewesen bin, und sollte es mein Leben kosten.“ Die Trauer ging vorüber, da sprach der treue Johannes zu ihm: „Es ist nun Zeit, dass du dein Erbe siehst. Ich will dir dein väterliches Schloss zeigen.“ Da führte er ihn überall herum, auf und ab und ließ ihn alle die Reichtümer und prächtigen Kammern sehen. Nur die eine Kammer öffnete er nicht, worin das gefährliche Bild stand. Das Bild war aber so gestellt, dass, wenn die Türe aufging, man gerade darauf sah und war so herrlich gemacht, dass man meinte, es leibt und lebte und es gäbe nichts Lieblicheres und Schöneres auf der ganzen Welt. Der junge König aber merkte wohl, dass der getreue Johannes immer an einer Tür vorüberging und sprach: „Warum schließest du mir diese niemals auf?" „Es ist etwas darin,", antwortete er, „vor dem du erschrickst." Aber der König antwortete: „Ich habe das ganze Schloss gesehen, so will ich auch wissen, was darin ist", ging und wollte die Türe mit Gewalt öffnen. Da hielt ihn der getreue Johannes zurück und sagte: „Ich habe es deinem Vater vor seinem Tode versprochen, dass du nicht sehen sollst, was in der Kammer steht. Es könnte dir und mir zum großen Unglück ausschlagen." „Ach nein", antwortete der junge König, „wenn ich nicht hineinkomme, so ist es mein sicheres Verderben. Ich würde Tag und Nacht keine Ruhe haben, bis ich's mit meinen Augen gesehen hätte. Nun gehe ich nicht von der Stelle, bis du aufgeschlossen hast." Da sah der getreue Johannes, dass es nicht mehr zu ändern war, und suchte mit schwerem Herzen und vielem Seufzen aus dem großen Bund den Schlüssel heraus. Als er die Türe geöffnet hatte, trat er zuerst hinein und dachte, er wolle das Bildnis bedecken, dass es der König vor ihm nicht sähe; aber was half das? Der König stellte sich auf die Fußspitzen und sah ihm über die Schulter. Und als er das Bildnis der Jungfrau erblickte, das so herrlich war und von Gold und Edelsteinen glänzte, da fiel er ohnmächtig zur Erde nieder. Der getreue Johannes hob ihn auf, trug ihn in sein Bett und dachte voll Sorgen: „Das Unglück ist geschehen, Herr Gott, was will daraus werden!" Dann stärkte er ihn mit Wein, bis er wieder zu sich selbst kam. Das erste Wort, das er sprach, war: „Ach! Wer ist das schöne Bild?" „Das ist die Königstochter vom goldenen Dache", antwortete der treue Johannes. Da sprach der König weiter: „Meine Liebe zu ihr ist so groß, wenn alle Blätter an den Bäumen Zungen wären, sie könnten's nicht aussagen; mein Leben setze ich daran, dass ich sie erlange. Du bist mein getreuester Johannes, du musst mir beistehen." Der treue Diener besann sich lange, wie die Sache anzufangen wäre, denn es war schwer, nur vor das Angesicht der Königstochter zu kommen. Endlich hatte er ein Mittel ausgedacht und sprach zu dem König: „Alles, was sie um sich hat, ist von Gold, Tische, Stühle, Schüsseln, Becher, Näpfe und alles Hausgerät; in deinem Schatze liegen fünf Tonnen Goldes, lass eine von den Goldschmieden des Reichs verarbeiten zu allerhand Gefäßen und Gerätschaften, zu allerhand Vögeln und Gewild und wunderbaren Tieren, das wird ihr gefallen, wir wollen damit hinfahren und unser Glück versuchen." Der König hieß alle Goldschmiede herbeiholen, die mussten Tag und Nacht arbeiten, bis endlich die herrlichsten Dinge fertig waren. Als alles auf ein Schiff geladen war, zog der getreue Johannes Kaufmannskleider an, und der König musste ein gleiches tun, um sich ganz unkenntlich zu machen. Dann fuhren sie über das Meer und fuhren so lange, bis sie zu der Stadt kamen, worin die Königstochter vom goldenen Dache wohnte. Der treue Johannes hieß den König auf dem Schiffe zurückbleiben und auf ihn warten. „Vielleicht", sprach er, „bring ich die Königstochter mit, darum sorgt, dass alles in Ordnung ist, lasst die Goldgefäße aufstellen und das ganze Schiff ausschmücken." Darauf suchte er sich in sein

Schürzchen allerlei von den Goldsachen zusammen, stieg an Land und ging gerade nach dem königlichen Schloss. Als er in den Schlosshof kam, stand da beim Brunnen ein schönes Mädchen, das hatte zwei goldene Eimer in der Hand und schöpfte damit. Und als es das blinkende Wasser forttragen wollte und sich umdrehte, sah es den fremden Mann und fragte, wer er wäre. Da antwortete er: „Ich bin ein Kaufmann“, und öffnete sein Schürzchen und ließ sie hineinschauen. Da rief sie: „Ei, was für schönes Goldzeug!“ setzte die Eimer nieder und betrachtete eins nach dem andern. Da sprach das Mädchen: „Das muss die Königstochter sehen, die hat so große Freude an den Goldsachen, dass sie Euch alles abkauft.“ Es nahm ihn bei der Hand und führte ihn hinauf, denn es war die Kammerjungfer. Als die Königstochter die Ware sah, war sie ganz vergnügt und sprach: „Es ist so schön gearbeitet, dass ich dir alles abkaufen will.“ Aber der getreue Johannes sprach: „Ich bin nur der Diener von einem reichen Kaufmann. Was ich hier habe, ist nichts gegen das, was mein Herr auf seinem Schiff stehen hat, und das ist das Künstlichste und Köstlichste, was je in Gold ist gearbeitet worden.“ Sie wollte alles heraufgebracht haben, aber er sprach: „Dazu gehören viele Tage, so groß ist die Menge, und so viele Säle, um es aufzustellen, dass Euer Haus nicht Raum dafür hat.“ Da ward ihre Neugierde und Lust immer mehr angeregt, so dass sie endlich sagte: „Führe mich hin zu dem Schiff, ich will selbst hingehen und deines Herrn Schätze betrachten.“ Da führte sie der getreue Johannes zu dem Schiffe hin und war ganz freudig, und der König, als er sie erblickte, sah, dass ihre Schönheit noch größer war, als das Bild sie dargestellt hatte, und meinte nicht anders, als das Herz wollte ihm zerspringen. Nun stieg sie in das Schiff und der König führte sie hinein; der getreue Johannes aber blieb zurück bei dem Steuermann und hieß das Schiff abstoßen: „Spannt alle Segel auf, dass es fliegt wie ein Vogel in der Luft.“ Der König aber zeigte ihr drinnen das goldene Geschirr, jedes einzeln, die Schüsseln, Becher, Näpfe, die Vögel, das Gewild und die wunderbaren Tiere. Viele Stunden gingen herum, während sie alles besah, und in ihrer Freude merkte sie nicht, dass das Schiff dahinfuhr. Nachdem sie das letzte betrachtet hatte, dankte sie dem Kaufmann und wollte heim, als sie aber an des Schiffes Rand kam, sah sie, dass es fern vom Land auf hohem Meere ging und mit vollen Segeln forteilte. „Ach“, rief sie erschrocken, „ich bin betrogen, ich bin entführt und in die Gewalt eines Kaufmanns geraten; lieber wollt ich sterben!“ Der König aber fasste sie bei der Hand und sprach: „Ein Kaufmann bin ich nicht, ich bin ein König und nicht geringer an Geburt, als du bist; aber dass ich dich mit List entführt habe, das ist aus übergroßer Liebe geschehen. Das erste Mal, als ich dein Bildnis gesehen habe, bin ich ohnmächtig zur Erde gefallen.“ Als die Königstochter vom goldenen Dache das hörte, ward sie getröstet, und ihr Herz ward ihm geneigt, so dass sie gerne einwilligte, seine Gemahlin zu werden. Es trug sich aber zu, während sie auf dem hohen Meere dahinfuhren, dass der getreue Johannes, als er vorn auf dem Schiffe saß und Musik machte, in der Luft drei Raben erblickte, die dahergeflogen kamen. Da hörte er auf zu spielen und horchte, was sie miteinander sprachen, denn er verstand das wohl. Die Eine rief: „Ei, da führt er die Königstochter vom goldenen Dache heim." „Ja", antwortete die Zweite, „er hat sie noch nicht." Sprach die Dritte: „Er hat sie doch, sie sitzt bei ihm im Schiffe." Da fing die Erste wieder an und rief: „Was hilft ihm das! Wenn sie ans Land kommen, wird ihm ein fuchsrotes Pferd entgegen springen; da wird er sich aufschwingen wollen, und tut er das, so sprengt es mit ihm fort und in die Luft hinein, dass er nimmermehr seine Jungfrau wiedersieht." Sprach die Zweite: „Ist gar keine Rettung?" „Oh ja, wenn ein Anderer schnell aufsitzt, das Feuergewehr, das in den Halftern stecken muss, herausnimmt und das Pferd totschießt, so ist der junge König gerettet. Aber wer weiß das? Und wer's weiß und sagt's ihm, der wird zu Stein von den Fußzehen bis zum Knie." Da sprach die Zweite: „Ich weiß noch mehr, wenn das Pferd auch getötet wird, so behält der junge König doch nicht seine Braut. Wenn sie zusammen ins Schloss kommen, so liegt dort ein gemachtes Brauthemd in einer Schüssel und sieht aus, als wär's von Gold und Silber gewebt, ist aber nichts als Schwefel und Pech. Wenn er's antut, verbrennt es ihn bis auf Mark und Knochen." Sprach die Dritte: „Ist da gar keine Rettung?" „Oh ja", antwortete die Zweite, „wenn einer mit Handschuhen das Hemd packt und wirft es ins Feuer, dass es verbrennt, so ist der junge König gerettet. Aber was hilft's! Wer's weiß, und es ihm sagt, der wird halbes Leibes Stein vom Knie bis zum Herzen." Da sprach die Dritte: „Ich weiß noch mehr, wird das Brauthemd auch verbrannt, so hat der junge König seine Braut doch noch nicht; wenn nach der Hochzeit der Tanz anhebt und die junge Königin tanzt, wird sie plötzlich erbleichen und wie tot hinfallen. Und hebt sie nicht einer auf und zieht aus ihrer rechten Brust drei Tropfen Blut und speit sie wieder aus, so stirbt sie. Aber verrät das einer, der es weiß, so wird er ganzes Leibes zu Stein vom Wirbel bis zur Fußzehe. Als die Raben das miteinander gesprochen hatten, flogen sie weiter, und der getreue Johannes hatte alles wohl verstanden, aber von der Zeit an war er still und traurig; denn verschwieg er seinem Herrn, was er gehört hatte, so war dieser unglücklich; entdeckte er es ihm, so musste er selbst sein Leben hingeben. Endlich aber sprach er bei sich: „Meinen Herrn will ich retten, und sollt ich selbst darüber zu Grunde gehen." Als sie nun ans Land kamen, da geschah es, wie der Rabe vorhergesagt hatte, und es sprengte ein prächtiger fuchsroter Gaul daher. „Wohlan", sprach der König, „der soll mich in mein Schloss tragen", und wollte sich aufsetzen, doch der treue Johannes kam ihm zuvor, schwang sich schnell darauf, zog das Gewehr aus den Halftern und schoss den Gaul nieder. Da riefen die anderen Diener des Königs, die dem treuen Johannes doch nicht gut waren: „Wie schändlich, das schöne Tier zu töten, das den König in sein Schloss tragen sollte!" Aber der König sprach: „Schweigt und lasst ihn gehen, es ist mein getreuester

Johannes, wer weiß, wozu das gut ist!“ Nun gingen sie ins Schloss, und da stand im Saal eine Schüssel und das gemachte Brauthemd lag darin und sah aus nicht anders, als wäre es von Gold und Silber. Der junge König ging darauf zu und wollte es ergreifen, aber der treue Johannes schob ihn weg, packte es mit Handschuhen an, trug es schnell ins Feuer und ließ es verbrennen. Die anderen Diener fingen wieder an zu murren und sagten: „Seht, nun verbrennt er gar des Königs Brauthemd.“ Aber der junge König sprach: „Wer weiß, wozu es gut ist, lasst ihn gehen, es ist mein getreuester Johannes.“ Nun ward die Hochzeit gefeiert. Der Tanz hub an, und die Braut trat auch hinein, da hatte der treue Johannes Acht und schaute ihr ins Antlitz; auf einmal erbleichte sie und fiel wie tot zur Erde. Da sprang er eilends hinzu, hob sie auf und trug sie in eine Kammer, da legte er sie nieder, kniete und sog die drei Blutstropfen aus ihrer rechten Brust und speite sie aus. Alsbald atmete sie wieder und erholte sich, aber der junge König hatte es mit angesehen und wusste nicht, warum es der getreue Johannes getan hatte, ward zornig darüber und rief: „Werft ihn ins Gefängnis.“ Am anderen Morgen ward der getreue Johannes verurteilt und zum Galgen geführt, und als er oben stand und gerichtet werden sollte, sprach er: „Jeder, der sterben soll, darf vor seinem Ende noch einmal reden, soll ich das Recht auch haben?“ „Ja“, antwortete der König, „es soll dir vergönnt sein.“ Da sprach der treue Johannes: „Ich bin mit Unrecht verurteilt und bin dir immer treu gewesen, und erzählte, wie er auf dem Meer das Gespräch der Raben gehört und wie er, um seinen Herrn zu retten, das alles hätte tun müssen. Da rief der König: „Oh mein treuester Johannes, Gnade! Gnade! Führt ihn herunter.“ Aber der treue Johannes war bei dem letzten Wort, das er geredet hatte, leblos herabgefallen und war ein Stein. Darüber trug nun der König und die Königin großes Leid, und der König sprach: „Ach, was hab’ ich große Treue übel belohnt!“, und ließ das steinerne Bild aufheben und in seine Schlafkammer neben sein Bett stellen. Sooft er es ansah, weinte er und sprach: „Ach, könnt ich dich wieder lebendig machen, mein getreuester Johannes.“ Es ging die Zeit herum da gebar die Königin Zwillinge. Zwei Söhnlein, die wuchsen heran und waren ihre Freude. Einmal, als die Königin in der Kirche war und die zwei Kinder bei dem Vater saßen und spielten, sah dieser wieder das steinerne Bildnis voll Trauer an, seufzte und rief: „Ach, könnt ich dich wieder lebendig machen, mein getreuester Johannes.“ Da fing der Stein an zu reden und sprach: „Ja, du kannst mich wieder lebendig machen, wenn du dein Liebstes daran wenden willst.“ Da rief der König: „Alles, was ich auf der Welt habe, will ich für dich hingeben.“ Sprach der Stein weiter: „Wenn du mit deiner eigenen Hand deinen beiden Kindern den Kopf abhaust und mich mit ihrem Blute bestreichst, so erhalte ich das Leben wieder.“ Der König erschrak, als er hörte, dass er seine liebsten Kinder selbst töten sollte, doch dachte er an die große Treue und dass der getreue Johannes für ihn gestorben war, zog sein Schwert und hieb mit eigener Hand den Kindern den Kopf ab. Und als er mit ihrem Blute den Stein bestrichen hatte, so kehrte das Leben zurück, und der getreue Johannes stand wieder frisch und gesund vor ihm. Er sprach zum König: „Deine Treue soll nicht unbelohnt bleiben", und nahm die Häupter der Kinder, setzte sie auf und bestrich die Wunde mit ihrem Blut, davon wurden sie im Augenblick wieder heil, sprangen herum und spielten fort, als wär' ihnen nichts geschehen. Nun war der König voll Freude, und als er die Königin kommen sah, versteckte er den getreuen Johannes und die beiden Kinder in einen großen Schrank. Wie sie herein trat, sprach er zu ihr: „Hast du gebetet in der Kirche?" „Ja", antwortete sie, „aber ich habe beständig an den treuen Johannes gedacht, dass er so unglücklich durch uns geworden ist." Da sprach er: „Liebe Frau, wir können ihm das Leben wiedergeben, aber es kostet uns unsere beiden Söhnlein, die müssen wir opfern." Die Königin ward bleich und erschrak im Herzen, doch sprach sie: „Wir sind's ihm schuldig wegen seiner großen Treue." Da freute er sich, dass sie dachte, wie er gedacht hatte, ging hin und schloss den Schrank auf, holte die Kinder und den treuen Johannes heraus und sprach: „Gott sei gelobt, er ist erlöst, und unsere Söhnlein haben wir auch wieder", und erzählte ihr, wie sich alles zugetragen hatte. Da lebten sie zusammen in Glückseligkeit bis an ihr Ende.

ROTKÄPPCHEN

Es war einmal eine kleine süße Dirne, die hatte jedermann lieb, der sie nur ansah, am allerliebsten aber ihre Großmutter, die wusste gar nicht, was sie alles dem Kinde geben sollte. Einmal schenkte sie ihm ein Käppchen von rotem Sammet, und weil ihm das so wohl stand und es nichts anders mehr tragen wollte, hieß es nun das Rotkäppchen. Eines Tages sprach seine Mutter zu ihm: „Komm, Rotkäppchen, da hast du ein Stück Kuchen und eine Flasche Wein, bring das der Großmutter hinaus; sie ist krank und schwach und wird sich daran laben. Mach dich auf, bevor es heiß wird, und wenn du hinauskommst, so geh' hübsch sittsam und lauf nicht vom Weg ab, sonst fällst du und zerbrichst das Glas, und die Großmutter hat nichts. Und wenn du in ihre Stube kommst, so vergiss nicht, guten Morgen zu sagen, und guck nicht erst in alle Ecken herum." „Ich will schon alles gut machen", sagte das Rotkäppchen zur Mutter und gab ihr die Hand darauf. Die Großmutter aber wohnte draußen im Wald, eine halbe Stunde vom Dorf. Wie nun Rotkäppchen in den Wald kam, begegnete ihm der Wolf. Rotkäppchen aber wusste nicht, was das für ein böses Tier war, und fürchtete sich nicht vor ihm. „Guten Tag, Rotkäppchen", sprach er. „Schönen Dank, Wolf."

„Wo hinaus so früh, Rotkäppchen?“ „Zur Großmutter.“ „Was trägst du unter der Schürze?“ „Kuchen und Wein. Gestern haben wir gebacken, da soll sich die kranke und schwache Großmutter etwas zu gut tun und sich damit stärken.“ „Rotkäppchen, wo wohnt deine Großmutter?“ „Noch eine gute Viertelstunde weiter im Wald, unter den drei großen Eichbäumen, da steht ihr Haus, unten sind die Nusshecken, das wirst du ja wissen“, sagte Rotkäppchen. Der Wolf dachte bei sich: „Das junge zarte Ding, das ist ein fetter Bissen, der wird noch besser schmecken, als die Alte. Du musst es listig anfangen, damit du beide erschnappst.“ Da ging er ein Weilchen neben Rotkäppchen her, dann sprach er: „Rotkäppchen, sieh einmal die schönen Blumen, die ringsumher stehen, warum guckst du dich nicht um? Ich glaube, du hörst gar nicht, wie die Vöglein so lieblich singen? Du gehst ja für dich hin, als wenn du zur Schule gingst, und es ist so lustig draußen in dem Wald.“ Rotkäppchen schlug die Augen auf, und als es sah, wie die Sonnenstrahlen durch die Bäume hin und her tanzten und alles voll schöner Blumen stand, dachte es: „Wenn ich der Großmutter einen frischen Strauß mitbringe, der wird ihr auch Freude machen; es ist so früh am Tag, dass ich doch zur rechten Zeit ankomme“, lief vom Wege ab in den Wald hinein und suchte Blumen. Und wenn es eine gebrochen hatte, meinte es, weiter hinaus stände eine schönere, und lief darnach, und geriet immer tiefer in den Wald hinein. Der Wolf aber ging geradeswegs nach dem Haus der Großmutter und klopfte an die Türe. „Wer ist draußen?“ „Rotkäppchen, das bringt Kuchen und Wein, mach auf.“ „Drück nur auf die Klinke“, rief die Großmutter, „ich bin zu schwach und kann nicht aufstehen.“ Der Wolf drückte auf die Klinke, die Türe sprang auf, und er ging, ohne ein Wort zu sprechen, gerade zum Bett der Großmutter und verschluckte sie. Dann tat er ihre Kleider an, setzte ihre Haube auf, legte sich in ihr Bett und zog die Vorhänge vor.

Rotkäppchen aber war nach den Blumen herumgelaufen, und als es so viel zusammen hatte, dass es keine mehr tragen konnte, fiel ihm die Großmutter wieder ein, und es machte sich auf den Weg zu ihr. Es wunderte sich, dass die Türe aufstand, und wie es in die Stube trat, so kam es ihm so seltsam darin vor, dass es dachte: „Ei, du mein Gott, wie ängstlich wird mir's heute zu Mute, und bin sonst so gern bei der Großmutter!“ Es rief „Guten Morgen“, bekam aber keine Antwort. Darauf ging es zum Bett und zog die Vorhänge zurück. Da lag die Großmutter und hatte die Haube tief ins Gesicht gesetzt und sah so wunderlich aus. „Ei, Großmutter, was hast du für große Ohren!“ „Dass ich dich besser hören kann.“ „Ei, Großmutter, was hast du für große Augen!“ „Dass ich dich besser sehen kann.“ „Ei, Großmutter, was hast du für große Hände!“ „Dass ich dich besser packen kann.“ „Aber Großmutter, was hast du für ein entsetzlich großes Maul!“ „Dass ich dich besser fressen kann!“ Kaum hatte der Wolf das gesagt, so tat er einen Satz aus dem Bette und verschlang das arme

Rotkäppchen. Wie der Wolf sein Gelüsten gestillt hatte, legte er sich wieder ins Bett, schlief ein und fing an überlaut zu schnarchen. Der Jäger ging eben an dem Haus vorbei und dachte: „Wie die alte Frau schnarcht, du musst doch sehen, ob ihr etwas fehlt." Da trat er in die Stube, und wie er vor das Bette kam, so sah er, dass der Wolf darin lag. „Finde ich dich hier, du alter Sünder", sagte er, „ich habe dich lange gesucht." Nun wollte er seine Büchse anlegen, da fiel ihm ein, der Wolf könnte die Großmutter gefressen haben und sie wäre noch zu retten – schoss nicht, sondern nahm eine Schere und fing an, dem schlafenden Wolf den Bauch aufzuschneiden. Wie er ein paar Schnitte getan hatte, da sah er das rote Käppchen leuchten, und noch ein paar Schnitte, da sprang das Mädchen heraus und rief: „Ach, wie war ich erschrocken, wie war's so dunkel in dem Wolf seinen Leib!" Und dann kam die alte Großmutter auch noch lebendig heraus und konnte kaum atmen. Rotkäppchen aber holte geschwind große Steine, damit füllten sie dem Wolf den Leib, und wie er aufwachte, wollte er fort springen, aber die Steine waren so schwer, dass er gleich niedersank und sich tot fiel. Da waren alle drei vergnügt; der Jäger zog dem Wolf den Pelz ab und ging damit heim, die Großmutter aß den Kuchen und trank den Wein, den Rotkäppchen gebracht hatte, und erholte sich wieder. Rotkäppchen aber dachte: „Du willst dein Lebtag nicht wieder allein vom Wege ab in den Wald laufen, wenn dir's die Mutter verboten hat." Es wir auch erzählt, dass einmal, als Rotkäppchen der alten Großmutter wieder Gebackenes brachte, ein anderer Wolf ihm zugesprochen und es vom Wege habe ableiten wollen. Rotkäppchen aber hütete sich und ging gerade fort seines Wegs und sagte der Großmutter, dass es dem Wolf begegnet wäre, der ihm guten Tag gewünscht, aber so bös' aus den Augen geguckt hätte: „Wenn's nicht auf offener Straße gewesen wäre, er hätte mich gefressen." „Komm", sagte die Großmutter, „wir wollen die Türe verschließen, dass er nicht herein kann." Bald darnach klopfte der Wolf an und rief: „Mach auf, Großmutter, ich bin das Rotkäppchen, ich bring dir Gebackenes." Sie schwiegen aber still und machten die Türe nicht auf. Da schlich der Graukopf etliche Mal um das Haus, sprang endlich auf's Dach und wollte warten, bis Rotkäppchen abends nach Haus ginge, dann wollte er ihm nachschleichen und wollt's in der Dunkelheit fressen. Aber die Großmutter merkte, was er im Sinn hatte. Nun stand vor dem Haus ein großer Steintrog, da sprach sie zu dem Kind: „Nimm den Eimer, Rotkäppchen, gestern hab ich Würste gekocht, da trag das Wasser, worin sie gekocht sind, in den Trog." Rotkäppchen trug so lange, bis der große, große Trog ganz voll war. Da stieg der Geruch von Würsten dem Wolf in die Nase, er schnupperte und guckte hinab, endlich aber machte er den Hals so lang, dass er sich nicht mehr halten konnte und anfing zu rutschen. So rutschte er vom Dach herab, gerade in den großen Trog hinein, und ertrank. Rotkäppchen aber ging fröhlich nach Haus, und tat ihm niemand etwas zu Leid.

ASCHENPUTTEL

Einem reichen Manne, dem wurde seine Frau krank, und als sie fühlte, dass ihr Ende herankam, rief sie ihr einziges Töchterlein zu sich ans Bett und sprach: „Liebes Kind, bleib fromm und gut, so wird dir der liebe Gott immer beistehen, und ich will vom Himmel auf dich herabblicken und will um dich sein.“ Darauf tat sie die Augen zu und verschied. Das Mädchen ging jeden Tag heraus zu dem Grabe der Mutter und weinte und blieb fromm und gut. Als der Winter kam, deckte der Schnee ein weißes Tüchlein auf das Grab, und als die Sonne im Frühjahr es wieder herabgezogen hatte, nahm sich der Mann eine andere Frau. Die Frau hatte zwei Töchter mit ins Haus gebracht, die schön und weiß von Angesicht waren, aber garstig und schwarz von Herzen. Da fing eine schlimme Zeit für das arme Stiefkind an. „Soll die dumme Gans bei uns in der Stube sitzen!“, sprachen sie. „Wer Brot essen will, muss es verdienen: Hinaus mit der Küchenmagd.“ Sie nahmen ihm seine schönen Kleider weg, zogen ihm einen grauen alten Kittel an und gaben ihm hölzerne Schuhe. „Seht einmal die stolze Prinzessin, wie sie geputzt ist!“ riefen sie, lachten und führten es in die Küche. Da musste es von Morgen bis Abend schwere Arbeit tun, früh vor Tag aufstehen, Wasser tragen, Feuer anmachen, kochen und waschen. Obendrein taten ihm die Schwestern alles ersinnliche Herzeleid an, verspotteten es und schütteten ihm die Erbsen und Linsen in die Asche, so dass es sitzen und sie wieder auslesen musste. Abends, wenn es sich müde gearbeitet hatte, kam es in kein Bett, sondern musste sich neben den Herd in die Asche legen. Auch weil es darum immer staubig und schmutzig aussah, nannten sie es Aschenputtel. Es trug sich zu, dass der Vater einmal in die Messe ziehen wollte, da fragte er die beiden Stieftöchter, was er ihnen mitbringen sollte. „Schöne Kleider“, sagte die Eine, „Perlen und Edelsteine“, die Zweite. „Aber du, Aschenputtel“, sprach er, „was willst du haben?“ „Vater, das erste Reisig, das Euch auf Eurem Heimweg an den Hut stößt, das brecht für mich ab.“ Er kaufte nun für die beiden Stiefschwestern schöne Kleider, Perlen und Edelsteine, und auf dem Rückweg, als er durch einen grünen Busch ritt, streifte ihn ein Haselreis und stieß ihm den Hut ab. Da brach er das Reisig und nahm es mit. Als er nach Haus kam, gab er den Stieftöchtern, was sie sich gewünscht hatten, und dem Aschenputtel gab er das Reisig von dem Haselbusch. Aschenputtel dankte ihm, ging zu seiner Mutter Grab und pflanzte das Reisig darauf und weinte so sehr, dass die Tränen darauf niederfielen und es begossen. Es wuchs aber und ward ein schöner Baum. Aschenputtel ging alle Tage dreimal darunter, weinte und betete, und allemal kam ein weißes Vöglein auf den Baum, und wenn es einen Wunsch aussprach, so warf ihm das Vöglein herab, was es sich gewünscht hatte. Es begab sich aber, dass der König ein Fest anstellte, das drei Tage dauern sollte und wozu alle schönen Jungfrauen im Lande eingeladen wurden, damit sich der Sohn seine Braut aussuchen möchte. Die zwei Stiefschwestern, als sie hörten, dass sie auch dabei erscheinen sollten, waren guter Dinge, riefen Aschenputtel und sprachen: „Kämm' uns die Haare, bürste uns die Schuhe und mache uns die Schnallen fest, wir gehen zur Hochzeit auf des Königs Schloss." Aschenputtel gehorchte, weinte aber, weil es auch gern zum Tanz mitgegangen wäre und bat die Stiefmutter, sie möchte es ihm erlauben. „Du, Aschenputtel", sprach sie, „bist voll Staub und Schmutz und willst zur Hochzeit? Du hast keine Kleider und Schuhe und willst tanzen!" Als es aber mit Bitten anhielt, sprach sie endlich: „Da habe ich dir eine Schüssel Linsen in die Asche geschüttet, wenn du die Linsen in zwei Stunden wieder ausgelesen hast, so sollst du mitgehen." Das Mädchen ging durch die Hintertüre nach dem Garten und rief: „Ihr zahmen Täubchen, ihr Turteltäubchen, all' ihr Vöglein unter dem Himmel, kommt und helft mir lesen, die guten ins Töpfchen, die schlechten ins Kröpfchen." Da kamen zum Küchenfenster zwei weiße Täubchen herein und danach die Turteltäubchen, und endlich schwirrten und schwärmten alle Vöglein unter dem Himmel herein und ließen sich um die Asche nieder. Und nickten mit den Köpfchen und fingen an pik, pik, pik, pik und da fingen die übrigen auch an pik, pik, pik, pik und lasen alle guten Körnlein in die Schüssel. Kaum war eine Stunde herum, so waren sie schon fertig und flogen alle wieder hinaus. Da brachte das Mädchen die Schüssel der Stiefmutter, freute sich und glaubte, es dürfte nun mit auf die Hochzeit gehen. Aber sie sprach: „Nein, Aschenputtel, du hast keine Kleider und kannst nicht tanzen: du wirst nur ausgelacht." Als es nun weinte, sagte sie: „Wenn du mir zwei Schüsseln voll Linsen in einer Stunde aus der Asche rein lesen kannst, so sollst du mitgehen", und dachte: „Das kann es ja nimmermehr." Als sie die zwei Schüsseln Linsen in die Asche geschüttet hatte, ging das Mädchen durch die Hintertüre nach dem Garten und rief: „Ihr zahmen Täubchen, ihr Turteltäubchen, all' ihr Vöglein unter dem Himmel, kommt und helft mir lesen, die guten ins Töpfchen, die schlechten ins Kröpfchen." Da kamen zum Küchenfenster zwei weiße Täubchen herein und danach die Turteltäubchen, und endlich schwirrten und schwärmten alle Vöglein unter dem Himmel herein und ließen sich um die Asche nieder. Und die Täubchen nickten mit ihren Köpfchen und fingen an pik, pik, pik, pik und da fingen die übrigen auch an pik, pik, pik, pik und lasen alle guten Körner in die Schüsseln. Und eh' eine halbe Stunde herum war, waren sie schon fertig und flogen alle wieder hinaus. Da trug das Mädchen die Schüsseln zu der Stiefmutter, freute sich und glaubte, nun dürfte es mit auf die Hochzeit gehen. Aber sie sprach: „Es hilft dir alles nichts. Du kommst nicht mit, denn du hast keine Kleider und kannst nicht tanzen; wir müssten uns deiner schämen." Darauf kehrte sie ihm den Rücken zu und eilte mit ihren zwei stolzen Töchtern fort. Als nun niemand mehr daheim war, ging Aschenputtel zu seiner Mutter Grab unter den Haselbaum und rief: „Bäumchen, rüttel dich und schüttel dich, wirf Gold und Silber über mich." Da warf ihm der Vogel ein golden und silbern Kleid herunter und mit Seide und Silber ausgestickte Pantoffeln. In aller Eile zog es das Kleid an und ging zur Hochzeit. Seine Schwestern aber und die Stiefmutter kannten es nicht und meinten, es müsste eine fremde Königstochter sein, so schön sah es in dem goldenen Kleide aus. An Aschenputtel dachten sie gar nicht und dachten, es säße daheim im Schmutz und suchte die Linsen aus der Asche. Der Königssohn kam ihm entgegen, nahm es bei der Hand und tanzte mit ihm. Er wollte auch mit sonst niemand tanzen, also dass er ihm die Hand nicht losließ, und wenn ein anderer kam, es aufzufordern, sprach er: „Das ist meine Tänzerin." Es tanzte bis es Abend war, da wollte es nach Haus gehen. Der Königssohn aber sprach: „Ich gehe mit und begleite dich", denn er wollte sehen, wem das schöne Mädchen angehörte. Sie entwischte ihm aber und sprang in das Taubenhaus. Nun wartete der Königssohn, bis der Vater kam und sagte ihm, das fremde Mädchen wär' in das Taubenhaus gesprungen. Der Alte dachte: „Sollte es Aschenputtel sein?", und sie mussten ihm Axt und Hacken bringen, damit er das Taubenhaus entzwei schlagen konnte; aber es war niemand darin. Und als sie ins Haus kamen, lag Aschenputtel in seinen schmutzigen Kleidern in der Asche und ein trübes Öllämpchen brannte im Schornstein; denn Aschenputtel war geschwind aus dem Taubenhaus hinter herabgesprungen und war zu dem Haselbäumchen gelaufen. Da hatte es die schönen Kleider abgezogen und auf's Grab gelegt, und der Vogel hatte sie wieder weggenommen, und dann hatte es sich in seinem grauen Kittelchen in die Küche zur Asche gesetzt. Am anderen Tag, als das Fest von Neuem anhub und die Eltern und Stiefschwestern wieder fort waren, ging Aschenputtel zu dem Haselbaum und sprach: „Bäumchen, rüttel dich und schüttel dich, wirf Gold und Silber über mich." Da warf der Vogel ein noch viel stolzeres Kleid herab als am vorigen Tag. Und als es mit diesem Kleide auf der Hochzeit erschien, erstaunte jedermann über seine Schönheit. Der Königssohn aber hatte gewartet, bis es kam, nahm es gleich bei der Hand und tanzte nur allein mit ihm. Wenn die andern kamen und es aufforderten, sprach er: „Das ist meine Tänzerin". Als es nun Abend war, wollte es fort, und der Königssohn ging ihm nach und wollte sehen, in welches Haus es ging. Aber es sprang ihm fort und in den Garten hinter dem Haus. Darin stand ein schöner großer Baum, an dem die herrlichsten Birnen hingen; es kletterte so behend wie ein Eichhörnchen zwischen die Äste, und der Königssohn wusste nicht, wo es hingekommen war. Er wartete aber, bis der Vater kam, und sprach zu ihm: „Das fremde Mädchen ist mir entwischt, und ich glaube, es ist auf den Birnbaum gesprungen." Der Vater dachte: „Sollte es Aschenputtel sein?", ließ sich die Axt holen und hieb den Baum um, aber es war niemand darauf. Und als sie in die Küche kamen, lag Aschenputtel da in der Asche wie sonst auch; denn es war auf der andern Seite vom Baum herabgesprungen und hatte dem Vogel auf dem Haselbäumchen die schönen Kleider wiedergebracht und und sein graues Kittelchen angezogen. Am dritten Tag, als die Eltern und Schwestern fort waren, ging Aschenputtel wieder zu seiner Mutter Grab und sprach zu dem Bäumchen: „Bäumchen, rüttel dich und schüttel dich, wirf Gold und Silber über mich.“ Nun warf ihm der Vogel ein Kleid herab, das war so prächtig und glänzend, wie es noch keins gehabt hatte, und die Pantoffeln waren ganz golden. Als es in dem Kleid zu der Hochzeit kam, wussten sie alle nicht, was sie vor Verwunderung sagen sollten. Der Königssohn tanzte ganz allein mit ihm, und wenn es einer aufforderte, sprach er: „Das ist meine Tänzerin.“ Als es nun Abend war, wollte Aschenputtel fort, und der Königssohn wollte es begleiten, aber es entsprang ihm so geschwind, dass er nicht folgen konnte. Der Königssohn hatte aber eine List gebraucht und hatte die ganze Treppe mit Pech bestreichen lassen. Da war, als es hinab sprang, der linke Pantoffel des Mädchens hängengeblieben. Der Königssohn hob ihn auf, und er war klein und zierlich und ganz golden. Am nächsten Morgen ging er damit zu dem Mann und sagte zu ihm: „Keine andere soll meine Gemahlin werden als die, an deren Fuß dieser goldene Schuh passt.“ Da freuten sich die beiden Schwestern, denn sie hatten schöne Füße. Die Älteste ging mit dem Schuh in die Kammer und wollte ihn anprobieren, und die Mutter stand dabei. Aber sie konnte mit der großen Zehe nicht hineinkommen, und der Schuh war ihr zu klein, da reichte ihr die Mutter ein Messer und sprach: „Hau die Zehe ab. Wenn du Königin bist, so brauchst du nicht mehr zu Fuß zu gehen.“ Das Mädchen hieb die Zehe ab, zwängte den Fuß in den Schuh, verbiss den Schmerz und ging heraus zum Königssohn. Da nahm er sie als seine Braut auf's Pferd und ritt mit ihr fort. Sie mussten aber an dem Grabe vorbei, da saßen die zwei Täubchen auf dem Haselbäumchen und riefen: „Ruck rucke di guck, rucke di guck, Blut ist im Schuck (Schuh). Der Schuck ist zu klein, die rechte Braut sitzt noch daheim.“ Da blickte er auf ihren Fuß und sah, wie das Blut heraus quoll. Er wendete sein Pferd um, brachte die falsche Braut wieder nach Haus und sagte, das wäre nicht die Rechte, die andere Schwester sollte den Schuh anziehen. Da ging diese in die Kammer und kam mit den Zehen glücklich in den Schuh, aber die Ferse war zu groß. Da reichte ihr die Mutter ein Messer und sprach: „Hau ein Stück von der Ferse ab. Wenn du Königin bist, brauchst du nicht mehr zu Fuß zu gehen.“ Das Mädchen hieb ein Stück von der Ferse ab, zwängte den Fuß in den Schuh, verbiss den Schmerz und ging heraus zum Königssohn. Da nahm er sie als seine Braut auf's Pferd und ritt mit ihr fort. Als sie an dem Haselbäumchen vorbeikamen, saßen die zwei Täubchen darauf und riefen: Rucke di guck, rucke di guck, Blut ist im Schuck. Der Schuck ist zu klein, die rechte Braut sitzt noch daheim.“ Er blickte nieder auf ihren Fuß und sah, wie das Blut aus dem Schuh quoll und an den weißen Strümpfen ganz rot heraufgestiegen war. Da wendete er sein Pferd, und brachte die falsche Braut wieder nach Haus. „Das ist auch nicht die Rechte“, sprach er, „habt ihr keine andere Tochter?“ „Nein“, sagte der Mann, „nur von meiner verstorbenen Frau ist noch ein kleines verbuttetes Aschenputtel da. Das kann unmöglich die Braut sein.“ Der Königssohn sprach, er sollte es heraufschicken, die Mutter aber antwortete: „Ach nein, das ist viel zu schmutzig, das darf sich nicht sehen lassen." Er wollte es aber durchaus haben, und Aschenputtel musste gerufen werden. Da wusch es sich erst Hände und Angesicht rein, ging dann hin und neigte sich vor dem Königssohn, der ihm den goldenen Schuh reichte. Dann setzte es sich auf einen Schemel, zog den Fuß aus dem schweren Holzschuh und steckte ihn in den Pantoffel, der war wie angegossen. Und als es sich in die Höhe richtete, und der König ihm ins Gesicht sah, so erkannte er das schöne Mädchen, das mit ihm getanzt hatte und rief: „Das ist die rechte Braut!" Die Stiefmutter und die beiden Schwestern erschraken und wurden bleich vor Ärger. Er aber nahm Aschenputtel auf's Pferd und ritt mit ihm fort. Als sie an dem Haselbäumchen vorbeikamen, riefen die zwei weißen Täubchen: „Rucke di guck, rucke di guck, kein Blut im Schuck. Der Schuck ist nicht zu klein, die rechte Braut, die führt er heim." Und als sie das gerufen hatten, kamen sie beide herabgeflogen und setzten sich dem Aschenputtel auf die Schultern, eine rechts, die andere links, und blieben da sitzen. Als die Hochzeit mit dem Königssohn sollte gehalten werden, kamen die falschen Schwestern, wollten sich einschmeicheln und teil an seinem Glück nehmen. Als die Brautleute nun zur Kirche gingen, war die Älteste zur rechten, die Jüngste zur linken Seite. Da pickten die Tauben einer jeden das eine Auge aus. Hernach, als sie herausgingen, war die Älteste zur linken und die Jüngste zur rechten. Da pickten die Tauben einer jeden das andere Auge aus. Und waren sie also für ihre Bosheit und Falschheit mit Blindheit auf ihr Leben gestraft.

FRAU HOLLE

Eine Witwe hatte zwei Töchter, davon war die eine schön und fleißig, die andere hässlich und faul. Sie hatte aber die Hässliche und Faule, weil sie ihre rechte Tochter war, viel lieber, und die andere musste alle Arbeit tun und das Aschenputtel im Hause sein. Das arme Mädchen musste sich täglich auf die große Straße bei einem Brunnen setzen und musste so viel spinnen, dass ihm das Blut aus den Fingern sprang. Nun trug es sich zu, dass die Spule einmal ganz blutig war, da bückte es sich damit in den Brunnen und wollte sie abwaschen; sie sprang ihm aber aus der Hand und fiel hinab. Es weinte, lief zur Stiefmutter und erzählte ihr das Unglück. Sie schalt es aber so heftig und war so unbarmherzig, dass sie sprach: „Hast du die Spule hinunterfallen lassen, so hol sie auch wieder herauf." Da ging das Mädchen zu dem Brunnen zurück und wusste nicht, was es anfangen sollte; und in seiner Herzensangst sprang es in den Brunnen hinein, um die Spule zu holen. Es verlor die Besinnung, und als es erwachte und wieder zu sich selber kam, war es auf einer schönen Wiese, wo die Sonne schien und vieltausend Blumen standen. Auf dieser Wiese ging es fort und kam zu einem Backofen, der war voller Brot; das Brot aber rief: „Ach, zieh mich raus, zieh mich raus, sonst verbrenn' ich. Ich bin schon längst ausgebacken." Da trat es herzu und holte mit dem Brotschieber alles nacheinander heraus. Danach ging es weiter und kam zu einem Baum, der hing voll Äpfel, und rief ihm zu: „Ach, schüttel mich, schüttel mich, wir Äpfel sind alle miteinander reif." Da schüttelte es den Baum, dass die Äpfel fielen als regneten sie, und schüttelte, bis keiner mehr oben war; und als es alle in einen Haufen zusammengelegt hatte, ging es wieder weiter. Endlich kam es zu einem kleinen Haus, daraus guckte eine alte Frau. Weil sie aber so große Zähne hatte, ward ihm angst, und es wollte fortlaufen. Die alte Frau aber rief ihm nach: „Was fürchtest du dich, liebes Kind? Bleib bei mir, wenn du alle Arbeit im Haus ordentlich tun willst, so soll dir's gut gehen. Du musst nur achtgeben, dass du mein Bett gut machst und es fleißig aufschüttelst, dass die Federn fliegen, dann schneit es in der Welt; ich bin die Frau Holle." Weil die Alte ihm so gut zusprach, so fasste sich das Mädchen ein Herz, willigte ein und begab sich in ihren Dienst. Es besorgte auch alles nach ihrer Zufriedenheit und schüttelte ihr das Bett immer gewaltig, auf dass die Federn wie Schneeflocken umher flogen; dafür hatte es auch ein gut Leben bei ihr, kein böses Wort und alle Tage Gesottenes und Gebratenes. Nun war es eine Zeit lang bei der Frau Holle, da ward es traurig und wusste anfangs selbst nicht, was ihm fehlte, endlich merkte es, dass es Heimweh war; ob es ihm hier vieltausend Mal besser ging, als zu Haus, so hatte es auch ein Verlangen dahin. Endlich sagte es zu ihr: „Ich habe den Jammer nach Haus kriegt, und wenn es mir auch noch so gut hier unten geht, so kann ich doch nicht länger bleiben, ich muss wieder hinauf zu den Meinigen." Die Frau Holle sagte: „Es gefällt mir, dass du wieder nach Haus verlangst, und weil du mir so treu gedient hast, so will ich dich selbst wieder hinaufbringen." Sie nahm es bei der Hand und führte es vor ein großes Tor. Das Tor ward aufgetan, und wie das Mädchen gerade darunter stand, fiel ein gewaltiger Goldregen, und alles Gold blieb an ihm hängen, so dass es über und über davon bedeckt war. „Das sollst du haben, weil du so fleißig gewesen bist", sprach die Frau Holle und gab ihm auch die Spule wieder, die ihm in den Brunnen gefallen war. Darauf ward das Tor verschlossen, und das Mädchen befand sich oben auf der Welt, nicht weit von seiner Mutter Haus; und als es in den Hof kam, saß der Hahn auf dem Brunnen und rief: „Kikeriki, unsere goldene Jungfrau ist wieder hie." Da ging es hinein zu seiner Mutter, und weil es so mit Gold bedeckt ankam, ward es von ihr und ihrer Schwester gut aufgenommen. Das Mädchen erzählte alles, was ihm begegnet war, und als die Mutter hörte, wie es zu dem großen Reichtum gekommen war, wollte sie der anderen, hässlichen und faulen Tochter gerne dasselbe Glück verschaffen. Sie musste sich an den Brunnen setzen und spinnen; und damit ihre Spule blutig ward, stach sie sich in die Finger und stieß sich die Hand in die Dornhecke. Dann warf sie die Spule in den Brunnen und sprang selber hinein. Sie kam, wie die Andere, auf die schöne Wiese und ging auf demselben Pfade weiter. Als sie zu dem Backofen gelangte, schrie das Brot wieder: „Ach, zieh mich raus, zieh mich raus, sonst verbrenn' ich. Ich bin schon längst ausgebacken." Die Faule aber antwortete: „Da hätt' ich Lust, mich schmutzig zu machen", und ging fort. Bald kam sie zu dem Apfelbaum, der rief: „Ach, schüttel mich, schüttel mich, wir Äpfel sind alle miteinander reif." Sie antwortete aber: „Du kommst mir recht, es könnte mir einer auf den Kopf fallen", und ging damit weiter. Als sie vor der Frau Holle Haus kam, fürchtete sie sich nicht, weil sie von ihren großen Zähnen schon gehört hatte, und verdingte sich gleich zu ihr. Am ersten Tag tat sie sich Gewalt an, war fleißig und folgte der Frau Holle, wenn sie ihr etwas sagte, denn sie dachte an das viele Gold, das sie ihr schenken würde; am zweiten Tag aber fing sie schon an zu Faulenzen, am dritten noch mehr, da wollte sie morgens gar nicht aufstehen. Sie machte auch der Frau Holle das Bett nicht, wie sich's gebührte, und schüttelte es nicht, dass die Federn aufflogen. Das ward die Frau Holle bald müde und sagte ihr den Dienst auf. Die Faule war das wohl zufrieden und meinte, nun würde der Goldregen kommen; die Frau Holle führte sie auch zu dem Tor, als sie aber darunter stand, ward statt des Goldes ein großer Kessel voll Pech ausgeschüttet. „Das ist zur Belohnung deiner Dienste", sagte die Frau Holle und schloss das Tor zu. Da kam die Faule heim, aber sie war ganz mit Pech bedeckt, und der Hahn auf dem Brunnen, als er sie sah, rief: „Kikeriki, unsere schmutzige Jungfrau ist wieder hie." Das Pech aber blieb fest an ihr hängen und wollte, solange sie lebte, nicht abgehen.

MARIENKIND

Vor einem großen Walde lebte ein Holzhacker mit seiner Frau, der hatte nur ein einziges Kind, das war ein Mädchen von drei Jahren. Sie waren aber so arm, dass sie nicht mehr das tägliche Brot hatten und nicht wussten, was sie ihm sollten zu essen geben. Eines Morgens ging der Holzhacker voller Sorgen hinaus in den Wald an seine Arbeit, und wie er da Holz hackte, stand auf einmal eine schöne große Frau vor ihm, die hatte eine Krone von leuchtenden Sternen auf dem Haupt und sprach zu ihm: „Ich bin die Jungfrau Maria, die Mutter des Christkindleins: Du bist arm und dürftig, bring mir dein Kind, ich will es mit mir nehmen, seine Mutter sein und für es sorgen." Der Holzhacker gehorchte, holte sein Kind und übergab es der Jungfrau Maria, die nahm es mit sich hinauf in den Himmel. Da ging es ihm wohl, es aß Zuckerbrot und trank süße Milch, und seine Kleider waren von Gold, und die Englein spielten ihm zu. Als es nun 14 Jahre alt geworden war, rief es einmal die Jungfrau Maria zu sich und sprach: „Liebes Kind, ich habe eine große Reise vor, da nimm den Schlüssel zu den dreizehn Türen des Himmelreichs in Verwahrung: Zwölf davon darfst du aufschließen und die Herrlichkeiten darin betrachten, aber die Dreizehnte, wozu dieser kleine Schlüssel gehört, die ist dir verboten. Hüte dich, dass du sie nicht aufschließest, sonst wirst du unglücklich." Das Mädchen versprach, gehorsam zu sein, und als nun die Jungfrau Maria weg war, fing sie an und besah die Wohnungen des Himmelreichs. Jeden Tag schloss es eine auf, bis die Zwölfe herum waren. In jeder aber saß ein Apostel und war von großem Glanze umgeben, und es freute sich über all die Pracht und Herrlichkeit, und die Englein, die es immer begleiteten, freuten sich mit ihm. Nun war die verbotene Tür allein noch übrig, da empfand es eine große Lust zu wissen, was dahinter verborgen wäre, und sprach zu den Englein: „Ganz aufmachen will ich sie nicht und will auch nicht hineingehen, aber ich will sie aufschließen, damit wir ein wenig durch den Ritz sehen." „Ach nein," sagten die Englein, „das wäre Sünde: Die Jungfrau Maria hat's verboten, und es könnte leicht dein Unglück werden." Da schwieg es still, aber die Begierde in seinem Herzen schwieg nicht still, sondern nagte und pickte ordentlich daran und ließ ihm keine Ruhe. Und als die Englein einmal alle hinausgegangen waren, dachte es: Nun bin ich ganz allein und könnte hineingucken, es weiß ja niemand, wenn ich's tue. Es suchte den Schlüssel heraus, und als es ihn in der Hand hielt, steckte es ihn auch in das Schloss, und als es ihn hineingesteckt hatte, drehte es ihn auch um. Da sprang die Türe auf und es sah die Dreieinigkeit in Feuer und Glanz sitzen. Es blieb ein Weilchen stehen und betrachtete alles mit Erstaunen, dann rührte es ein wenig mit dem Finger an den Glanz, da ward der Finger ganz golden. Alsbald empfand es eine gewaltige Angst, schlug die Türe heftig zu und lief fort. Die Angst wollte auch nicht wieder weichen, es mochte anfangen, was es wollte, und das Herz klopfte in einem fort und wollte nicht ruhig werden. Auch das Gold blieb an dem Finger und ging nicht ab, es mochte waschen und reiben, soviel es wollte. Gar nicht lange, so kam die Jungfrau Maria von ihrer Reise zurück. Sie rief das Mädchen zu sich und forderte ihm die Himmelsschlüssel wieder ab. Als es den Bund hinreichte, blickte ihm die Jungfrau in die Augen und sprach: „Hast du auch nicht die dreizehnte Tür geöffnet?" „Nein", antwortete es. Da legte sie ihre Hand auf sein Herz, fühlte, wie es klopfte und klopfte und merkte wohl, dass es ihr Gebot übertreten und die Tür aufgeschlossen hatte. Da sprach sie noch einmal: „Hast du es gewiss nicht getan?" „Nein", sagte das Mädchen zum zweiten Mal. Da erblickte sie den Finger, der von der Berührung des himmlischen Feuers golden geworden war, sah wohl, dass es gesündigt hatte, und sprach zum dritten Mal: „Hast du es nicht getan?" „Nein", sagte das Mädchen zum dritten Mal. Da sprach die Jungfrau Maria: „Du hast mir nicht gehorcht und hast noch dazu gelogen, du bist nicht mehr würdig im Himmel zu sein." Da versank das Mädchen in einen tiefen Schlaf, und als es erwachte, lag es unten auf der Erde, mitten in einer Wildnis. Es wollte rufen, aber es konnte keinen Laut hervorbringen. Es sprang auf und wollte fortlaufen, aber wo es sich hinwendete, immer ward es von dichten Dornhecken zurückgehalten, die es nicht durchbrechen konnte. In der Einöde, in welche es eingeschlossen war, stand ein alter hohler Baum, das musste seine Wohnung sein. Da kroch es hinein, wenn die Nacht kam, und schlief darin, und wenn es stürmte und regnete, fand es darin Schutz. Aber es war ein jämmerliches Leben, und wenn es daran dachte, wie es im Himmel so schön gewesen war und die Engel mit ihm gespielt hatten, so weinte es bitterlich. Wurzeln und Waldbeeren waren seine einzige Nahrung, die suchte es sich, soweit es kommen konnte. Im Herbst sammelte es die herab gefallenen Nüsse und Blätter und trug sie in die Höhle, die Nüsse waren im Winter seine Speise, und wenn Schnee und Eis kam, so kroch es wie ein armes Tierchen in die Blätter, dass es nicht fror. Nicht lange, so zerrissen seine Kleider und fiel ein Stück nach dem andern vom Leib herab. Sobald dann die Sonne wieder warm schien, ging es heraus und setzte sich vor den Baum, und seine langen Haare bedeckten es von allen Seiten wie ein Mantel. So saß es ein Jahr nach dem andern und fühlte den Jammer und das Elend der Welt. Einmal, als die Bäume wieder in frischem Grün standen, jagte der König des Landes in dem Wald und verfolgte ein Reh, und weil es in das Gebüsch geflohen war, das den Waldplatz einschloss, stieg er vom Pferd, riss das Gestrüppe auseinander und hieb sich mit seinem Schwert einen Weg. Als er endlich hindurchgedrungen war, sah er unter dem Baum ein wunderschönes Mädchen sitzen, das saß da und war von seinem goldenen Haar bis zu den Fußzehen bedeckt. Er stand still und betrachtete es voll Erstaunen, dann redete er es an und sprach: „Wer bist du? Warum sitzest du hier in der Einöde?“ Es gab aber keine Antwort, denn es konnte seinen Mund nicht auftun. Der König sprach weiter: „Willst du mit mir auf mein Schloss gehen?“ Da nickte es nur ein wenig mit dem Kopf. Der König nahm es auf seinen Arm, trug es auf sein Pferd und ritt mit ihm heim, und als er auf das königliche Schloss kam, ließ er ihm schöne Kleider anziehen und gab ihm alles im Überfluss. Und ob es gleich nicht sprechen konnte, so war es doch schön und holdselig, dass er es von Herzen liebgewann, und es dauerte nicht lange, da vermählte er sich mit ihm. Als etwa ein Jahr verflossen war, brachte die Königin einen Sohn zur Welt. Darauf in der Nacht, wo sie allein in ihrem Bette lag, erschien ihr die Jungfrau Maria und sprach: „Willst du die Wahrheit sagen und gestehen, dass du die verbotene Tür aufgeschlossen hast, so will ich deinen Mund öffnen und dir die Sprache wiedergeben. Verharrst du aber in der Sünde und leugnest hartnäckig, so nehm` ich dein neugebornes Kind mit mir.“ Da war der Königin verliehen zu antworten, sie blieb aber verstockt und sprach: „Nein, ich habe die verbotene Tür nicht aufgemacht“; und die Jungfrau Maria nahm das neugeborene Kind ihr aus den Armen und verschwand damit.

Am anderen Morgen, als das Kind nicht zu finden war, ging ein Gemurmel unter den Leuten, die Königin wäre eine Menschenfresserin und hätte ihr eigenes Kind umgebracht. Sie hörte alles und konnte nichts dagegen sagen, der König aber wollte es nicht glauben, weil er sie so lieb hatte.

Nach einem Jahr gebar die Königin wieder einen Sohn. In der Nacht trat auch wieder die Jungfrau Maria zu ihr herein und sprach: „Willst du gestehen, dass du die verbotene Tür geöffnet hast, so will ich dir dein Kind wiedergeben und deine Zunge lösen. Verharrst du aber in der Sünde und leugnest, so nehme ich auch dieses Neugeborene mit mir." Da sprach die Königin wiederum: „Nein, ich habe die verbotene Tür nicht geöffnet"; und die Jungfrau nahm ihr das Kind aus den Armen weg und mit in den Himmel. Am Morgen, als das Kind abermals verschwunden war, sagten die Leute ganz laut, die Königin hätte es verschlungen, und des Königs Räte verlangten, dass sie sollte gerichtet werden. Der König aber hatte sie so lieb, dass er es nicht glauben wollte, und befahl den Räten bei Leibes- und Lebensstrafe nicht mehr darüber zu sprechen. Im nächsten Jahr gebar die Königin ein schönes Töchterleich, da erschien ihr zum dritten Mal nachts die Jungfrau Maria und sprach: „Folge mir." Sie nahm sie bei der Hand und führte sie in den Himmel und zeigte ihr da ihre beiden ältesten Kinder, die lachten sie an und spielten mit der Weltkugel. Als sich die Königin darüber freute, sprach die Jungfrau Maria: „Ist dein Herz noch nicht erweicht? Wenn du eingestehst, dass du die verbotene Tür geöffnet hast, so will ich dir deine beiden Söhnlein wiedergeben." Aber die Königin antwortete zum dritten Mal: „Nein, ich habe die verbotene Tür nicht geöffnet." Da ließ sie die Jungfrau wieder zur Erde herabsinken und nahm ihr auch das dritte Kind. Am andern Morgen, als es ruchbar ward, riefen alle Leute laut: „Die Königin ist eine Menschenfresserin, sie muss verurteilt werden", und der König konnte seine Räte nicht mehr zurückweisen. Es ward ein Gericht über sie gehalten, und weil sie nicht antworten und sich nicht verteidigen konnte, ward sie verurteilt, auf dem Scheiterhaufen zu sterben. Das Holz wurde zusammengetragen, und als sie an einem Pfahl festgebunden war und das Feuer ringsumher zu brennen anfing, da schmolz das harte Eis des Stolzes, und ihr Herz ward von Reue bewegt, und sie dachte: „Könnt ich nur noch vor meinem Tode gestehen, dass ich die Tür geöffnet habe!", da kam ihr die Stimme, dass sie laut ausrief: „Ja, Maria, ich habe es getan!" Und alsbald fing der Himmel an zu regnen und löschte die Feuerflammen, und über ihr brach ein Licht hervor, und die Jungfrau Maria kam herab und hatte die beiden Söhnlein zu ihren Seiten und das neugeborene Töchterlein auf dem Arm. Sie sprach freundlich zu ihr: „Wer seine Sünde bereut und eingesteht, dem ist sie vergeben", und reichte ihr die drei Kinder, löste ihr die Zunge und gab ihr Glück für das ganze Leben.

RUMPELSTILZCHEN

Es war einmal ein Müller, der war arm, aber er hatte eine schöne Tochter. Nun traf es sich, dass er mit dem König zu sprechen kam, und um sich ein Ansehen zu geben, sagte er zu ihm: „Ich habe eine Tochter, die kann Stroh zu Gold spinnen." Der König sprach zum Müller: „Das ist eine Kunst, die mir wohl gefällt! Wenn deine Tochter so geschickt ist, wie du sagst, so bring sie morgen in mein Schloss, da will ich sie auf die Probe stellen." Als nun das Mädchen zu ihm gebracht ward, führte er es in eine Kammer, die ganz voll Stroh lag, gab ihr Rad und Haspel und sprach: „Jetzt mache dich an die Arbeit, und wenn du diese Nacht durch bis morgen früh dieses Stroh nicht zu Gold versponnen hast, so musst du sterben." Darauf schloss er die Kammer selbst zu, und sie blieb allein darin. Da saß nun die arme Müllerstochter und wusste um ihr Leben keinen Rat. Sie verstand gar nichts davon, wie man Stroh zu Gold spinnen konnte, und ihre Angst ward immer größer, dass sie endlich zu weinen anfing. Da ging auf einmal die Türe auf, und trat ein kleines Männchen herein und sprach: „Guten Abend, Jungfer Müllerin, warum weint Sie so sehr?" „Ach,", antwortete das Mädchen, „ich soll Stroh zu Gold spinnen und verstehe das nicht." Sprach das Männchen: „Was gibst du mir, wenn ich's dir spinne?" „Mein Halsband", sagte das Mädchen. Das Männchen nahm das Halsband, setzte sich vor das Rädchen, und schnurr, schnurr, schnurr, dreimal gezogen, war die Spule voll. Dann steckte es eine andere auf, und schnurr, schnurr, schnurr, dreimal gezogen, war auch die Zweite voll, und so ging's fort bis zum Morgen, da war alles Stroh versponnen und alle Spulen waren voll Gold. Bei Sonnenaufgang kam schon der König, und als er das Gold erblickte, erstaunte er und freute sich, aber sein Herz ward nur noch goldgieriger. Er ließ die Müllerstochter in eine andere Kammer voll Stroh bringen, die noch viel größer war, und befahl ihr, das auch in einer Nacht zu spinnen, wenn ihr das Leben lieb wäre. Das Mädchen wusste sich nicht zu helfen und weinte; da ging abermals die Türe auf, und das kleine Männchen erschien und sprach: „Was gibst du mir, wenn ich dir das Stroh zu Gold spinne?" „Meinen Ring von dem Finger", antwortete das Mädchen. Das Männchen nahm den Ring, fing wieder an zu schnurren mit dem Rade und hatte bis zum Morgen alles Stroh zu glänzendem Gold gesponnen. Der König freute sich über die Maßen bei dem Anblick, war aber noch immer nicht des Goldes satt, sondern ließ die Müllerstochter in eine noch größere Kammer voll Stroh bringen und sprach: „Die musst du noch in dieser Nacht verspinnen. Gelingt dir's aber, so sollst du meine Gemahlin werden." – „Wenn's auch eine Müllerstochter ist", dachte er, „eine reichere Frau finde ich in der ganzen Welt nicht." Als das Mädchen allein war, kam das Männlein zum dritten Mal wieder und sprach: „Was gibst du mir, wenn ich dir noch diesmal das Stroh spinne?" „Ich habe nichts mehr, das ich geben könnte", antwortete das Mädchen. „So versprich mir, wenn du Königin wirst, dein erstes Kind." „Wer weiß, wie das noch geht", dachte die Müllerstochter und wusste sich auch in der Not nicht anders zu helfen; sie versprach also dem Männchen, was er verlangte, und das Männchen spann dafür noch einmal das Stroh zu Gold. Und als am Morgen der König kam und alles fand, wie er gewünscht hatte, so hielt er Hochzeit mit ihr, und die schöne Müllerstochter ward eine Königin. Über ein Jahr brachte sie ein schönes Kind zur Welt und dachte gar nicht mehr an das Männchen. Da trat es plötzlich in ihre Kammer und sprach: „Nun gibt mir, was du versprochen hast." Die Königin erschrak und bot dem Männchen alle Reichtümer des Königreichs an, wenn er ihr das Kind lassen wollte, aber das Männchen sprach: „Nein, etwas Lebendes ist mir lieber als alle Schätze der Welt." Da fing die Königin so an zu jammern und zu weinen, dass das Männchen Mitleiden mit ihr hatte: „Drei Tage will ich dir Zeit lassen", sprach er, „wenn du bis dahin meinen Namen weißt, so sollst du dein Kind behalten." Nun besann sich die Königin, die ganze Nacht über auf alle Namen, die sie jemals gehört hatte, und schickte einen Boten über Land, der sollte sich erkundigen weit und breit, was es sonst noch für Namen gäbe. Als am anderen Tag das Männchen kam, fing sie an mit Kaspar, Melchior und Balzer und sagte alle Namen, die sie wusste, nach der Reihe her, aber bei jedem sprach das Männlein: „So heiß' ich nicht." Den zweiten Tag ließ sie in der Nachbarschaft herumfragen, wie die Leute da genannt würden, und sagte dem Männlein die ungewöhnlichsten und seltsamsten Namen vor: „Heißt du vielleicht Rippenbiest oder Hammelswade oder Schnürbein?", aber es antwortete immer: „So heiß ich nicht." Den dritten Tag kam der Bote wieder zurück und erzählte: „Neue Namen habe ich keinen einzigen finden können, aber wie ich an einem hohen Berg um die Waldecke kam, wo Fuchs und Has' sich Gute Nacht sagen, so sah ich da ein kleines Haus, und vor dem Haus brannte ein Feuer, und um das Feuer sprang ein gar zu lächerliches Männlein, hüpfte auf einem Bein und schrie: „Heute back' ich, morgen brau' ich, übermorgen hol' ich der Königin ihr Kind; ach, wie gut ist, dass niemand weiß, dass ich Rumpelstilzchen heiß'!" Da könnt ihr denken, wie die Königin froh war, als sie den Namen hörte, und als bald hernach das Männlein herein trat und fragte: „Nun, Frau Königin, wie heiß' ich?", fragte sie ernst: „Heißest du Kunz?" „Nein." „Heißest du Heinz?" „Nein." „Heißt du etwa Rumpelstilzchen?"

„Das hat dir der Teufel gesagt, das hat dir der Teufel gesagt", schrie das Männlein und stieß mit dem rechten Fuß vor Zorn so tief in die Erde, dass es bis an den Leib hinein fuhr. Dann packte es in seiner Wut den linken Fuß mit beiden Händen und riss sich selbst mitten entzwei.

REGISTER

A

aach: *1. Acht, 2. acht (Zahlwort für 8)*
aadich: *artig*
Aap: *Affe*
Ääpele: *Kartoffeln*
Aat un Wies: *Art und Weise*
Ääz: *Erz*
achzehn: *achtzehn*
Äd: *Erde*
Ädäppele: *Erdäpfel; Kartoffeln*
adjüs: *adieu, auf Wiedersehen, mit Gott*
af: *ab*
afbeeje: *abbiegen*
afhäus: *abhaust*
afhubbele: *abhobeln*
afjebesse: *abgebissen*
afjeblevve: *abgeblieben*
afjewese: *abgewiesen*
afkäuf: *abkauft*
afkaufe: *abkaufen*
afmildere: *abmildern*
afmöhte: *abmühte*
afrode: *abraten*
Afsatz: *Absatz (hier) Warenabsatz; Verkauf*
Afscheed: *Abschied*
afschnigge: *abschneiden*
afstrigge: *abstreiten*
afstüsse: *abstoßen*
Ahl: *(die) Alte*
ahl: *alt, alter; altes; alten (vor Substantiven)*
Ahle: *Alten, die (Plural)*
Ähze: *Erbsen, die (Plural)*
älendije: *elendige*
alldiewiel: *all die Weile; während; in der Zeit*
alledags: *alle Tage*
allemann: *jedermann*
allemol: *allemal; alle Male; immer*
allemolde: *allemal; alle Male; immer*
allerhühkste Toon: *(wie der) allerhöchste Turm*
allermihtste: *(am) allermeisten*
allt vill: *schon viele*
allt: *schon, bereits*
alltbahl: *alsbald; schon bald*
allzewick: *allzuweit*
am deechste: *am dichtesten*
am hühkste: *am höchsten*
am Leuchte: *am Leuchten*
am mihtste: *am meisten*
am secherste: *am sichersten*
anbedde: *anbieten*
Andraach: *Antrag*
anhiv: *anhebt*
Anjebott: *Angebot*
anjedon wäde: *angetan werden*
anjehöre dät: *angehörte*
anjejlotz: *angeglotzt; angestiert; angestarrt*
anjejosse: *angegossen*
anjereech: *angerichtet*
Anjeseech: *Angesicht*
anjestallt: *angestellt*
anjestivvelt: *angefacht; angestiftet*
anläje: *anlegen*
Anloore: *Ansehen, das; Anschauen, das*
Anschlaach: *Anschlag, der*
ansin: *ansehen*
ansoch: *ansah*
anstallt: *anstellte*
Antletz: *Antlitz, das; Gesicht, das*
antrecke: *anziehen; ankleiden*
antrick: *anzieht*
antwoode: *antworten*
antwoodte: *antwortete; antworteten*
Antwoot: *Antwort, die*
Äppel: *Äpfel, die (Plural)*
ärch: *arg*
Ärm: *Arm, der*
Ärm: *Arme, die (Plural)*
ärme: *arme*
Ärmemann: *armer Mann; im Kölschen zum Eigennamen geworden*
Äsch: *Asche*
Äss / Äß: *Äste, die (Plural)*
Assloch / Aßloch: *Astloch, das*
Auge: *Augen, die (Plural)*
Auch: *Auge, das*
ävver: *aber*

B

Baach / Bach: *Bach, der*
Baat: *Bart, der*
Baatputzer: *Bartputzer, der (Name für Katzen)*
bahl: *bald*
Bangendresser: *Bangenschisser, der; änstlicher Mensch*
bannich: *sehr; gewaltig; mächtig; sehr viel*
Bas: *Base, die; Kusine, die*

Batze: *Batzen, die (frühere wertvolle schweizerische Geldmünzen – Plural)*
Bäum: *Bäume, die (Plural)*
bävte: *bebte*
Becherche: *Becherchen, das; kleiner Becher*
Bechercher: *Becherchen, die (Plural)*
bedde: *beten*
Bedde: *Bitten, das*
beddele: *betteln*
Beddelstav: *Bettelstab, der*
bedenke: *bedenken*
Beding: *Bedingnis, das; Bedingung, die*
bedreje: *betrügen*
bedroge: *betrogen*
bedröv: *betrübt*
Bedrövnis: *Betrübnis, die*
bedügge: *bedeuten*
Bees: *Biest, das*
befelle: *befehlen*
befolch: *befolgt*
befoll: *befahl*
bei dich bei: *zu dir*
bei ming Mamm: *zu meiner Mutter*
Bei: *Biene, die*
beidse Kinder: *beiden Kindern; beide Kinder*
Beie: *Bienen, die (Plural)*
beim Entredde: *beim Eintreten*
beim vörrije Mol: *beim vorigen Mal*
Bein: *Bein, das; Beine, die*
Beincher: *Beinchen, die (Plural)*
beisick: *beiseite*
beiston: *beistehen; helfen*
beizigge: *beizeiten*
bejänte: *begegnete*
Bejeerlichkeit: *Begierlichkeit, die*
bejerre: *begehren*
bejov sich: *begab sich*
bejriefe: *begreifen*
bellich: *billig*
beloore: *besehen; beschauen; betrachten*
beloorte: *besah; beschaute; betrachtete*
beluhnt: *belohnt*
benne: *binnen; innen; drinnen; innerhalb*
berappte: *bezahlte*
beraut: *bereute*
berode: *beraten*
bes nor jetroos: *sei nur getrost*
bes räuhich: *sei ruhig (Imperativ)*
bes stell: *sei still (Imperativ)*
bes: *1. bis, 2. (du) bist*
beschlofe: *beschlafen*
besenne: *besinnen*
besennte: *besann*
besoch: *besah*
bess / beß: *biss*
Besse: *Bissen, der*
Bessje: *Bißchen, das; kleiner Bissen*
bestemmp: *bestimmt*
Bestemo: *Großmutter, die*
Besteva: *Großvater, der*
bestrofe: *bestrafen*
betraachte: *betrachten*
bett: *bittet*
Bettcher: *Bettchen,die (Plural)*
better: *bitter*
betterlich: *bitterlich*
Beut: *Beute, die*
biestich: *biestig; wütend; ärgerlich*
bilds: *bildest*
binge: *binden*
Binseling: *Binsenleine, die*
Birbaum: *Birnbaum, der*
Birre: *Birnen, die (Plural)*
Blädder: *Blätter, die (Plural)*
Blänk: *Glanz, der*
blänke: *blinken*
blänke: *glänzendes*
blees: *blies*
blesseete: *blessierte, verwundete, verletzte*
Blessor: *Blessur, die; Verwundung, die; Verletzung, die*
bletzich: *zornig*
Bletzichkeit: *Zorn, der*
bletzijem Bleck: *(mit) zornigem Blick*
blev: *blieb*
blevve: *blieben*
bliev: *bleibt; bleib*
blieve: *bleiben*
Blingde: *Blindheit, die*
blingk: *blind*
blöhe / am Blöhe: *blühen; am Blühen*
Blos: *Blase, die; Familie, die; Verwandtschaft, die; Bekanntschaft, die; Nachbarschaft, die*
Blot: *Blut, das*
Blotsdroppe: *Blutstropfen, die (Plural)*
boch: *bog*
Bochstave: *Buchstaben, die (Plural)*

Bochweize: *Buchweizen, der*

Boddem: *Boden, der*

Boor: *Bauer, der*

Boorefrau: *Bauersfrau, die; Bäuerin, die*

Booremöhn: *ältere Bauersfrau, die*

böösch: *bürste (Imperativ)*

Bösch: *Busch, der; (aber auch) Wald, der*

Botter: *Butter, die*

Botze: *Hosen, die (Plural)*

bovve / bovven: *oben*

bovvendrop: *obendrein*

brau ich: *brau ich (Bier)*

brav: *tapfer*

Bravheit: *Tapferkeit, die*

Bravorstöckche: *Bravourstückchen, das; etwas Außergewöhnliches; Glanzstück, das; besondere Tat, die*

Bredder: *Bretter, die (Plural)*

brengt: *bringt (Imperativ)*

Bröck: *Brücke, die*

Bröckelche: *Bröckchen, das; kleiner Brocken*

Brode: *Braten, der*

Brögge: *Brücken, die (Plural)*

brooch: *brauchte*

brötsche: *brutzeln; braten*

Bruck: *Braut, die*

Bruckhemb: *Brauthemd, das*

brummelich: *brummig*

Bruss / Bruß: *Brust, die*

Brut: *Brot, das*

Brütche: *Brötchen, das*

Bruthüsje: *Brothäuschen, das*

Brutköschjer: *Brotkrusten, die (Plural)*

Brutschuffel: *Brotschaufel, die; Brotschieber, der*

Buch: *Bauch, der*

Büggel: *Beutel, der*

Büjelieser: *Bügeleisen, die (Plural)*

bung: *band*

Bütt: *Bottich, der; Wanne, die*

Butt: *Butt, der (Scholle; Fisch aus der Familie der Plattfische; Körper relativ langgestreckt, Augen fast ausschließlich auf der linken Körperseite; Speisefisch, Atlantik, Mittelmeer, Indischer Ozean)*

Buttche: *kleiner Butt (siehe Butt)*

Bützje: *Kuss, der*

(C) / D

Daach: *Dach, das*

daach: *dachte*

Dach: *Tag, der*

dä: *der; den*

dä Deev vunnem Weet: *der Dieb von einem Wirt*

dä kodde Wolf: *der böse Wolf*

dä verwunsche Jeis: *den verwunschenen Geist*

Dage: *Tage, die (Plural)*

Dagewerk: *Tagewerk, das*

Dagsanbroch: *Tagesanbruch, der*

Dagsleech: *Tageslicht, das*

Dagszick: *Tageszeit, die*

däjinnije: *derjenige*

Daler: *Taler, der*

Dämmerleech: *Dämmerlicht, das*

Damp: *Dampf, der*

Danz: *Tanz, der*

Dänzersch: *Tänzerin, die*

dat: *damit; dass; das*

dät: *tat (im Kölschen oft zur Bildung der Vergangenheitsform gebraucht)*

däts: *tätest*

datselve: *dasselbe*

dauchte: *taugte*

Däuf: *Taufe, die*

däufte: *tauchte*

Daugenix: *Taugenichts, der*

dausendmol: *tausendmal*

daut: *drückte; schob*

de Aap maache: *jemanden zum Narren halten; verulken; zum Besten halten*

de Flitz jemaat: *weg- oder fortgelaufen; Reißaus genommen*

deck un satt: *dick und satt*

deech bei: *dicht bei; dicht an*

Deefde: *Tiefe, die*

deefer: *tiefer*

deene: *dienen*

Deener: *Diener, der*

Deens: *Dienst, der*

Deer: *Tier, das*

Deerche: *Tierchen, das*

Deere: *Tiere, die (Plural)*

Deev: *Dieb, der*

Deich: *Teig, der*

Deilcher: *Teilchen, die (Plural)*

deile wööds: *teilen würdest*

deis: *tust*

Deje: *Degen, der*

Dell: *Delle, die; Vertiefung, die*

Demante: *Diamanten, die (Plural)*
deran wende wells: *daran wenden willst; hergeben willst; opfern willst*
derbei: *dabei*
derbenne: *da drinnen; dort drinnen*
derbovve / derbovven: *da oben*
derdran: *daran*
derdren: *da drin*
derdrop: *darauf; da drauf*
deren: *darin*
derför: *dafür; deshalb; deswegen; darum*
derheim: *daheim*
derhin: *dahin*
dermet: *damit*
dernoh: *danach*
derop: *darauf*
derus: *daraus*
derüvver: *darüber*
dervör / dovör: *davor*
dervun: *davon*
dervundrage: *davontragen*
derwiel: *derweil; während; unterdessen*
derzo: *dazu*
Deschdoch: *Tischtuch, das*
Desche: *Tische, die (Plural)*
Deschje: *Tischchen, das; Tischlein, das; kleiner Tisch*
Deschretz: *Tischritze, die*
deste dörer, deste leever: *je teurer, desto lieber*
die riefste Keesche: *die reifsten Kirschen*
Dingelche: *kleines Ding*
Dinger: *Dinge, die (Plural)*
dismol: *diesmal; dieses Mal*
dit un dat: *dies und das; dieses und jenes*
do: *da; dort (aber auch im Sinne von) weil*
Doch: *Tuch, das*
Dochlappe: *Tuchlappen, der*
Döchter: *Töchter, die (Plural)*
Dochter: *Tochter, die*
Döjelche: *Tüchlein, das; kleines Tuch*
Dommbaat: *Dummbart, der; dummer Kerl*
Doon: *Dorn, der*
Döner: *Dornen, die (Plural)*
Doonrüsje: *Dornröschen, das*
doore: *dauern; währen*
Doosch: *Durst, der*
döösch: *dürstet*
Dör: *Türe, die*
Dörche: *Türchen, das; kleine Tür*
Dörp: *Dorf, das*
dorte / doorte: *dauerte*
dörv: *dürfte (Konjunktiv)*
döschtich: *durstig*
dot / doot: *tut (Imperativ)*
d'r halve Liev zo Stein: *der halbe Leib zu Stein*
drach: *trag (Imperativ)*
drage: *tragen*
drät: *trägt*
Dreieinichkeit: *Dreieinigkeit, die (Gott Vater, Gott Sohn, Heiliger Geist)*
drenne: *drinnen*
dreßich / dressich: *dreißig*
drev: *trieb*
Drickes: *Heinrich*
Drihbank: *Drehbank, die*
drihte: *drehte*
droch et sich zo: *trug es sich zu*
droch: *trug*
droche: *trugen*
dröck: *drücke (Imperativ)*
dropläje: *drauflegen*
Droppe: *Tropfen, der; (die / bei Plural)*
dröv: *trüb*
drücksehn: *dreizehn*
drüjje: *trocknen*
drunk: *trank*
Drunk: *Trank, der; Trunk, der*
drünk: *tränke (Konjunktiv)*
drusse: *draußen*
du dors mich: *du dauerst mich; du tust mir leid*
du jecke(n) Doll: *(sinngemäß) du Narr; du Tor*
dubbelte Krick: *doppelte Kreide*
düchtije Stein: *tüchtigen Stein, einen*
Dud: *Tod, der*
Dude, dä: *Tote, der*
Dudebahr: *Totenbahre, die*
Dudebein: *Totengebeine, die; Knochen, die*
Dudebett: *Totenbett, das; Sterbebett, das*
Dudeköpp: *Totenköpfe, die (Plural)*
Dudelad: *Totenlade, die (altes Wort für Totensarg; Totenkiste)*
Duffes: *Taubenschlag, der; Taubenhaus, das*
Dume: *Daumen, der*
Dümeling: *Däumling, der*
dun: *tun*
durchseechtije Särk: *(einen) durchsichtigen Sarg*
Dürpele: *Türschwellen, die (Plural)*

duselich: *(hier) ungeschickt*
dut tredde: *tottreten*
dut: *tot*
dutleef: *totlief*
dutmaache: *totmachen; töten*
Düürung: *Teuerung, die*
Düvjer: *Täubchen,die (Plural)*

E

eesch: *erst*
ehr: *ihr (2. Person Plural)*
ehr: *ihr (Dativ)*
Ehr: *Ihr; kölsche Siezform*
ehretwäje: *ihretwegen*
ehter: *eher*
ei: *ein*
ei Deil: *ein Teil*
ei einzich Kind: *ein einziges Kind*
Eije: *Eigen, das; Eigentum, das*
eije Hand: *(mit) eigener Hand*
Eijenaat: *Eigenart, die; Eigenschaft, die*
eijesennich: *eigensinnig*
eimol: *einmal*
eines Dags: *eines Tages*
Einhoon: *Einhorn, das*
Eldere: *Eltern, die*
Ell: *Elle, die; (Stock als) früheres Längenmaß, gemessen vom Knöchel des Ellenbogens bis zur Spitze des Mittelfingers eines ca. 1 m 70 cm großen Erwachsenen)*
Elsebell: *Ilsebill (Frauenname)*
Emmer: *Eimer, der*
en aach behalde: *in Acht behalten; darauf achten*
en Deil' schlage: *in Teile schlagen; zerlegen*
en et Bockshoon jage: *ins Bockshorn jagen; einschüchtern; bange machen*
en halve Stund: *eine halbe Stunde*
en ne holle Baum: *in einen hohlen Baum*
en Zicklang: *eine Zeitlang*
endem: *indem*
enfange: *einfangen*
Engelcher: *Engelchen, die (Plural)*
Engk: *Ende, das*
enjeblose han: *eingeblasen haben*
enjeböß: *eingebüßt*
enjesteit: *eingesteht*
ens: *einst; einmal; mal*
enschleefe: *einschliefen*
enspizeere: *inspizieren; besichtigen; überprüfen*
entföht: *entführt*
entjäje: *entgegen*
entjäjespringe: *entgegenspringen*
enwellichte: *einwilligte*
eraf: *herab; hinab*
erafjefalle: *herabgefallen; hinabgefallen*
erafjeschleck: *hinuntergeschluckt*
erafjewürch: *herabgewürgt*
erafleef: *herunterlief; hinunterlief*
erafsunk: *hinuntersank; heruntersank*
eran: *heran*
erbei: *herbei*
erenschuve: *hineinschieben*
erenzeläje: *hereinzulegen; zu überlisten; zu übertölpeln*
erhoot: *erhört*
erloss / erloß *erlass (Imperativ)*
erlüs: *erlöst*
eröm: *umher; herum*
erop: *herauf; hinauf*
eropjebraat: *heraufgebracht*
eropjekroffe: *heraufgekrochen*
eropschecke: *heraufschicken*
erunger: *herunter; hinunter*
erus: *hinaus; heraus*
erusdröppele dät: *heraustropfte*
erusjeschleche: *herausgeschlichen*
erusquoll: *herausquoll*
eruszedrage: *hinauszutragen*
Ervschaff: *Erbschaft, die*
erwitsche däte: *erwischen würden*
et Bess: *das Beste*
et Schwers': *das Schwerste*
et: *1. das, 2. es (3. Person Singular)*
evve / evvens: *eben*
Evveholz: *Ebenholz, das*
evvendröm: *eben drum; weil*

F

Faddem: *Faden, der*
fädich: *fertig*
fählte: *fehlte; fehlten*
Familich: *Familie, die*
fän: *fern*
Fände: *Ferne, die*
Färv: *Farbe, die*
Färve: *Farben, die (Plural)*
färvte: *färbte*
Fäsch: *Ferse, die*

fass / faß: *fest*
fassklävte / faßklävte: *festklebte*
Fazung: *Fasson, die; Art, die; Eigenart, die ; Zuschnitt, der*
Feddere: *Federn, die (Plural)*
Feldpötz: *Feldbrunnen, der*
Fellieser: *Felleisen, das; Tornister, der; Rucksack, der*
Fescher: *Fischer, der*
Fess / Feß: *Fest, das*
Fessdach / Feßdach: *Festtag, der*
Festäng: *Festmahl, das*
fing an: *fing an*
fing: *fein*
fingk: *findet*
Finster: *Fenster, das*
Finsterhoke: *Fensterhaken, der*
Finsterschiev: *Fensterscheibe, die*
Firke: *Ferkel, das; kleines Schwein*
Fisematente / Fisematentcher: *Zicken, die; Schwierigkeiten, die*
Flaaß: *Flachs, der (Faserpflanze)*
flächte: *flechten*
Flächte: *Flechten, die (Plural)*
Fläjevatter: *Pflegevater, der*
Fläsch Schabau: *Flasche Schnaps*
Fläsch: *Flasche, die*
fleck: *flicke (Imperativ)*
Fleje: *Fliegen, die (Plural)*
flichverjesse: *pflichtvergessen*
fliedich: *hässlich*
fließig: *fleißig*
Floch: *Fluch, der*
floche: *flogen*
flöchtije: *flüchtige; fliehende; behände*
flöck: *schnell; rasch; flott; geschwind*
flöcker: *schneller*
flöcker: *schneller*
Flönz: *Blutwurst, die*
flüch: *fliegt*
Flüjele: *Flügel, die (Plural)*
Fluuschrock: *Flauschrock, der (graues Fell der Maus)*
Foder / Fooder: *Futter, das*
Fohrmann: *Fuhrmann, der*
föht: *führt (Imperativ)*
foht: *führte*
folje: *folgen*
fölle: *füllen*
Fööschte: *Fürsten, die (Plural)*
för Jeck halde: *zum Narren halten*
förije Auge: *(mit) feurigen Augen*
förije: *feurigen*
Föß: *Füße, die (Plural)*
Foß: *Fuß, der*
Fößje: *Füßchen, das; kleiner Fuß*
Fößjer: *Füßchen, die (Plural)*
fott: *fort; weg*
fottjaachte: *fortjagte*
fottjejange: *fortgegangen; weggegangen*
fottjepeck: *fortgepickt; weggepickt*
Frack: *Bosheit, die*
frack: *böswillig; rachsüchtig; trotzig*
Frängel: *Stock, der*
Frau Gothel: *Name der Zauberin im Märchen „Rapunzel"; der Name kommt wahrscheinlich von „Gote" = Patin*
fraut: *freute*
freet: *friert*
freie: *freien; auf Brautschau gehen; um eine Frau werben*
fresche: *frische*
Freschling: *Frischling, der (junges Wildschwein)*
Fridde: *Frieden, der*
friss / friß: *frisst*
Fröhjohr: *Frühjahr, das*
Frooch: *Frucht, die*
Froschkünning: *Froschkönig, der*
froß: *fraß*
fruh: *froh*
Fründe: *Freunde, die (Plural)*
fründlije: *freundlichen*
Fründschaff: *Freundschaft, die*
fuffzehnte Johr: *(in ihrem) fünfzehnten Jahr*
fuffzich Daler: *fünfzig Taler*
fung: *fand*
funge: *fanden*
Furch: *Furche, die; Ackerfurche, die*
Fuss / Fuß: *Fuchs, der*
fusse Kopp: *Rotkopf, der (für Hahn)*
Fusshöll: *Fuchshöhle, die*
fussichrut: *fuchsrot*
fuul: *faul*
Fuule: *Faule, der ; Faule, die*
Fuulenzersch: *Faulenzerin, die*

(G) / H

hä: *er (3. Person Singular)*
Hackmetzer: *Hackmesser, die (Plural)*
Häd: *Herd, der*
hädden: *hätte; hätten (So sprachen meine Großeltern.)*

hade: *harte*
Halsbengelche: *Halsbändchen, das*
halve: *halber; halbe; halbes*
Halvus: *Halbaus (angeblicher Name des zweiten Patenkindes der Katze)*
Hämmche: *(Hinterkeule des Schweins)*
Hanak: *Spitzbub, der; Gauner, der; Dieb, der*
Handelshär: *Handelsherr, der*
Händscher: *Handschuhe, die (Plural)*
Häng: *Hände, die (Plural)*
Hängche: *Händchen, das; kleine Hand*
Hännesje: *(hier) Hänsel*
Här: *Herr (auch) Dienstherr, der; Meister, der*
Här Ääpelkünning: *Herr Kartoffelkönig*
Härschaff: *Herrschaft, die*
Has: *Hase, der*
Häschelbrei: *Hirsebrei, der*
Haselbösch: *Haselbusch, der*
Haselries: *Haselreis, das; das Reis vom Haselbusch; das Reis vom Haselstrauch*
Haspel: *Haspel, die (Garnwinde)*
hatt zojejange: *hart zugegangen*
hätt: *hätte*
Hätz / vun Hätze: *Herz, das; von Herzen*
hätzallerleevs: *herzallerliebst*
Hätzeleid: *Herzeleid, das; Herzensleid, das*
Hätzensangs: *Herzensangst, die*
Hätzensloss: *Herzenslust, die*
Hätzer: *Herzen, die (Plural)*
hätzhafte Rock: *(mit einem) herzhaften Ruck*
hätzte: *herzten*
Hau: *Hieb, der; Schlag, der*
Häupche: *Häubchen, das; kleine Haube*
Häuv: *Haupt, das; Kopf, der*
Häuvter: *Häupter, die (Plural)*
he unge: *hier unten*
heelt met: *hielt mit*
heesch / heeß: *hieß; befahl, ordnete an*
heesch: *hieß; befahl; ordnete an*
heeß: *hieß; befahl; ordnete an*
Heeze: *Hirsche, die (Plural)*
Heezfänger: *Hirschfänger, der (langes Jagdmesser)*
Heid: *Heide, die*
heilfruh: *heilfroh*
heimdückisch: *heimtückisch*
Heimwäch: *Heimweg, der*
Heimwih: *Heimweh, das*
Heller: *Heller, der (ehemalige deutsche Geldmünze)*
Hemp / Hemb / Himp / Himb: *Hemd, das*
Herberg / Herberch: *Herberge, die*
hernoh: *hernach; danach*
Herrjottsfröh: *Herrgottsfrühe, die*
Hervs: *Herbst, der*
herzelöcke: *herzulocken*
Hetz: *Hitze, die*
hev: *heb (Imperativ)*
Hexeküns: *Hexenkünste, die (Plural)*
Hiffhoon: *Hifthorn, das; Hüfthorn, das; Jagdhorn, das*
Himbcher / Himpcher: *Hemdchen, die (Plural)*
Himmelsleech: *Himmelslicht, das*
hinge un vörre: *hinten und vorne*
hingeneröm: *hintenherum*
Hingerdör: *Hintertür, die*
hinjevve: *hingeben*
Hipp: *Geiß, die; Ziege, die*
hiv: *hebt*
höde: *hüten; bewahren*
Hoff: *Hof, der; Bauernhof, der*
Hofflück: *Hofleute, die; Höflinge, die (Plural)*
Hoffmann: *Hofmann, der; Höfling, der*
Höhner: *Hühner, die (Plural)*
Hökche: *Häkchen, das*
holf: *half*
Höll: *Hölle, die; (aber auch) Höhle*
holle Baum: *hohler Baum*
holle: *holen*
Hölleför: *Höllenfeuer, das*
Hölp: *Hilfe, die*
hölzer Deschje: *hölzernes Tischlein*
Hönderblose: *Hörnerblasen, das*
hönn Sick: *jenseits; andere Seite*
Hoorflächte: *Haarflechten, die (Plural)*
Hoorzopp: *(eigentlich) Haarzopf, der (hier) langes Schwänzchen der Maus*
höösch: *sanft; langsam; zart; leise*
hoot: *hörte*
Hoppe un Malz: *Hopfen und Malz*
Höpperling: *Hüpferling, der; Hüpfer, der; Heuschrecke, die; kleines Männlein*
höppte: *hüpfte*
höt: *hörte (Konjunktiv)*
höte sich: *hütete sich*
Hött: *Hütte, die; (aber auch) Ecke, die*
Hötte: *Ecken; die (Plural)*
hov / hovv: *hob*
hov an: *hob an; hub an*

hubbele: *hobeln*
Huck un Hoor / met Huck un Hoor: *mit Haut und Haar*
Huck: *Haut, die*
hück: *heute*
Huckaf: *Hautab (angeblicher Name des ersten Patenkindes der Katze)*
Hüh / Hühde: *Höhe, die*
huhaachte: *hochachten*
hüher: *höher*
huhlevve: *hochleben*
huhmödich: *hochmütig*
Huhmot: *Hochmut, der*
huhnäsije: *hochnäsige*
Huhzick: *Hochzeit, die*
Huhzicksfess / Huhzicksfeß: *Hochzeitsfest, das*
Hüng: *Hunde, die (Plural)*
Hüngche: *Hündchen, das*
Huusdör: *Haustüre, die*
Huushalt: *Haushalt, der*
Huushär: *Hausherr, der*
Huusknäch: *Hausknecht, der*
Huusstivvel: *Hausrat, der*

I

Iel: *Eile, die*
ielich: *eilig; eilends*
ielte: *eilte*
ieser; *eisern; aus Eisen*
Ieserstang: *Eisenstange, die*
iher: *eher*
ihre: *ehren*
ihrliche Frau: *ehrliche Frau*
ihrliche: *ehrliche; ehrlichen; ehrlicher*
Ihstör: *Ehesteuer, die (Mitgift, die)*
Ijel: *Igel, der*
im: *ihm (Dativ)*
inne: *ihnen (Personalpronomen Dativ)*
iwije Sillichkeit: *ewige Seligkeit, die*

J

Jaach: *Jagd, die*
Jaachhüng: *Jagdhunde, die (Plural)*
Jaachhungk: *Jagdhund, der*
Jaachloss /Jaachloß: *Jagdlust, die*
jääl: *gelb*
jachte / jaachte: *jagte*
Jadderdör: *Gittertüre, die*
Jadeheck: *Gartenhecke, die*
Jaffel: *Gabel, die*
Jäffelche: *Gäbelchen, das*
Jäffelcher: *Gäbelchen, die (Plural)*
jäje Ovend: *gegen Abend*
Jäjend: *Gegend, die*
jäjenüvver: *gegenüber*
Jäjer: *Jäger, der; (aber auch Plural – die Jäger)*
Jalje: *Galgen, der*
Jaljevugel: *Galgenvogel, der*
jän han: *gern haben; lieb haben; lieben*
jän: *gern; gerne*
Jan: *Johannes; Johann*
jangk dinger Wäje: *geh deiner Wege (Imperativ)*
jangk en dich: *geh in dich; besinne dich; denk über dich nach (Imperativ)*
jangk meer us de Auge: *geh mir aus den Augen (Imperativ)*
jangk räuhich hin: *geh ruhig hin (Imperativ)*
jangk: *geh (Imperativ)*
Jänsefettbrut: *Gänsefettbrot, das*
janz jeck: *ganz närrisch*
janz usem Hüsje wor: *ganz außer sich war*
Janzus: *Ganzaus (angeblicher Name des dritten Patenkindes der Katze)*
Jappe: *Staunen, das; Gaffen, das*
jappte: *gähnte; schnappte nach Luft*
jar nit: *gar nicht*
Jass / Jaß: *1. Gasse, die, 2. Gast, der*
Jäss / Jäß: *Gäste, die (Plural)*
Jasshoff / Jaßhoff: *Gasthof, der*
Jät: *Gerte, die*
Jave: *Gaben, die (Plural)*
Jebäcks: *Gebäck, das; Gebackene, das*
Jebälks: *Geschrei, das*
jebasch: *zerborsten; zerplatzt; zersprungen*
jebät: *gebetet*
Jebätsch: *Geschwätz, das*
Jebett: *Gebet, das*
jebor: *gebar*
Jebort: *Geburt, die*
jebraat: *gebracht*
jebütz: *geküsst*
Jeck: *Narr, der*
jeck: *närrisch*
jeckich Männche: *närrisches Männchen*
Jeckischkeite: *Narrheiten, die (Plural)*
jedaach: *gedacht*
jedeent: *gedient*

jederzick: *jederzeit*
jedon: *getan*
jedrunke: *getrunken*
Jeer: *Gier, die*
jeerijer: *gieriger*
jeeße: *gießen*
Jef: *Gift, das*
jefeel: *gefiel*
jefeet: *gefeiert*
jefläch: *geflochten*
jefoht: *geführt*
jefraut: *gefreut*
jeftije Blecke: *(mit) giftigen Blicken*
jeftije Kamm: *(den) giftigen Kamm*
Jehenkte: *Gehenkten, die; Erhängten, die (Plural)*
jehoot: *gehört*
jeisliche Staat: *geistlicher Staat; Priester; Mönche; Bischöfe; Kardinäle*
Jeiß: *Geiß, die (weibliche Ziege)*
Jeißercher: *Geißlein, die (Plural)*
jejaach: *gejagt*
jejesse: *gegessen*
jejovve: *gegeben*
Jejrängel: *Weinen, das; Heulen, das*
jekäjelt: *gekegelt*
jeknett: *geknetet*
jekräch: *gekriegt; bekommen; erhalten*
jekresche: *geweint*
jekrömmp: *gekrümmt*
Jekühms: *Klagen, das; Seufzen, das*
jeläje: *gelegen*
Jeläjeheit: *Gelegenheit, die*
Jeldbüggel: *Geldbeutel, der*
jelihrt: *gelernt*
Jelöss / Jelöß: *Gelüst, das*
jelovve: *geloben*
Jemös: *Gemüse, das*
Jemösje: *Gemüschen, das; kleines Gemüse*
Jemummel: *Gemurmel, das*
jemünz: *gemünzt; geprägt*
jenoch: *genug*
jenöchlich: *still vergnügt; behaglich*
jenomme: *genommen*
jenudelt un jestopp: *genudelt und gestopft (Gänse wurden so gemästet)*
jeplöck hatt: *gepflückt hatte*
jeräuch: *schlau; gerissen; geschickt*
Jereech: *Gericht, das*
jereech: *gerichtet; hingerichtet*
jereet: *geriet*
jereete: *gerieten*
Jereitschaff: *Gerätschaft, die*
jerett: *gerettet*
Jeroch: *Geruch, der; Duft, der*
jerode: *geraten*
jeröhrt: *gerührt*
jeropp: *gerupft*
jeröts: *gerätst*
Jerummels: *Gepolter, das*
jervte: *gerbte*
jesaat: *gesagt*
jesänte Mohlzick: *gesegnete Mahlzeit*
jescheck: *geschickt (im Sinne von bewandert; ausgebildet; kunstfertig)*
jeschedde: *geschieden; getrennt*
Jescherr: *Geschirr, das*
jeschlaach: *geschlachtet*
jeschnedde: *geschnitten*
jeschoch wör: *geschehen wäre*
jeschoch: *geschah*
Jeseechter: *Gesichter, die (Plural)*
Jesell: *Geselle, der; Kamerad, der; Freund, der; Kompagnon, der; Partner, der*
jesin: *gesehen*
Jesocks: *Pack, das; Gesindel, das*
jesook: *gesucht*
Jesott un Jebrot: *Gesottenes und Gebratenes*
Jespens: *Gespenst, das*
jesponne: *gesponnen*
jestere: *gestern*
jestoche: *gestochen*
jestolle: *gestohlen*
jestorve: *gestorben*
jestosse: *gestoßen*
jestraut hatt: *gestreut hatte*
jet Jeftijes: *etwas Giftiges*
jet Jodes / jet Jods: *etwas Gutes*
jet Öntliches: *etwas Ordentliches*
jet: *etwas*
jetrodde: *getreten*
jetrus: *getrost*
jetrüs: *getröstet*
jev dich zefridde: *gib dich zufrieden (Imperativ)*
Jevatter: *Gevatter, der; Taufpate, der; Patenonkel, der*
jevt meer: *gebt mir (Imperativ)*
jevve: *geben*

jewähre loße: *gewähren lassen*
jewäht: *gewehrt*
jewalch wör: *gewälzt wäre*
Jewalt: *Gewalt, die*
jewärmp: *gewärmt*
jewäs: *gewesen*
jewät: *gewährt (gestattet; erlaubt)*
jewäv: *gewebt*
Jewedder: *Gewitter, das*
Jeweech: *Gewicht, das*
jewellt: *gewillt*
Jewenn: *Gewinn, der*
jewennt: *gewohnt*
jewess / jeweß: *gewiss; sicher*
jewipp: *gewippt; geschleudert*
Jewölve: *Gewölbe, das*
jewoode: *geworden*
jewoß: *gewusst*
Jezweichs: *Gezweigs, das; die Zweige eines Baumes*
jilt: *gilt*
jing singer Wäje: *ging seiner Wege*
jitt: *gibt*
Jitta: *Gitarre, die*
jivs: *gibst*
Jivvel: *Gipfel, der*
Jlas: *Glas, das*
jlatt: *glatt*
jläuvte: *glaubte; glaubten*
jletzerich: *glitzernd*
jlich: *gleich; sofort; direkt*
Jlidder: *Glieder, die (Plural)*
Jlöck: *Glück, das*
jlöcke dät: *glückte*
jlöcklich: *glücklich*
Jlöckshuck: *Glückshaut, die*
Jlöcksillichkeit: *Glückseligkeit, die*
jlöndije Kette: *(an) glühenden Ketten*
Jnad: *Gnade,die*
Joddes: *Gottes (eine der seltenen Genitivformen im Kölschen)*
jode: *gute; guter; guten*
Jödel: *Gürtel, der*
Johre: *Jahre, die (Plural)*
joht: *geht (Imperativ)*
Jold: *Gold, das*
jolde Krun: *goldene Krone, die*
Joldrän: *Goldregen, der*
Joldsaache: *Goldsachen, die (Plural)*
Joldschääfer: *Goldgefäße, die (Plural)*
Joldschmidde: *Goldschmiede, die (Plural)*
Joldstöcker: *Goldstücke, die (Plural)*
Joldzüch: *Goldzeug, das*
Joliath: *Goliath, der (Riese im AT); riesiger Mensch*
Jomer noh Huus: *Jammer nach Hause*
Jomer: *Jammer, der*
Jomerlevve: *Jammerleben, das*
jömerlich: *jämmerlich*
jomerschad: *jammerschade*
jömert: *jammert*
jon: *gehen*
jönne: *gönnen*
jot en Schoss: *gut in Schuss; in Ordnung; funktionsfähig; in gutem Zustand*
jot un fing: *gut und fein*
jot: *gut*
jottlus: *gottlos*
Jottsedank: *Gott sei Dank*
jov aach: *gab Acht*
jov an: *gab an; hinterbrachte; meldete*
jov singem Hätz ne Däu: *gab seinem Herzen einen Ruck; fasste sich ein Herz*
jrad: *gerade*
jradsu: *geradeso*
Jrafe: *Grafen,die (Plural)*
Jras: *Gras, das*
jrau: *grau*
Jrauschimmel: *Grauschimmel, der (scherzhaft für Esel)*
Jrav: *Grab, das*
Jrave: *Graben, der*
Jrävercher: *Gräberchen, die; kleine Gräber (aber auch) kleine Graben (Plural)*
Jravleech: *Grablicht, das (kleines Licht)*
jreff: *griff*
jreffe: *griffen*
jremmich Deer: *(ein) grimmiges Tier*
jreulich: *grausam; schrecklich; Grauen erregend*
jrielaache: *höhnisch, boshaft, hämisch, schadenfroh lachen*
Jrieskopp: *Graukopf, der (Name für Wolf)*
Jrietche: *(hier) Gretel*
Jrön: *Grün, das*
jrön: *grün*
Jrönzeuch: *Grünzeug, das*
jrößte: *grüßte*
jrove: *gruben*
Jrümmeldeev: *Krümeldieb, der (Name der Mäusepaten)*
Jrund: *Grund, der*

jruselijem Bleck: *(mit) grausigem Blick, grausamem Blick*

jruselt mich: *(es) gruselt mich*

Juffer Müllersch: *Jungfrau Müllerin, die (Anrede)*

Jüfferche: *Jungfrau, die; Jungfräulein, das*

Juffere: *Jungfrauen, die (Plural)*

jümmes: *jemand, jemanden*

Jüngelche: *Jüngelchen das; kleiner Junge*

jüss / jüß: *just; gerade, in diesem Moment*

jüstemang: *just; justament; sofort; gleich; direkt*

Juv: *(ein) kräftiger Schlag; (ein) Tritt*

K

Kaate spille: *Karten spielen*

Kaatespill: *Kartenspiel, das*

Käfich: *Käfig, der*

Kaisersch: *Kaiserin, die*

Käjel: *Kegel, die (Plural)*

käjele: *kegeln*

Käl: *Kerl, der*

Kälche: *Kerlchen, das*

kale: *kalte; kalter; kaltes*

Kammerjuffer: *Kammerjungfrau, die*

Kappes: *Kohl, der; Weißkohl, der*

Kärche: *Kärrchen, das; kleiner Karren; kleine Karre*

Kaschott: *Gefängnis, das; Arrestzelle, die (aus dem Französischen)*

Kaschöttche: *(franz.) kleines Gefängnis; kleine Arrestzelle*

Keeschbaum: *Kirschbaum, der*

kehte zoröck: *kehrte zurück*

kei lang Fedderlese: *kein langes Federlesen; kurzer Prozess; ohne Umstände*

Kesse: *Kissen, das*

Kiddel: *Kittel, der*

Kiddelche: *Kittelchen, das*

Kies: *Käse, der*

kihre dät: *kehrte*

Kinddaufschmus: *Kindtaufschmaus, der*

Kindsbettwing: *Kindbettwein, der*

Kirchhoff: *Kirchhof, der (Begräbnisstätte auf dem Kirchengelände)*

Kirchtoon: *Kirchturm, der*

Kiselstein: *Kieselsteine, die (Plural)*

Kiwif / om Kiwif sin: *Hut, die; auf der Hut sein; sich hüten vor; parat sein; auf dem Posten sein*

Klaaf: *Unterhaltung, die; Gespräch, das*

kläue: *klauen; stehlen*

klimme: *klimmen; klettern*

Klink: *Klinke, die (Türklinke, die)*

kloch: *klug*

Klocke: *Glocken, die (Plural)*

Klockeling: *Glockenleine, die; Glockenseil, das*

Klösje: *Dietrich, der (Nachschlüssel, der)*

Knabbüß: *Gewehr, das; Flinte, die, Büchse, die (von Knallbüchse)*

knachte: *nagte*

Knee: *Knie, die (Plural)*

Knick / Krick: *Kreide, die*

Knöddel: *Knoten, der*

Knöppel: *Knüppel, der*

knöppte: *knöpfte*

knottere: *brummend, knurrend schelten; nörgeln; bemängeln, knurren*

knubbelewies: *haufenweise*

knusperte: *knabberte*

knüvvelte: *liebkoste (aus Großmutters Wortschatz); befingerte*

Köch: *Küche, die*

Koche: *Kuchen, der*

Köchemäd: *Küchenmagd, die*

Köchemamsell: *Küchenmagd, die; Köchin, die*

kodde Pänz: *böse Kinder, die (Plural)*

kodde Steefmoder: *böse Stiefmutter, die*

Koh- un Pädsställ: *Kuh- und Pferdeställe, die (Plural)*

Koh: *Kuh, die*

Köh: *Kühe, die (Plural)*

Kolle: *Kohlen, die (Plural)*

Kolleför: *Kohlenfeuer, das*

kom nidder: *kam nieder; gebar*

köm: *käme (Konjunktiv)*

Kommer: *Kummer, der*

Köncher: *Körnchen, die (Plural)*

Koonsäck: *Kornsäcke, die*

koot: *kurz*

Kopp: *Kopf, der*

Koppkesse: *Kopfkissen, das*

Korv: *Korb, der*

koss/ koß: *kostet*

kossbar / koßbar: *kostbar*

Köster: *Küster, der*

kräch et ärme Deer: *wurde traurig; trübsinnig*

kräch: *kriegte; bekam*

kräche: *kriegten; bekamen*

krächte: *kriegten; bekamen*

Kraff: *Kraft, die*

Krakeel: *Zank unter Lärm und Geschrei*
Krätzjesmächer: *Spaßmacher, der*
kraute: *kraulte*
Kreech: *Krieg, der*
Kreechsdeens: *Kriegsdienst, der*
Kreechsheld: *Kriegsheld, der*
Kreechslück: *Kriegsleute, die; Krieger, die (Plural)*
kreel: *munter*
krejel: *munter; hurtig; lebhaft; frisch*
kresch: *weinte*
Kresskingche / Kreßkingche: *Christkindchen, das*
Kresteheit: *Christenheit, die*
Krick / Knick: *Kreide, die*
Kriemer: *Krämer, der; Händler, der*
Kriemersch: *Krämerin, die; Händlerin, die*
kriesche: *weinen*
krihte: *krähte*
krijje: *kriegen; bekommen; erhalten*
kriss du / kriß du: *kriegst du; bekommst du; erhältst du*
Kröck: *Krücke, die*
kromm: *krumm*
krömme: *krümmen*
Kröppche: *Kröpfchen, das; kleiner Kropf*
Kruck: *Kraut, das*
Krückcher: *Kräutchen, die (Plural)*
Krücker: *Kräuter, die (Plural)*
kruff eren: *kriech hinein (Imperativ)*
krüff: *kriecht*
kruffe: *kriechen*
Krun: *Krone, die*
krüsele dät: *kräuselte*
Krützer: *Kreuzer, der (ehemalige Geldmünze)*
Kugele: *Kugeln, die (Plural)*
kühme: *klagen; stöhnen; beschweren*
kühmte: *klagte; stöhnte; beschwerte sich*
kumme: *kommen*
Kump: *Tiefschüssel, die*
Kumpe: *Tiefschüsseln, die (Plural)*
Künnijin: *Königin, die*
Künning: *König, der*
Künningsrich: *Königreich, das*
kunnt: *konnte*
Kuns: *Kunst, die*
kunsjeräch Handwerk: *(ein) kunstgerechtes Handwerk*
kunsrich Handwerk: *(ein) kunstreiches Handwerk*
Kunterfei: *Konterfei, das; Abbild, das; Porträt, das*
Kurasch: *Courage, die; Mut, der; Tapferkeit, die*
Kureer: *Kurier, der; Bote, der; Gesandte, der*
kurjos: *(lat.-franz.) kurios; seltsam; sonderbar*
Kusängche: *(franz.) kleiner Cousin; kleiner Vetter*
kusch: *kleinlaut; fügsam*
küss / küß: *kommst*
kutt: *kommt (Imperativ)*
Kwarteer: *Quartier, das*

L

laach: *lach, lache*
laat: *legte*
laate: *legten*
Läbdach: *Lebtag, der*
läje: *legen*
Lakaie: *Lakaien, die; (herrschaftliche Diener in Livree – Plural)*
Lämmerstätzje: *Lämmerschwänzchen, das*
lans dä Toon: *entlang dem Turm; am Turm vorbei*
lans: *entlang, vorbei an*
Lass / Laß: *Last, die*
Lauv: *Laub, das*
lävs: *lebst*
lävte: *lebten*
Leddermötz: *Ledermütze, die*
Leech: *Licht, das*
Leech: *die Öse einer Nadel; Nadelöhr, das*
Leechjer: *Lichtchen, die (Plural)*
Leechter: *Lichter, die; (Plural)*
Leedche: *Liedchen, das*
leefe: *liefen*
leete nit af: *ließen nicht ab; gaben nicht auf; beharrten; bestanden auf*
leete: *ließen*
Leev Frau: *(unsere) Liebe Frau (Name für Maria, die Gottesmutter)*
leev: *lieb*
Leevde: *Liebe, die; (im Kölschen sehr selten gebraucht)*
leeve: *liebe, lieber*
leever wie: *lieber als*
leevs: *liebstes*
Leevstes: *(mein) Liebstes*
leje deis: *lügst*
Less / Leß: *List, die*
levve: *leben*
Levve: *Leben, das*
Levvenszick: *Lebenszeit, die*
Levver: *Leber, die*
liet: *lässt*
liev un läv: *leibt und lebt*

Liev: *Leib, der; (aber auch) Laib, der; Brotlaib, der; Käselaib, der*
Lievje: *Leibchen, das; Unterhemd, das; Trikot, das*
ligge: *leiden*
Lihr: *Lehre, die*
Lihrjohre: *Lehrjahre, die; (Plural)*
lihrte: *lernte (aber auch) lehrte*
lijje: *liegen*
Ling: *Leine, die*
Linge: *Leinen, das*
Livverlinge: *Lerchen, die; (Plural)*
loch: *lag*
löch: *läge (Konjunktiv)*
lod: *lud*
lode in en: *luden ihn ein*
Löffele: *Löffel, die; (aber auch die langen) Hasenohren; (Plural)*
Löjebrot: *Lügenbrut, die*
Löjer: *Lügner, der*
Looch: *Luft, die*
loore: *schauen; gucken, lauern*
loorte: *schaute; guckte; lauerte*
loot: *lasst (Imperativ)*
lose: *lasen*
loss / loß: *los*
Loss / Loß: *Lust, die*
Loss jeböß hatt: *die Lust gebüßt hatte, die Gier befriedigt hatte; den Hunger gestillt hatte*
loße / looße: *lassen*
lossjon / loßjon: *losgehen*
löstern: *lüstern*
löstich: *lustig*
lot / loot: *lasst (Imperativ)*
Louisdor: *goldener Ludwig; (alte franz. Münze)*
lovte: *lobte; lobten*
lovve ich meer: *lobe ich mir*
Luff: *Luft, die*
lügge: *läuten*
Luhn: *Lohn, der*
luhne: *lohnen*
Lung: *Lunge, die*
lüse: *lösen*
Lut: *Lot, das (altes Gewichtsmaß zwischen 15, 16 und 17 Gramm)*
Luus üvver de Levver: *Laus über die Leber*
luusterte: *horchte; lauerte; hörte heimlich zu*
luuter: *(hier) nur; nichts als*
luuter: *lauter*

M

maach vöran: *mach voran; beeil dich (Imperativ)*
Maach: *Macht, die*
maach: *mag*
maachs: *magst*
maat hä de Aap met inne: *er hielt sie zum Narren*
maat: *machte*
Mäd: *Magd, die*
Mäde: *Mägde, die; (Plural)*
Mähl: *Mehl, das*
Malör: *(frz.) Malheur, das; Mißgeschick, das; Unglück, das*
Mamm: *Mama, die; Mutter, die*
mänchmol: *manchmal*
Märcher: *Märchen, die; (Plural)*
Marmeltrapp: *Marmortreppe, die*
maskeete: *maskierte*
mät / määt: *macht*
mät de Aap: *macht (sich) zum Affen*
maute: *maunzte; miaute*
Meddel: *Mittel, das*
medden em: *mitten im*
meddendren: *mittendrin*
Meddernaach: *Mitternacht, die*
Meeder: *Mieder, das*
meer: *mir (Personalpronomen Dativ)*
Meistersch: *Meisterin, die*
Melkjeräusch: *Melkgeräusch, das*
mer: *man*
mer: *wir (1. Person Plural)*
Mess / Meß: *Mist, der*
Messjuns / Meßjuns: *Missgunst, die*
met einem Rupp fott: *ganz schnell weg; ganz schnell fort*
met Schmackes: *mit Schwung; mit (aller) Kraft*
met Seilers Dochter Huhzick jehalde han: *mit Seilers Tochter Hochzeit gehalten haben (Seilers Tochter meint in dieser alten Redensart den Henkerstrick, das Henkerseil)*
metanjehoot: *mitangehört*
metanjesin: *mitangesehen*
metenein: *miteinander; zusammen*
metesse: *mitessen*
metjebraat: *mitgebracht*
metleidich: *mitleidig*
metliggich: *mitleidig; mitfühlend*
Metz: *Messer, das*
Metzercher: *Messerchen, die; (Plural)*
Metzje: *Messerchen, das*
Metzjer: *Metzger, der*

Miel: *Meile, die: (wahrscheinlich meinen die Brüder Grimm die alte deutsch-preußische Landmeile = 7532, 48 m)*
Miele: *Meilen, die; (Plural)*
Mien: *Miene, die; Gesichtsausdruck, der*
mih: *mehr*
mihte: *mähte*
Miljö: *Milieu, das; gesellschaftliches Umfeld, das; soziale Schicht, die; Stand, der*
Minsch: *Mensch, der*
Minsche: *Menschen, die; (Plural)*
möch / mööch: *möchte*
möd: *müde*
Moder: *Mutter, die*
Möderche: *Mütterchen, das; Mütterlein, das*
modersillich allein: *mutterseelenallein*
Möh: *Mühe, die*
Möhnche: *Muhme, die; Mutterschwester, die; Tante, die*
möhsillich: *mühselig*
Mol: *Mal, das*
Moleste: *Unannehmlichkeiten, die; Schwierigkeiten, die; Beschwerden, die; (Plural)*
mooch: *mochte*
mööch: *möchte*
Mööde: *Morden, das*
mööt: *müsst*
moot: *musste*
Mor: *Mauer, die*
morje: *morgen*
Mos: *Mus, das*
Mot: *Mut, der*
Mötz: *Mütze, die*
müjjelich: *möglich*
Müllenhär: *Mühlenherr, der; Müller, der*
mummelte: *murmelte*
Müngche: *Mündchen, das; kleiner Mund*
Mungk: *Mund, der*
Münzmeister: *Münzmeister, der; (der Dukatenesel im Märchen)*
Müs: *Mäuse, die; (Plural)*
Müsje: *Mäuschen, das; kleine Maus*
Muul: *Maul, das*
Muus: *Maus, die*
muuzich: *mürrisch; übelgelaunt*

N

Naach: *Nacht, die*
Naakshemb: *Nachthemd, das*
Näl: *Nägel, die; (Plural)*
nämblich: *nämlich*
ne ärme Düvel: *ein armer Teufel; ein armer Mensch ohne Geld und Besitz*
ne Stech maat: *einen Stich machte; siegte; gewann*
neckte: *nickten*
nem: *einem*
Ness / Neß: *Nest, das*
Neujeer: *Neugier, die; Neugierde, die*
nevve / nevven: *neben*
nidder: *nieder*
nidderköm: *niederkäme (Konjunktiv)*
niemols: *niemals*
nihte: *nähte*
nirjends: *nirgends*
nit: *nicht*
nit ens: *nicht einmal*
nit jot jesennt: *nicht gut gesonnen*
nit noh d'r Mötz: *nicht passen; nicht gefallen*
nit wät: *nicht wert*
nit wohr: *nicht wahr*
nit zweimol bedde: *nicht zweimal bitten*
nitschich: *bösartig; boshaft*
nitschije: *(ein) boshafter; heimtückischer; hinterlistiger (Mensch)*
nix: *nichts*
no: *nun*
noch ens: *noch einmal*
nöchste: *nächste, nächsten*
nöchter: *nüchtern*
noh alle veer Winde: *nach allen vier Winden; nach allen vier Himmelsrichtungen*
noh Huus: *nach Hause*
noh: *nach*
noh: *nah*
Nöh: *Nähe, die*
Nohber: *Nachbar, der*
Nohberschaff: *Nachbarschaft, die*
nöher: *näher*
nohjejovve hatt: *nachgegeben hatte*
nohjeschleche: *nachgeschlichen*
noh'm / noh dem: *zu; zu dem; zum*
nohschliche: *nachschleichen*
Nöht: *Nähte, die; (Plural)*
Nol: *Nadel, die*
nor: *nur*
Nöss / Nöß: *Nüsse, die; (Plural)*
Nosshecke / Noßhecke: *Nusshecken, die; Haselnusshecken, die; (Plural)*

nüdich: *nötig*
nümmes: *niemand, niemanden*
nüng: *neun*
Nut: *Not, die*
Nutdorf: *Notdurft, die*

O

och: *ach*
och: *auch*
Odem: *Atem, der*
odemte: *atmete*
Odenung: *Ordnung, die*
offere: *opfern*
Ohnmaach: *Ohnmacht, die*
om: *auf dem*
om Stüpp: *auf der Stelle; sogleich; sofort*
öm: *um*
ömjevve: *umgeben*
ömjeworfe: *umgeworfen*
ömtrok: *umzog*
öntlich: *ordentlich*
Oot: *Ort, der*
op: *auf*
op Äde: *auf Erden*
op d'r Hot ze sin: *auf der Hut zu sein*
op et Föttche falle: *(auf den Hintern fallen) Pech haben; keinen Erfolg haben; reingelegt werden*
op singem kreele Päd: *auf seinem munteren Pferd*
opdrieve: *auftreiben*
opfoddere däte: *aufforderten*
ophange: *aufhängen*
ophevve: *aufheben*
ophoot: *aufhörte*
opjedesch: *aufgetischt*
opjefresch: *aufgefrischt; erfrischt*
opjepass: *aufgepasst (Imperativ)*
opjesteeje: *aufgestiegen*
opjon loße: *aufgehen lassen*
oploore dät: *auflauerte*
opnemme: *aufnehmen*
opreechte dät: *aufrichtete*
opsatz: *aufsetzte*
opschöre: *aufschüren*
opschwinge: *aufschwingen*
opspeeße: *aufspießen*
opzehevve: *aufzuheben*
Opzoch: *Aufzug, der; Aufmachung, die; Verkleidung, die*
Ör: *Euer (bei höflicher Anrede; damalige Siezform)*
Ordeil: *Urteil, das*
Orsaach: *Ursache, die*
oß: *aß*
ov: *ob*
Ovendbrut: *Abendbrot, das; Abendmahl, das*
Ovenddämmerleech: *Abenddämmerlicht, das*
ovends: *abends*
Ovendzick: *Abendzeit, die*
ovschöns / ovschüns: *obschon; obwohl*
Ovve: *Ofen, der*
Ovveloch: *Ofenloch, das*

P

Packaan: *Packan; Fassan (Name für Jagdhunde)*
Päd: *Pferd, das*
Padd: *Pfad, der*
Päder: *Pferde, die; (Plural)*
Palass / Palaß: *Palast, der*
Päle: *Perlen, die; (Plural)*
Pannekoche: *Pfannkuchen, die; (Plural)*
Pantüffelcher: *Pantöffelchen, die; kleine Pantoffeln; (Plural)*
Paps: *Papst, der*
parat: *fertig*
pareere: *parieren; gehorchen*
pareete: *parierte; gehorchte*
partout: *(franz.) partout; durchaus; um jeden Preis*
pass op / paß op: *pass auf; gib Acht (Imperativ)*
passe deit: *passt*
Pattaklang: *(franz) Gesellschaft, die; Sippschaft, die; Verwandtschaft, die; Bekanntschaft, die; Nachbarschaft, die*
Patte: *Paten, die; (aber auch) Patenkinder, die; (Plural)*
Pauke: *Pauken, die; (zu den Membranophonen gehörende Schlaginstrumente eines Orchesters – Plural)*
peff: *pfiff*
Penninge: *Pfennige, die; (frühere kleine Geldmünzen – Plural)*
Ping: *Pein, die; Schmerzen, die; (meist als Plural gebraucht)*
Pisspott / Pißpott: *(eigentlich Nachttopf, hier aber im Sinne von winziger Hütte)*
Pistoll: *Pistole, die*
Plaatekopp: *Kahlkopf, der; Glatze, die*
Platschrän: *Regenguß, der; Wolkenbruch, der*
platschtich: *(Schallwort) plötzlicher Fall oder jäher Schlag auf jemanden oder etwas*
plümerant: *schwindelig*
plumpschte: *(hier) fielen*

pö a pö: *(franz.) nach und nach; allmählich*
Pol: *Pfahl, der*
Pöschje: *Bürschchen, das; kleiner Bursche*
Pött: *Töpfe, die; (Plural)*
Pöttche: *Töpfchen, das; kleiner Topf*
Pötz: *Brunnen, der*
Pötze: *Brunnen, die; (Plural)*
Pötzerand: *Brunnenrand, der*
Pötzje: *Brünnlein, das*
Praach un Härlichkeit: *Pracht und Herrlichkeit*
Praach: *Pracht, die*
Pries: *Preis, der*
prohezeet: *prophezeit; vorhergesagt; vorausgesagt*
pröttele: *brodeln*
Prov: *Probe, die*
Pruviant: *Proviant, der; Wegzehrung, die*
Put: *Pfote, die*
Pütcher: *Pfötchen, die; kleine Pfoten; (Plural)*
Pute: *Pfoten, die; (Plural)*

Q

quaak: *quakt*
Quer: *Quere, die*
quitt: *quitt; los*

R

Räch: *Recht, das*
rächte: *rechte; richtige*
rack: *durchaus; unbedingt; partout*
rack: *ganz plötzlich; unvermittelt; auf einmal*
racktemang: *plötzlich; unversehens; unvermittelt; auf einmal*
Radau: *Lärm, der; Krach, der*
raffineet: *raffiniert; ausgeklügelt*
Rahme: *Rahmen, der; (Fensterrahmen)*
räje un bewäje: *regen und bewegen*
räje: *regen*
rampuneet: *ramponiert; beschädigt*
räne: *regnen*
ränte: *regnete*
Rapunzel: *Rapunzel, die; (gemeiner Feldsalat)*
Rapunzele: *Rapunzeln, die; (Plural)*
Rasch: *Rage, die; Raserei, die*
Raseermetz: *Rasiermesser, das*
Rass / Raß: *Rast, die*
räste sich us: *(alte Form von) rastete; machte eine Rast, ruhte sich aus*
ratzekal: *leer; kahl (umgebildet aus radikal)*
Räuches: *Räucherkammer, die*
rauh: *rau*
Rauh: *Ruhe, die*
räuhich: *ruhig*
Rav: *Rabe, der*
Rave: *Raben, die; (Plural)*
Rebbejespens: *Rippengespenst, das*
rebbte un bewächte sich nit: *regte und bewegte sich nicht*
reckte: *reckte*
reckte: *reichte*
redde: *reden*
Reechter: *Richter, der*
reppte: *regte*
Respek: *Respekt, der*
Ress / Reß: *Rest, der*
rett: *ritt*
Retz: *Ritz, der*
Reuter: *Reiter, der*
Reuter: *Reiter, die; (Plural)*
Richdum: *Reichtum, der*
Richdümer: *Reichtümer, die; (Plural)*
Riche: *Reiche, die; Länder, die; Königreiche, die; (Plural)*
Richemann: *reicher Mann; im Kölschen zum Eigennamen geworden*
richere Frau: *(eine) reichere Frau*
Ries: *Reis, das; kleiner dünner Zweig*
Rießus: *Reißaus, (das)*
rieve: *reiben*
rigg: *reite (Imperativ)*
Rigge: *Reiten; das*
Rih: *Reh, das*
Rihe: *Rehe, die; (Plural)*
Rihkitzje: *Rehkitz, das*
Rijele: *Riegel, die; (Plural)*
ripsch: *schnell*
Röckelche: *Röckchen, das; kleiner Rock*
röckjängich: *rückgängig*
röddel: *rüttle (Imperativ)*
Rögge: *Rücken, der*
rölzte: *balgte; wälzte*
römkruffe: *umherkriechen*
römspinkse: *(neugierig) umherschauen*
roppte: *rupfte*
Rot: *Rat, der*
Rotjevver: *Ratgeber, die; (Plural)*
rötsche: *rutschen*
Rubbedidupp; em: *schnell, im Nu*

Ruse: *Rosen, die; (Plural)*
ruskrijje: *rauskriegen*
Rut: *Rot, das*
rutjlöndije Schohn: *rotglühenden Schuhe*
rüümpte op: *räumte auf*
ruusche: *rauschen*
Ruusche: *Rauschen, das*

S

Saach: *Sache, die*
saach: *sag (Imperativ)*
saat: *sagte*
Säck: *Säcke, die; (Plural)*
Sag': *Sage, die*
sage dät: *sagte*
Säje: *Segen, der*
Säl: *Säle,die; (Plural)*
Sammet: *Samt, der; (ein Gewebe)*
samp: *samt*
sämplich: *sämtlich*
sämplije: *sämtliche*
säne: *segnen*
Särk: *Sarg, der*
Särke: *Särge, die; (Plural)*
satz: *setzte*
satze op: *setzten auf (Kegel)*
satze: *setzten*
Schaaf: *Schrank, der; Behältnis, das; Gefäß, das*
Schääfer: *Schränke, die; Behältnisse, die; Gefäße, die; (Plural)*
schammpte sich: *schämte sich*
Schand: *Schande, die*
Schängerei: *Schimpf, der; Schimpferei, die*
schannt / schant: *schimpfte*
Schänzje: *Häufchen, das; kleiner Haufe*
Schätzer: *Schätze, die; (Plural)*
scheeße: *schießen*
Scheff: *Schiff, das*
Scheffje: *Schiffchen, das*
scheif: *schief*
Scheldwaach: *Schildwache, die*
schemmere: *schimmern*
scheppte: *schöpfte*
Scherve: *Scherben, die; (Plural)*
schibbele: *rollen (von schieben)*
Schier: *Schere, die*
Schiereschliefer: *Scherenschleifer, der*
Schieve: *Scheiben, die; (Plural)*
Schindsmähr: *Schindmähre, die; (altes verbrauchtes Pferd)*
schinge dät: *schien*
schingk: *scheint*
Schirve: *Scherben, die; (Plural)*
schlaach en: *schlag ein (Imperativ)*
Schläch: *Schläge, die; (Plural)*
schläch: *schlecht*
Schlavittche: *(aus Schlagfittich = Schwungfeder); Kragen, der; (am Kragen packen)*
schlech im noh: *schlich ihm nach*
schleckte: *schluckte*
schleeßlich: *schließlich; endlich*
schleis: *schlägst*
schleit: *schlägt*
schliche: *schleichen*
Schliefe: *Schleifen, das*
Schliefer: *Schleifer, der*
Schlihdoon: *Schlehdorn, der*
schloch se dut: *schlug sie tot*
schloche dä Räuber de Plagge en: *(sinngemäß) waren die Räuber entsetzt*
Schlofenszick: *Schlafenszeit, die; Zeit zum Schlafen*
Schlöfer: *Schläfer, die; (Plural)*
Schlofgeld: *Schlafgeld, das; Geld fürs Übernachten*
Schloss / Schloß: *Schloss, das; (Vorrichtung, um etwas abzusperren, zu verschließen)*
Schloss / Schloß: *Schloss, das; Königsschloß, das*
Schlossdeich / Schlossdeich: *Schlossteich, der*
Schlot: *Salat, der*
schmacke: *schnalzen*
Schmackes: *Schwung,der; Kraft, die*
Schmeck: *Peitsche, die*
Schmidsför: *Schmiedefeuer, das*
Schmolz: *Menge, die*
Schmuddel: *Schmutz, der*
schmuddelije Kleider: *schmutzige Kleider*
Schnei: *Schnee, der*
Schneiwießje: *Schneeweißchen, das*
Schnetzbank: *Schnitzbank, die*
Schnetzmetz: *Schnitzmesser, das*
Schniederche: *Schneiderchen, das; Schneiderlein, das*
Schniedermeister: *Schneidermeister, der*
schniederte: *schneiderte*
Schnörbein: *Schnürbein, das*
schnöre: *schnüren*
schnorkte: *schnarchte*
schnorre: *schnurren*

Schnörreeme: *Schnürriemen, die; (Plural)*
Schnörsänkele: *Schnürsenkel, die; Schnürriemen, die; (Plural)*
schnuppije Katz: *(eine) naschhafte Katze*
Schnüss / Schnüß: *(eigentlich) Schnauze, die; Mund, der*
schöddel: *schüttle (Imperativ)*
Schöddele: *Schütteln, das*
schöddelte: *schüttelte*
Schof: *Schaf, das*
Schofsreppe: *Schafgarbe, die; Schafsrippe, die; (Heilpflanze)*
Schohn: *Schuh, der; Schuhe, die; (Plural)*
Scholder: *Schulter, die*
Scholdere: *Schultern, die; (Plural)*
schöldich: *schuldig*
Schooz: *Schurz, der; Schürze, die*
schorije Oot: *(ein) schauriger Ort*
schorr: *schor*
Schoss / Schoß: *Schublade*
schotte: *schütteten*
Schottel: *Schüssel, die*
Schottele: *Schüsseln, die; (Plural)*
Schotz: *Schutz, der*
schreite: *schrie*
Schrettcher: *Schrittchen, die; (Plural)*
schrevve: *schrieben*
schrieve: *schreibe*
Schringer: *Schreiner, der*
Schrüpp / Schröpp: *Schläge, die; Hiebe, die; (Plural)*
schruvte: *schraubte*
schuddere dät: *schauderte*
schudderich: *schauderhaft*
Schull: *Schule, die*
schung: *schien*
Schürreskar: *Schubkarre, die*
Schuß: *Schoß, der*
Schuum: *Schaum, der*
schuv: *schob*
schwaat: *erzählt; redet; schwadroniert*
Schwäät: *Schwert, das*
Schwäfel: *Schwefel, der*
Schwäfelhölzje: *Schwefelhölzchen, das; Streichhölzchen, das*
schwärlich: *schwerlich*
schwatz op wieß: *schwarz auf weiß; geschrieben; gedruckt*
schwatz: *schwarz*
schwatze: *schwarzer; schwarze; schwarzes*
schwatzhörich: *schwarzhaarig*
schwatzjrau: *schwarzgrau*
schweche: *schwiegen*
schwicht: *schweigt (Imperativ)*
se: *sie (3. Person Plural)*
secher: *sicher*
Sehnsoch: *Sehnsucht, die*
sei: *sie (3. Person Singular)*
Sejel: *Segel, die; (Plural)*
selver: *selber*
Selver: *Silber, das*
selvs: *selbst*
Senn: *Sinn, der*
senne: *sinnen*
settsam: *sittsam*
si: *sein (Possessivpronomen)*
sibbe: *sieben; (Zahlwort)*
sibbenzich: *siebzig; (Zahlwort)*
Sick: *Seide, die (ein Gewebe)*
Sick: *Seite, die*
sigge Bettche: *seidenes Bettchen*
sigge Strang: *seidener Strang*
Sijellack: *Siegellack, der*
sillich Engk: *(ein) seliges Ende*
singe: *seinen (Possessivpronomen)*
singem: *seinem (Possessivpronomen)*
singer spetze Nas noh: *seiner spitzen Nase nach*
singesjliche: *seinesgleichen*
soch: *sah*
söch: *sähe (Konjunktiv)*
soche: *sahen*
söke: *suchen*
sökt: *sucht (Imperativ)*
sollt: *sollte*
Son: *Sohn, der*
Sön: *Söhne, die: (Plural)*
Sönche: *Söhnlein, das; Söhnchen, das*
Söncher: *Söhnlein, die; Söhnchen, die; (Plural)*
Sonndachskind: *Sonntagskind, das (Glückskind, das)*
Sonndachsstaat: *Sonntagsstaat, der; Sonntagskleidung, die; die festliche Kleidung*
Sonnestrohle: *Sonnenstrahlen, die; (Plural)*
söns: *sonst*
sook: *suchte*
soor: *sauer*
Sorje: *Sorgen, die; (Plural)*
soß: *saß*
söß: *säße (Konjunktiv)*
spalt: *spaltete*
Speckjuve: *Gründlinge, die; (kleine Karpfenfische, Plural)*

speeßte: *spießte*
speit: *speit; spuckt*
speite: *speite; spuckte*
spendeere: *spendieren*
Spenn: *Spinne, die*
spenne: *spinnen*
Sperenzjer: *Dummheiten, die; Schwierigkeiten, die; (Plural)*
sperrewick op: *sperrangelweit auf*
Spetzbov: *Spitzbube, der*
spetzte: *spitzte*
Spill: *Spiel, das*
spill: *spiele*
Spillück: *Spielleute, die; Musikanten, die; (Plural)*
Spillzeuch / Spillzüch: *Spielzeug, das; Spielwerk, das*
Spindele: *Spindeln, die; (Plural)*
spinkste: *(hier) spähte*
Spol: *Spule, die*
Spole: *Spulen, die; (Plural)*
sprech: *sprich (Imperativ)*
sprengk: *sprengt*
sprengte: *sprengte; sprang; galoppierte*
sproch: *sprach*
Sproch: *Sprache, die*
Spröch: *Sprüche, die; (Plural)*
Spröchelche: *Sprüchlein, das*
sprung: *sprang*
Stadtmor: *Stadtmauer, die*
Stadtpooz: *Stadttor, das*
stallt: *stellte*
Stäne: *Sterne, die; (Plural)*
Stänedaler: *Sterntaler, die; (Plural)*
stantepee: *sofort; gleich; im Nu; im Handumdrehen (stehenden Fußes)*
Stätze: *Sterze, die; Schwänze, die; (Plural)*
steche: *stecken*
stechendüster: *ganz, vollkommen düster; dunkel*
Steckröbe: *Steckrüben, die; (Plural)*
Steech: *Steg, der*
steech: *stieg*
Steefkind: *Stiefkind, das*
Steefmoder: *Stiefmutter, die*
steekum: *heimlich (aus dem Hebräisch-Jiddischen)*
steije: *steigen*
steine Schloss / Schloß: *(ein) steinernes Schloss; Schloss aus Stein*
steiner Bild: *(ein) steinernes Bild; Bild aus Stein; Statue; Steinplastik*
steit: *steht*
stell: *still*
stelle: *stehlen*
Stemm: *Stimme, die*
Stemmche: *Stimmchen, das*
stemmp jet nit: *stimmt etwas nicht*
sterve: *sterben*
Stervebett: *Sterbebett, das*
stich: *steckt*
stinkich: *stinkig; stinkend*
stoche: *steckten*
Stohl: *Stuhl, der*
Stöhl: *Stühle, die; (Plural)*
Stöhlche: *Stühlchen, das*
Stöhlcher: *Stühlchen, die; (Plural)*
stolzeet: *stolziert*
Stöpp: *Staub, der*
stoppe: *stopfen*
stöppich: *staubig*
Stoppnol: *Stopfnadel, die*
stoppte: *stopfte*
storkije Baum: *(ein) dürrer Baum*
Störmann: *Steuermann, der*
stötze dät: *stützte*
strack: *sofort; im selben Moment*
strech: *streichelte; strich*
Strech: *Strich, der*
Streckelche: *Strickchen, das; kleiner Strick*
Strich: *Streich, der; (Hieb; Schlag)*
strich: *streich (Imperativ)*
Striefe: *Streifen, der*
striefte: *streifte*
Strof: *Strafe, die*
Stroß: *Straße, die*
Struch: *Strauch, der*
struchelte: *strauchelten*
Strüh: *Stroh, das*
Strümp: *Strümpfe, die; (Plural)*
Strumpbengel: *Strumpfband, das*
strunze: *prahlen; angeben*
Struuß Blome: *(ein) Strauß Blumen*
Struußefeddere: *Straußenfedern, die; (Plural)*
stump: *stumpf*
stunde: *standen*
stuppte: *stieß*
stüss / stüß: *stößt*
Stuss / Stuß: *Stuss, der; Unsinn, der; Blödsinn, der; Quatsch, der*

Stuvv: *Stube, die*
Stuvve: *Stuben, die; (Plural)*
su: *so*
subahl: *sobald*
süch ens: *sieh mal (Imperativ)*
süch: *sieh (Imperativ)*
sücht ens: *seht einmal (Imperativ)*
sücht zo: *seht zu (Imperativ)*
sühs: *siehst*
sujar: *sogar*
sujlich: *sogleich*
sunk: *sank*
su off: *so oft*

T

Tachtel: *Ohrfeige, die; Schlag, der*
Tak: *Takt, der*
Täsch: *Tasche, die*
Tatsche: *Hiebe, die; Schläge, die; Streiche, die; (Plural)*
Tellerche: *Tellerchen, das*
Tellercher: *Tellerchen, die; (Plural)*
tirecktemang: *direkt; unmittelbar; sofort*
Toon: *Turm, der*
Tooteldüvjer: *Turteltäubchen, die; (Plural)*
Trabante: *Trabanten, die; Gefolgsleute, die; (Plural)*
Trapp: *Trab, die; (Pferdegangart)*
treck: *zieh (Imperativ)*
trecke: *ziehen*
Tresor: *Schatz, der; Schatzkammer, die*
Tresörche: *Schätzchen, das; kleiner Schatz*
Tresörcher: *Schätze, die; (Plural)*
trick: *zieht*
trieze: *quälen; plagen*
trok: *zog*
Tromm: *Trommel, die*
Trone: *Tränen, die; (Plural)*
Troor: *Trauer, die*
troorich: *traurig*
trot: *trat*
Trumpette: *Trompeten, die; (Plural)*
trüste: *trösten*
tüddelte: *zögerte*
Tuusch: *Tausch, der*
tuusche: *tauschen*

U

Üch: *Euch (höfliche Anrede; im Kölschen heute noch üblich für Erwachsene, Einzahl und Mehrzahl)*
udder: *oder*
Ül: *Eule, die*
Undeer: *Untier, das*
unenseechtich: *uneinsichtig*
unge: *unten*
Ungerdör: *Untertür, die (bei zweigeteilten Türen der untere Türflügel)*
ungerenander: *untereinander*
ungerreechte: *unterrichten; unterweisen; lehren*
Ungersch: *Unterste, das*
ungersöke: *untersuchen*
ungerston: *unterstehen (wagen; erdreisten)*
ungerwächs: *unterwegs*
unjebedde Jäss / Jäß: *(die) ungebetenen Gäste; (Plural)*
Unjedüm: *Ungetüm, das; Ungeheuer, das; Monster, das*
unjeweech: *ungewiegt (ohne, dass jemand einen in den Schlaf wiegt)*
Unkruck: *Unkraut, das*
Unräch: *Unrecht, das*
unschöldich: *unschuldig*
unverschammp: *unverschämt*
us üvverjroße Leevde: *aus übergroßer Liebe*
usbedde: *ausbitten*
Usbund an: *Ausbund an (im Sinne von außerordentlich, sehr)*
usenander: *auseinander*
usjebacke: *ausgebacken*
usjedaach: *ausgedacht*
usjelese: *ausgelesen*
usjesteck: *ausgestickt*
usjon: *ausgehen*
usreechte: *ausrichten*
usschlage: *ausschlagen*
usschödde: *ausschütten*
usschöddele: *ausschütteln*
Ussin: *Aussehen, das*
ussöke: *aussuchen*
ussüht: *aussieht*
Üvvel: *Übel, das*
üvvelnemme: *übelnehmen*
üvver: *über*
Üvverfloss / Üvverfloß: *Überfluss, der*
üvverhaup: *überhaupt*
üvverich: *übrig*
üvverjov: *übergab*
üvverlaut: *überlaut (sehr laut)*
üvvermödich: *übermütig*
üvvermoje: *übermorgen*

üvverwinge: *überwinden*
üvverzeuje: *überzeugen*
uze / uuze: *necken; foppen; zum Besten halten*

V

Veedeljohr: *Vierteljahr, das*
Veedelpund: *Viertelpfund, das; (125 Gramm)*
Veedelstündche: *Viertelstündchen, das*
veezehn: *vierzehn; (Zahlwort)*
veraachte: *verachten*
verbess / verbeß: *verbiss*
verbodde Dör: *(eine) verbotene Tür*
Verdaach: *Verdacht, der*
verdaddert: *erstaunt; verwundert, aus der Fassung; fassungslos; überrascht*
Verderve: *Verderben, das*
verdötsch: *verwirrt*
verdrage: *vertragen; ertragen*
verdreeße: *verdrießen*
verdreeßlich: *verdrießlich*
Verdross / Verdroß: *Verdruss, der*
verföhrerisch: *verführerisch*
verjef: *vergiftet*
verjeit: *vergeht*
verjevvens: *vergebens; vergeblich*
verjnöch: *vergnügt*
verjönnt: *vergönnt; erlaubt; gestattet*
verjovve: *vergeben*
verkruffe: *verkriechen*
verleech: *vielleicht*
verlore: *verlogen*
verlore: *verloren*
Verloss / Verloß: *Verlust*
verloße: *verlassen (sich auf jemanden oder etwas verlassen)*
verloße: *verlassen; im Stich lassen; allein lassen*
verordeilt: *verurteilt*
verröt: *verrät*
versäufe: *ertränken*
verscheed: *verschied; starb*
verschloss / verschloß: *verschloss*
verschmaachte: *verschmachten*
verschnuve: *verschnaufen*
verschreck: *erschrocken*
verschrecke: *erschrecken*
verschreckte: *erschrak*
verschwech: *verschwieg*
versoff: *ertrank*
Versök: *Versuch, der*
versöke: *versuchen*
versorchte: *versorgte*
versponne: *versponnen; fertig gesponnen*
verspoot: *verspürte*
verspöre: *verspüren*
verspott: *verspottet*
versteche: *verstecken*
verstecke: *ersticken*
verstoch: *versteckte*
verstoche: *versteckt*
verstund: *verstand*
versuffe: *ertrinken*
vertuuschte: *vertauschte*
verüvver: *vorüber*
verwaht: *verwahrt*
verwennt: *verwöhnt*
Verwundere: *Verwunderung, die*
verzälle: *erzählen*
verzallt: *erzählte*
verzwiefelt: *verzweifelt*
vijelett: *violett; veilchenfarbig*
vill: *viel; viele*
vis à vis: *(franz.) gegenüber*
Vödderföß: *Vorderfüße, die; (Plural)*
vör kootem: *vor kurzem*
Vörhaldunge: *Vorhaltungen, die; (Plural)*
Vörhäng: *Vorhänge, die; (Plural)*
vörherjesaat: *vorhergesagt*
vörjekumme: *vorgekommen*
vörjesatz: *vorgesetzt*
vörkütt: *vorkommt*
vörleevnemme: *vorliebnehmen*
vörre: *vorn; vorne*
Vörrot: *Vorrat, der*
Vörsorch: *Vorsorge, die*
Vörwetznas: *Vorwitznase, die*
Vugel: *Vogel, der*
Vugelsproch: *Vogelsprache, die*
Vüjjel: *Vögel, die; (Plural)*
Vüjjelche: *Vögelchen, das*
Vüjjelcher: *Vögelchen, die; (Plural)*
vum jolde Daach: *vom goldenen Dach*
vum Knee bes zom Hätz: *vom Knie bis zum Herzen*
vum Wirvel bes zo de Zihe: *vom Wirbel bis zu den Zehen*
vun alle Sigge: *von allen Seiten*
vun de Söck wor: *(von den Socken war); erstaunte war; verwundert war;*
vun de Zihe bes zom Knee: *von den Zehen bis zum Knie*

vun dem Rude: *von dem Roten (Fuchs)*
vun unge erop: *von unten herauf*
vun vörren an: *von vorne an*
vun wiggem: *von weitem*

W

wä: *wer*
waache: *wachen*
waadt: *wartet (Imperativ)*
waaße: *wachsen*
waat: *warte (Imperativ)*
wäät: *wert*
Wäch: *Weg, der*
Wackerstein: *Wackersteine, die; (aus dem Süddeutschen für Gesteinsbrocken – Plural)*
wäde: *werden*
Waffedräjer: *Waffenträger, der*
waggele: *wackeln*
Wahner Heid: *Wahner Heide, die; (Heidelandschaft; rechtsrheinisches Naturschutzgebiet, das sich zwischen Köln, Rösrath und Troisdorf erstreckt)*
wäje: *wegen*
wal: *wohl*
wammer: *wenn wir; wenn man*
Wammes: *Wams, das; (enganliegendes, Brust und Leib umhüllendes Kleidungsstück)*
Wandeltrapp: *Wendeltreppe, die*
Wandschaaf: *Wandschrank, der*
Wäng: *Wände, die; (Plural)*
wann: *wenn; wann; falls*
wannjlich: *wenngleich*
War: *Ware, die*
Wäschkump: *Waschschüssel, die*
wat: *was*
weckele: *wickeln*
wedde: *wette; wetten*
Weech: *Wiege, die*
weech: *wiege (Imperativ)*
Weechter: *Wesen, die; Kreaturen, die; Geschöpfe, die; (Plural)*
weed: *wird*
wees: *wirst*
Weetsfrau: *Wirtsfrau, die; Wirtin, die*
Weetshuus: *Wirtshaus, das*
weld: *wild*
Weld: *Wild, das*
Weldernis: *Wildnis, die*
Weldsau: *Wildsau, die; Wildschwein, das*
well: *will*
welle: *wolle*
wellichte en: *willigte ein*
werf: *wirf (Imperativ)*
Werkelstatt: *Werkstatt, die*
wes: *wies; zeigte*
wibbelte: *wedelten*
wiche: *weichen (verschwinden)*
wichtije un nötzlije Mann: *wichtiger und nützlicher Mann*
Wick: *Weide, die*
widder: *wieder*
widderlije: *widerliche*
wie ne Rösije: *wie ein Rasender*
wie sibbe Dag' Rän: *(wie sieben Tage Regen) verdrießlich; schlecht gelaunt*
wie: *(in allen Märchen auf Kölsch ganz oft die Bedeutung von) als*
Wiel: *Weile, die*
Wielche: *Weilchen, das*
wiese Fraue: *weise Frauen*
Wiev: *Weib, das; Ehefrau, die; Gattin, die; Gemahlin, die*
wigge: *weiden*
wigge: *weite*
wigger nix wie: *weiter nichts als*
wigger: *weiter*
Wih un Troor: *Weh und Trauer*
wih: *weh*
wihklachte: *wehklagte*
wihzedun: *weh zu tun*
Wing: *Wein, der*
winnich: *wenig*
winnijer: *weniger*
Wis: *Wiese, die*
Wise: *Wiesen, die; (Plural)*
wiselich: *wieselartig; flink; behende; schnell*
Witfrau: *Witwe, die*
Wöd: *Wörter, die; (Plural)*
wödich: *wütend*
wohr: *wahr*
Wohrheit: *Wahrheit, die*
Wohrzeiche: *Wahrzeichen, das; Beweis, der*
wonne: *wohnen*
Wonnung: *Wohnung, die*
wööd: *würde (Konjunktiv)*
woode wör: *worden wäre*
Wöösch: *Würste, die; (Plural)*
Wooschfleisch: *Wurstfleisch, das*

wooß: *wuchs*
Woot: *Wort, das*
Woozele: *Wurzeln, die; (Plural)*
wör: *wäre*
Worbele: *Waldbeeren, die; (Plural)*
wore im all nit noh d'r Mötz: *(waren ihm alle nicht nach der Mütze); passten ihm alle nicht*
worf: *warf*
woröm: *warum*
Wösch: *Würste, die (Plural)*
wosch: *wusch*
wöss / wööß: *wüsste*
woss / woß: *wusste*
wöss / wöß: *wüsste (Konjunktiv)*
wosse / wooße: *wuchsen*
Wöstenei: *Wüstenei, die; (wilde, unbewohnte Gegend)*
wozo: *wozu*
Wunderjave: *Wundergaben, die; (Plural)*
Wünschdeschje: *Wünschtischlein, das*
wupptisch: *hurtig; schnell*

(X) / (Y) / Z

zaat Häuv: *(ein) zartes Haupt*
zaat: *zart*
zabbele: *zappeln*
Zaldate: *Soldaten, die; (Plural)*
zallt: *zählte*
Zäng: *Zähne, die; (Plural)*
Zange: *Zangen, die; (Plural)*
Zänk: *Zank, der*
Zaubersch: *Zauberin, die*
ze / zo: *zu (auch bei Infinitivformen)*
ze ärch: *zu arg*
ze Engk: *zu Ende*
ze Foß: *zu Fuß*
ze Jefalle: *zu Gefallen*
ze Jrund jon: *zu Grunde gehen; verderben; sterben*
ze redde: *zu reden*
ze rode weiß: *zu raten weiß*
ze sin: *zu sehen*
ze wick: *zu weit*
Zebingemann: *(hier) Wicht, der*
Zebingemännche: *kleiner, schmächtiger Mann (kommt von 'Besenbinder')*
zeerlich: *zierlich*
zefridde: *zufrieden*
Zefriddeheit: *Zufriedenheit, die*
zeichte: *zeigte*
zeije: *zeigen*
zeleid: *zu Leide*
zemlich: *ziemlich*
zemol: *zumal*
zeráchjestümp: *zurechtgestutzt*
Zerläje: *Zerlegen, das*
zerstoche: *zerstachen*
zervör: *zuvor*
zesamme: *zusammen*
zick domols: *seit damals*
zick: *seit*
Zick: *Zeit, die*
Zicklang: *(eine) Zeitlang*
Zigge: *Zeiten, die; (Plural)*
Zihe: *Zehen, die; (Plural)*
Zihespetze: *Zehenspitzen, die; (Plural)*
zodecke: *zudecken*
zoeesch: *zuerst*
zohauf: *zuhauf*
zohoote: *zuhörten*
zojedrage: *zugetragen*
zojivs: *zugibst*
zojlich / zejlich: *zugleich*
zojriefe: *zugreifen*
zom Schlaache: *zum Schlachten*
zom Trecke: *zum Ziehen*
zomot: *zu Mute*
zoröckwiese: *zurückweisen*
zosin: *zusehen; sich sorgen um; Sorge tragen für; achten auf; kümmern um*
zu sing Junste: *zu seinen Gunsten*
Züjele: *Zügel, die; (Plural)*
Zung: *Zunge, die*
Zupp: *Suppe, die*
zwanzich Elle: *zwanzig Ellen (ungefähr acht Meter)*
Zween: *Zwirn, der*
Zwerje: *Zwerge, die; (Plural)*
Zwerjehuus: *Zwergenhaus, das*
Zwerjelcher: *Zwergelchen, die; (Plural)*
zwesche: *zwischen*
zwor: *zwar*